Angelika Brimmer-Brebeck / Martin Leutzsch (Hgg.)
Jüdische Frauen in Mitteleuropa

Angelika Brimmer-Brebeck
Martin Leutzsch (Hgg.)

Jüdische Frauen in Mitteleuropa

Aspekte ihrer Geschichte vom Mittelalter bis zur Gegenwart

BONIFATIUS
DRUCK · BUCH · VERLAG
PADERBORN

VERLAG OTTO LEMBECK
FRANKFURT AM MAIN

Bibliografische Information Der Deutschen Bibliothek
Die Deutsche Bibliothek verzeichnet diese Publikation in der
Deutschen Nationalbibliografie; detaillierte bibliografische
Daten sind im Internet über http://dnb.ddb.de abrufbar.

Umschlagmotiv: Charlotte Salomon: letztes Bild ihres Albums
„Leben oder Theater?"; Sammlung Jüdisches Historisches
Museum, Amsterdam, Inventar-Nr. 4925 © Stiftung Charlotte
Salomon

Umschlaggrafik: Christian Knaak, Dortmund

ISBN 978-3-89710-394-8 (Bonifatius)
ISBN 978-3-87476-559-6 (Lembeck)

© 2008 by Bonifatius GmbH Druck · Buch · Verlag Paderborn
und Verlag Otto Lembeck Frankfurt am Main

Alle Rechte vorbehalten. Das Werk einschließlich seiner Teile ist
urheberrechtlich geschützt. Jede Verwertung außerhalb der
engen Grenzen des Urheberrechtsgesetzes ist ohne Zustimmung des Verlages unzulässig und strafbar. Das gilt insbesondere für Vervielfältigungen, Übersetzungen, Mikroverfilmungen
und die Einspeicherung in elektronische Systeme.

Gesamtherstellung:
Bonifatius GmbH Druck · Buch · Verlag Paderborn

Inhaltsverzeichnis

Angelika Brimmer-Brebeck / Martin Leutzsch
Vorwort 7

Diethard Aschoff
Jüdische Frauen in Westfalen im Mittelalter und in
der frühen Neuzeit 9

Gabriele Jancke
Fremdheit in Glikl bas Judah Leibs Autobiografie
(17. Jahrhundert) – am Beispiel von Sprache,
Gastfreundschaft, Nachbarschaft 39

Claudia Ulbrich
„Ein Vorhang und ein Robe-Lill vor der
tabell Moses ..."
Lebenswege und Handlungsmöglichkeiten von
jüdischen Frauen in einer ländlichen Gemeinde
des 18. Jahrhunderts 69

Margit Naarmann
Die Berliner Salons – Ort jüdischer Emanzipation? 91

Luise Hirsch
„Zahlreich und wissensdurstig"
Wie jüdische Frauen die Akademikerin erfanden 123

Angelika Brimmer-Brebeck
Frauen im jüdischen Milieu
Essener Jüdinnen von 1850 bis 1932 137

Monika Richarz

Überlebensstrategien jüdischer Frauen im
Nationalsozialismus 175

Lydia Koelle

Ohne Aussicht
Charlotte Salomons Bilderflucht
„Leben oder Theater?" 201

Hartmut Steinecke

Jüdische Schriftstellerinnen heute –
Identitätssuche zwischen Shoah und deutscher
Gegenwart 229

Martin Leutzsch

Frauen im Judentum – eine Auswahlbibliografie 251

Die Autorinnen und Autoren 261

Vorwort

Der vorliegende Sammelband ist das Ergebnis der Vortragsreihe zum Thema „Frauen im Judentum", die von der Gesellschaft für Christlich-Jüdische Zusammenarbeit Paderborn e. V. im Winterhalbjahr 2006/07 veranstaltet wurde. Acht Forscherinnen und Forscher trugen damals Ergebnisse ihrer Untersuchungen vor einem interessierten Publikum vor. Bei einem der Vorträge blieb es bei der mündlichen Form, die übrigen sind in diesem Band enthalten, mit Nachweisen versehen und zum Teil in überarbeiteter Form. Zusätzlich aufgenommen wurde ein Beitrag über die Essener Jüdinnen (Angelika Brimmer-Brebeck) und eine Auswahlbibliografie zu Frauen im Judentum (Martin Leutzsch).
Der Band „Frauen im Judentum" ist bereits die vierte Vortragsreihe der Gesellschaft für Christlich-Jüdische Zusammenarbeit Paderborn e. V., die veröffentlicht wurde. Vorangegangen sind „Opfer und Täter – Zum nationalsozialistischen und antijüdischen Alltag in Ostwestfalen-Lippe" (1990), „Christen und Juden gemeinsam ins dritte Jahrtausend" (2001) und „Juden und Christen im Gespräch über ‚Dabru emet – Redet Wahrheit'" (2005).
Wir danken der Gesellschaft für Christlich-Jüdische Zusammenarbeit Paderborn e. V. für die Finanzierung des Bandes und den beiden Verlagen, insbesondere Christa Klepp vom Bonifatius-Verlag, für die gute Zusammenarbeit.

Angelika Brimmer-Brebeck und Martin Leutzsch

Diethard Aschoff

Jüdische Frauen in Westfalen im Mittelalter und in der frühen Neuzeit

Dank zweier großer Projekte[1] ist für Westfalen die jüdische Geschichte des Mittelalters[2] gut erschlossen und aufbereitet, auch wenn uns schriftliche Quellen aus dieser Zeit nur spärlich zur Verfügung stehen. Besser steht es damit in der frühen Neuzeit.
Jüdische Frauen werden in mittelalterlichen Quellen häufig genannt, meist anonym in Aufenthaltsberechtigungen, sogenannten Geleiten, zusammen mit ihren Ehemännern unter deren Namen, nur gelegentlich unter ihren eigenen Namen. Allein in der früheren Zeit bis 1350 begegnen uns aber immerhin rund 20 verschiedene Frauennamen, fremdländisch klingende wie Bela, Betzela, Elka, Brun, Dolze, Dywale, Florya, Froymoldis, Guda, Heileken/Chaja, Gutheil, Mammuna, Nenneken/Genanna, Richza/Rixa, Simla, Soete, aber auch uns vertraute, wie Minna, Rosa, Sara, Aleydis, Anna, Eva, Hanna, so fünfmal, oder Jutta, diese allein zehnmal.[3] Wir müssen freilich wissen, dass Juden, ob Männer oder Frauen, in der Regel zwei verschiedene Namen führten, einen Synagogalnamen, der etwa auf Grabsteinen steht, und einen anderen Namen im Umgang mit der christlichen Umgebung.
Die folgende Zusammenfassung ist chronologisch geordnet, die Vortragsform überwiegend beibehalten. Die Quellen sollen dabei häufig für sich selbst sprechen. Sie zeigen jüdische Frauen im Mittelalter in ganz verschiedenen Lebensumständen, von Märtyrerinnen angefangen bis zur konvertierten Bettlerin, als Ehefrau bei der Eheschließung und bei der Scheidung, vor allem aber als Geschäftsfrauen.
Stehen für das Mittelalter, den ersten Teil der Ausführungen, nur rudimentäre Quellen zur Verfügung, in der

Regel nur eine für jede hier genannte Frau, dazu oft an einer Schicksalswende, ändert sich dies in der frühen Neuzeit sowohl was die Quellendichte als auch was die Umstände des Auftretens betrifft. So mag es genügen, für den zweiten Teil eine einzige Frau in den Mittelpunkt zu stellen, Freuchen Gans von Hamm, die erste Jüdin Westfalens, von der wir uns aus den Quellen ein anschauliches Bild machen können.

Jüdische Frauenschicksale im Mittelalter

Märtyrerinnen 1096 und 1350

Der erste namentlich bekannte Jude in Westfalen war der aus Köln stammende Mar Schemarja. Er hatte Anfang August 1096 Köln verlassen, um sich, seine Frau und drei Söhne vor den dort wütenden Kreuzfahrern zu retten und gelangte auf Umwegen nach Dortmund. Hierüber berichtet eine hebräisch überlieferte Quelle:

> „Bei seiner Ankunft freuten sie [gemeint sind die Dortmunder] sich mit ihm, da sie ihn kannten. Er willigte ein, sich bis zum anderen Morgen bei ihnen aufzuhalten und ganz nach ihrem Begehr zu tun. Da veranstaltete man aus großer Freude gleich ein Gastmahl, aber sie [gemeint sind die Juden] wollten nichts mitgenießen von ihrem Verwerflichen [gemeint sind die nicht jüdischem Gesetz entsprechenden Speisen], sondern nur Reines und Erlaubtes und das mit neuen Messern. ‚Denn‘, sagten sie, ‚solange wir noch in unserem Glauben leben, tun wir, wie wir bisher gewohnt sind. Morgen aber werden wir zu einem Volke werden. Gebt uns für die Nacht ein besonderes Zimmer bis morgen, denn wir sind müde und ermattet von der beschwerlichen Reise.‘ Sie erfüllten seinen Wunsch. Da stand er des Nachts auf, nahm sein Schlachtmesser zur Hand, ermutigte sich und schlachtete seine Frau und seine drei Söhne. Dann

schlachtete er sich selbst, war aber dabei ohnmächtig geworden, sodass er nicht gleich starb."[4]

Von den Dortmundern ins Leben zurückgerufen, wurde er nach wiederholter vergeblicher Aufforderung, Christ zu werden, lebendig begraben, ohne Zweifel ein ungemein düsterer Auftakt der Geschichte der Juden in Westfalen, war der Kölner doch der erste namentlich bekannte Jude, von dem wir in Westfalen wissen.

Die Erzählung setzt voraus, dass Mar Schemarjas Frau und seine Söhne in den rituellen Selbstmord eingewilligt hatten. So ist die namentlich uns nicht bekannte Ehefrau als erste Jüdin, von der wir in Westfalen wissen, um nicht getauft zu werden, um ihres Glaubens willen Märtyrerin geworden.

„Kiddusch-ha-schem", „Heiligung des Namens", der bewusste Tod angesichts der Bedrohung des Glaubens, hat eine lange, große Tradition im Judentum.[5] Erinnert sei hier nur an den Massenselbstmord der 960 letzten Verteidiger von Masada 73 n. Chr., als die Bergfestung am Westufer des Toten Meeres, heute ein nationales Heiligtum des Staates Israel, gegen die römischen Belagerer unhaltbar geworden war.[6] Auch in Westfalen wurde der rituelle Selbstmord später wenigstens noch einmal im Zusammenhang der Judenverfolgung 1350 vollzogen. Davon berichtet der in Minden lebende Dominikaner Heinrich von Herford († 1370), beeindruckt von dem Bekennermut der Juden angesichts des Flammentodes wegen der ihnen angelasteten Brunnenvergiftung, an die Heinrich selbst nicht glaubte: „Zum Tode eilten sie fröhlich und Tänze aufführend, wobei sie erst die Kinder, dann die Frauen, am Ende sich selbst dem Feuer übergaben, damit nicht durch menschliche Schwachheit durch sie etwas gegen ihr Judentum vorgebracht werden könnte."[7] Auch hier willigten die Frauen ohne Zweifel selbst in ihren Tod ein.

Der jüdische Geschichtsschreiber Salomon bar Simson, der uns von dem Märtyrertod des Mar Schemarja 1096 in Dortmund berichtet, lässt diesen am Ende sagen:

„Davor behüte mich Gott, dass ich wegen eines toten Wesens den lebendigen Gott verleugnen sollte. Ich lasse vielmehr für den Namen des Heiligen, gelobt sei er, und für seine Heilige Lehre mich töten, so werde ich heute in das Lager der Gerechten gelangen, worauf ich schon mein ganzes Leben gehofft habe." Und der Geschichtsschreiber schließt dann: „Und es starb dort der Fromme für die Einheit des herrlichen und furchtbaren Namens. Er bestand seine Prüfung wie unser Stammvater Abraham."[8]

In dieser Haltung und in diesem Glauben dürften auch seine in den Tod einwilligende Ehefrau und die Frauen, die sich 1350 den Flammen übergeben ließen, gestorben sein.

Eine verlassene Ehefrau um 1130

Ganz anders als das Leben des Mar Schemarja verlief das des zweiten mit Namen belegbaren Juden in Westfalen, des ebenfalls aus Köln stammenden Juda ben David halewi ein Menschenalter später: Im Münsterland erhielt er den ersten Anstoß, Christ zu werden, trat um 1130 als Novize bei den Prämonstratensern in Cappenberg im südlichen Münsterland ein und starb wohl als Propst des Stiftes Scheda im heutigen Kreis Soest.[9]

Rückblickend schildert der später Mönch Gewordene seine verschlungenen Wege zum christlichen Glauben, das Entsetzen seiner Eltern und der ganzen Gemeinde, als er nach Köln zurückgekehrt war und sie von seinem jüdischen Begleiter von dem drohenden Abfall des jungen Mannes zum Christentum erfuhren.

Jetzt, glaubte Juda später zu wissen, griff der Teufel nach ihm. Dieser „nämlich, der unseren Stammvater [Adam] durch eine Frau den Tod schmecken ließ und dem heiligsten Hiob von allen Gütern nur die Frau gelassen hat, aber nicht zu seinem Trost, sondern zu seinem Untergang, er gab auch mir eine Ehefrau, um mich zu vernichten. Denn zu mir kam ein Jude namens Alexander, mit dessen jungfräulicher Tochter ich verlobt war,

[...] und verlangte beharrlich, ich solle den Tag für die Hochzeit festsetzen." Als Juda sich in seiner geistlichen Not nicht festlegen wollte und auch der Rat der Juden ihn von seinem Vorsatz nicht abbringen konnte, wurde er vor die Alternative gestellt, entweder der Ehe zuzustimmen oder die Synagoge zu verlassen. Namensloser Schrecken erfasste den jungen Mann. Er stimmte der Heirat zu mit, wie der spätere Mönch meinte, schrecklichen Folgen. Er schreibt: „Als ich aber bald darauf die Verderbtheit des Fleisches kennen gelernt hatte, verblendeten das unzüchtige Vergnügen und die Liebe zu der mit mir verbundenen Frau so sehr meinen Geist [...], dass ich begann, mit der höchsten Fleischeslust dort zu versinken, wohin abzustürzen ich zuvor gefürchtet hatte. [...] Ich verwendete meine Mühe nur noch darauf, in den Augen meiner Frau Gefallen zu finden." Schließlich siegten aber nach drei Monaten seine asketischen Neigungen. Er erkannte, schrieb er, „in welch tiefen Abgrund erbärmlicher Lust ich geraten war, [...], weil ich mich wegen ein bisschen Fleischeslust in einen so tiefen Abgrund der Verderbnis gestürzt hatte"[10].

Das war das Ende seiner Ehe. Seine unglückliche Frau erwähnt er danach nie mehr. Die durch den Eintritt Judas ins Kloster endgültig gewordene Trennung von seiner Frau zeigt die Härte des Entschlusses für seine jüdische Umwelt in krasser Form. Ohne formelle Scheidung nach jüdischem Recht galt die Frau als weiterhin verheiratet. In solchen Fällen setzte die jüdische Gemeinschaft alles in Bewegung, um der Frau die Wiederheirat zu ermöglichen. Ob dies auch bei Juda der Fall war, wissen wir nicht.

Eine Frau im Ehevertrag 1298

Dass die arme Frau, die der Konvertit alleine ließ, jedoch nicht völlig mittellos ins Haus ihrer Eltern zurückkehrte, zeigt die älteste jüdische Hochzeitsurkunde, die wir für Westfalen besitzen, ein Formular vom 27. Februar 1298, heute aufbewahrt in der Bürgerbibliothek im schweizerischen Bern, eine sogenannte Ketubba für ein Hammer Paar. In ihr heißt es:

„Am Freitag, dem 14. Tage des Monats Adar des Jahres 5088 nach Erschaffung der Welt nach der Zeitrechnung, die wir hier in der Stadt Hamm zählen. Es hat N., Sohn des M., der Bräutigam, zu der Jungfrau A., Tochter des B., gesagt: ‚Sei mir zur Frau nach dem Gesetze Moses' und Israels, und ich will für dich arbeiten, dich in Ehren halten, dich ernähren und versorgen nach der Sitte der jüdischen Männer, die in Redlichkeit für ihre Frauen arbeiten, sie ehren, ernähren und versorgen. Auch will ich dir die Morgengabe deiner Jungfräulichkeit geben, 200 Sus, die dir gemäß der Tora gebühren, wie auch deine Speise, deine Kleidung und deinen Bedarf, und ich komme zu dir nach der Weise der ganzen Welt.'
Und Frau A., die Jungfrau, hat eingewilligt, ihm zur Frau zu werden. Und die Mitgift, die sie vom Frauenhaus [darüber von anderer Hand korrigiert: vom Haus ihres Vaters] mitbekommt, sei es in Silber, Gold, Schmucksachen, Kleidungsstücken oder Bettzeug, beträgt 50 Pfund.
Und N., der Bräutigam, hat eingewilligt, ihr noch 50 Pfund zuzufügen, sodass die ganze Summe 100 Pfund beträgt.
Und N., der Bräutigam, sprach also: ‚Ich übernehme die Gewährleistung für diese Ketubba, sowohl für mich wie auch für meine Erben nach mir mit dem Besten und Vorzüglichsten meines Vermögens, das ich auf Erden besitze, das ich erwarb oder erwerben werde, sei es an Mobilien oder Immobilien. All dieser Besitz, selbst der Mantel auf meinen Schultern, soll gewährleisten oder verbürgen, dass diese Ketubba bezahlt werde, bei meinem Leben und nach meinem Tode, vom heutigen Tage an in alle Ewigkeit.'
Die Gewährleistung für diese Ketubba übernahm N., der Bräutigam, gemäß strengen Vorschriften der Ketubba [Zusatz einer anderen Hand am Rande: wie

sie bei den Töchtern Israels gebräuchlich sind] und
nach Anordnung der Weisen, nicht etwa als bloßes
Versprechen oder als Urkundenformular.
All dies ist erklärt worden von Seiten des Bräutigams
N., Sohn des M., für die Jungfrau A., Tochter des B.,
in Bezug auf alles oben Geschriebene und Erklärte,
um es rechtskräftig zu erwerben.
Fest und rechtsgültig C., Sohn des D.;
E., Sohn des F."[11]

Die hier gewährleistete Absicherung war in der jüdischen Gesellschaft im Gegensatz zur christlichen, die zumindest in der Theorie die Unaufhebbarkeit der Ehe festschrieb, grundsätzlich nötig. Scheidungen waren im Judentum, auch wenn man sie zu verhindern suchte, immer erlaubt. Sie kamen auch im mittelalterlichen Westfalen vor, allein vor 1350 nicht weniger als viermal.

Eine Ehefrau bei der Scheidung 1343

Die Scheidungsurkunde eines namentlich unbekannten Ehepaares aus Beckum vom 13. Mai 1343 sei hier darum vorgeführt:

„Am Mittwoch, 18. Tag des Monats Ijar, im Jahre
5103 nach Erschaffung der Welt, nach der Zahl, die
wir hier zählen im Land Münster, das da liegt am
Fluss Aa:
[Wir waren Zeugen]
Wie ich N. N., Sohn des Rabbi N. N. der ich geboren
bin im Ort Beckum, das da liegt am Fluss Werse, und
der ich stehe heute hier im Land Münster, das da liegt
am Fluss Aa [...].
Wie ich gewollt habe mit freiem Willen ohne Zwang
und habe Dich weggeschickt und frei gemacht und
geschieden, Dich, meine Frau, Frau N., Tochter des
Rabbi N. N.; die Du geboren bist im Ort Jülich, das da
liegt am Fluss Rur und am Fluss Dik, und die da steht
im Land Münster, das liegt am Fluss Aa [...].

> Die Du warst meine Frau von früher, und jetzt habe ich Dich frei gemacht und weggeschickt und geschieden, damit Du berechtigt [frei] und herrschend über Dich selbst, und zu gehen und verheiratet zu werden an jeden Mann, den Du willst, und niemand darf dagegen etwas einwenden von heute an bis in Ewigkeit. Und siehe, Du bist erlaubt jedem Menschen und dies soll Dir sein von mir ein Ehescheidungsbrief und Entlassungsbrief und auch Befreiungsbrief nach dem Gesetz von Moses und Israel.
> Joseph, Sohn des Rabbi Isaak hakohen, Zeuge
> Ascher, Sohn des Rabbi Meschullam halewi, Zeuge."[12]

Ein paar Anmerkungen dazu: Bei dem obigen Scheidebrief, hebräisch Get, handelt es sich wie bei der Hammer Ketubba von 1298 um eine Kopie, bei der alle Namen, außer denen der beiden Zeugen weggelassen sind, gewissermaßen ein Getformular, nach der andere Scheidebriefe ausgestellt werden konnten. Der Kopist hat freilich die in jedem Get vorgeschriebenen Orts- und Flussnamen sowie das Datum beibehalten, sodass wir u. a. feststellen können, dass es damals in Münster eine Rabbinatsbehörde gegeben haben muss mit einem Rabbiner und einem Schreiber, der die Urkunde auf Pergament aufgezeichnet hat.

Die Ehe war ohne Zweifel schon wegen der weiten Entfernung der Geburtsorte der Ehegatten durch einen Vermittler zustande gekommen, der fast bei jeder jüdischen Ehe bis ins 19. Jahrhundert Ehen vermittelte, nötig wegen der geringen Zahl der im Lande lebenden Juden.

Warum die Ehe zerbrach, wissen wir nicht. Freilich wissen wir heute besser als jede Generation vor uns, dass hinter jeder Scheidung eine persönliche Tragödie steht, damals wie heute. So schlimm dies auch für die Frau war, die uns hier besonders interessiert, so war sie doch finanziell abgesichert. Denn in der Ketubba, dem Hochzeitsvertrag, der bei jeder jüdischen Eheschließung aufgesetzt wurde, war die Frau im Falle einer Scheidung

religions- und vermögensrechtlich geschützt. Freilich ging die Scheidung immer vom Mann aus. Insofern benachteiligte das jüdische Scheidungsrecht im Gegensatz zu heute, was das Verhältnis Mann – Frau angeht, so fortschrittlich es sich auch gab, letztlich doch die Frau.
Bisher haben wir jüdische Frauen in extremen Lebenslagen kennengelernt:

1. 1096, in Kreuzzugszeit, als eine Frau, die ihrem Ehemann gegenüber einwilligt, sich angesichts der drohenden Taufe töten zu lassen, das „Kiddusch ha Schem", die Heiligung des göttlichen Namens, zu vollziehen,
2. um 1130 als junge Ehefrau, deren religiös ekstatisch gewordener Mann konvertieren und ins Kloster eintreten wollte und sie im Stich ließ,
3. 1298 als Braut, die in den Ehevertrag einwilligte,
4. 1342 als Ehefrau, die den Scheidebrief erhielt.

Gemeinsam ist allen betrachteten Frauen, unabhängig davon, was ihnen in Dortmund, Köln, Hamm oder Beckum widerfuhr, die Anonymität. In keinem Fall kennen wir ihren Namen, auch wenn hinter dem, was wir erfahren, buchstäblich ins Leben greifende Ereignisse standen.
Jetzt nähern wir uns dem Alltagsleben jüdischer Frauen, auch wenn wir dieses in Westfalen ausschließlich für die Oberschicht für diese frühe Zeit betrachten können, und hier nur für das Geldgeschäft.
Geschäftliche Tätigkeit von Frauen hatte im aschkenasischen Judentum Tradition. Schon im späten 13. Jahrhundert rühmt der Gelehrte Mordechai ben Hillel „jüdische Frauen, die des Geschäftes kundig sind".[13] Im Spätmittelalter sind Geldleiherinnen die weitaus wichtigste Gruppe weiblicher Berufstätiger in der jüdischen Gesellschaft.[14] Unter den 41 Gemeinden des Spätmittelalters, in dem wir das Zahlenverhältnis zwischen den selbstständig im Geldhandel tätigen Frauen und Männern berechnen können, kommt im Durchschnitt eine Frau auf

drei Männer. Ein Viertel aller dokumentierbaren Geschäftsleute waren also Frauen.[15] Unter ihnen gab es markante Persönlichkeiten. So war Reynette von Koblenz in der 2. Hälfte des 14. Jahrhunderts so bekannt, dass sich ihr zweiter Mann nach ihr definierte: „Ich Moisse, Reynetten mann".[16]

Drei jüdische Geldhändlerinnen 1347

Nach einer längeren lateinischen Urkunde vom 29. April 1347, heute in einem niederländischen Archiv verwahrt, verpflichten sich Sveder von Voerst und acht andere Burgmannen und Ritter in den östlichen Niederlanden, den Juden Gottschalk von Recklinghausen, seiner Tochter Hanna, Leo von Münster, Gottschalk und Hanna von Werden, heute Ortsteil von Essen, sowie Rosa von Rheinberg nach Ablauf von zwölf Wochen 123 Mark Schillinge Brabanter Geldes und drei Brabantiner zu zahlen.[17]

Es handelt sich um eine Darlehensvergabe von beträchtlicher Höhe für ostniederländische Adelige durch ein „Bankierskonsortium" unter Führung des Gottschalk von Recklinghausen. Das Netzwerk überspannte in den Dreißiger- und Vierzigerjahren des 14. Jahrhunderts beträchtliche Teile des heutigen Nordrhein-Westfalen und des im Westen sich anschließenden Oberstifts Utrecht. Drei der im ganzen sieben Mitglieder des Konsortiums waren Frauen. Dies ist bemerkenswert, jedoch im jüdischen Bereich nichts Besonderes. Auf christlicher Seite suchen wir Vergleichbares in Westfalen dagegen damals vergeblich. Typisch dürften auch die verwandtschaftlichen Bindungen gewesen sein: die eine Hanna war, wie wir wissen, eine Tochter Gottschalks von Recklinghausen, die andere Frau des Gottschalk von Werden.[18] Letztlich wuchsen jüdische Frauen und Töchter in gemeinsamer Verantwortung in das Geschäft hinein. Wenn der Mann starb, konnten so die Witwen das Geschäft weiterführen und die Familie sichern. Die führenden Geschäftsfrauen waren, soweit feststellbar, zum großen Teil

Witwen, die Witwen blieben. Ihr Erfolg war also in gewisser Weise um den Preis der Einsamkeit erkauft.[19]
Nach der erwähnten Katastrophe der Pestverfolgung 1350, in der die westfälische Judenheit in Blut und Feuer unterging, kam es im Lande nur zu einer kurzfristigen Erholung nach 1380, als sich allmählich ab 1370 wieder Juden nach Westfalen wagten.
An der Struktur des jüdischen Geldgeschäfts und der starken Beteiligung von Frauen hatte sich durch die Pestkatastrophe nichts geändert. Am 12. Februar 1370 stellte Wilhelm von Jülich, Graf von Berg und Ravensberg, sieben Juden einen Schutzbrief für Bielefeld aus.[20] In diesem ersten Geleitsbrief Westfalens, der nach 1350 bekannt ist, wurden vier Frauen und drei Männer begünstigt. Diese sind freilich vor den Frauen genannt. Zahlenmäßig dominieren in Bielefeld jedoch die Frauen, genau umgekehrt wie bei dem erwähnten Bankierskonsortium des Gottschalk von Recklinghausen.

Jüdische Geschäftsfrauen aus Dortmund im Spätmittelalter

Mehr erfahren wir aus Dortmund, für das uns die meisten Quellen vorliegen. Dort waren seit 1372 wieder Juden zugelassen. Hier rückte Pesselyn als Witwe des vor 1394 verstorbenen Koepmann von Lechenich in dessen führende Position in der Dortmunder Gemeinde auf.[21] Als Tochter des bedeutenden Geldmannes Salomon von Kempen war Pesselyn auf diese Rolle wohl schon durch ihre Eltern vorbereitet. Später war sie nachweisbar mit ihrem Manne zusammen in Geldgeschäften tätig. So schuldete die Stadt Dortmund 1374/1380 Koepmann und seiner Frau 420 Goldgulden.[22] Pesselyn musste zwar zwischen 1394 und 1397 zusammen mit ihrer Tochter (?) Henelyn Aufnahme beim Grafen von der Mark suchen[23], lebte später aber wieder in Dortmund in guten Verhältnissen. Am 10. August 1395, verlängert am 27. April 1396, stellte Pesselyn der Stadt 581 Goldgulden zur Verfügung.[24] 1404 erhielt sie einen Schutzbrief für 24 Gulden.[25]

Ihre außergewöhnliche Stellung in der jüdischen Gemeinde geht daraus hervor, dass ihr am 11. November 1404 erlaubt wurde, gegen 24 Gulden einen eigenen Kultusbediensteten zu halten. Sie bezahlte ihn offensichtlich für die Gemeinde aus eigener Tasche.[26]

Auch im Umfeld Pesselyns spielen Frauen eine Rolle: Am 12. März 1379 gewährte ihre Mutter Verhanne der Stadt Dortmund ein Darlehen von 150 Gulden[27] und am 28. Februar 1390 eines über 198 Gulden.[28] Pesselyns Tochter (?) Henelyn wurde Gläubigerin der Stadt am 5. August 1400 mit einer Summe von 100 Gulden.[29]

1394 verpfändete Johann von Rüdenberg, Burggraf von Stromberg, einer nicht mit Namen genannten Dortmunder Jüdin vier silberne Schalen[30].

Wenn man sich noch vor Augen führt, dass am 16. April 1375 Hanne von Suyrech (?) einen Schutzbrief für zwei Jahre gegen 24 schwere Gulden in Empfang nahm[31] und am 13. Juli desselben Jahres Ryke von Zülpich ein Geleit für sechs Jahre erhielt[32], wird die für deutsche Verhältnisse ungewöhnlich starke Geschäftstätigkeit jüdischer Frauen in Dortmund vollends deutlich.

Geben wir hierzu Michael Toch, dem derzeit wohl besten Kenner jüdischer Wirtschaftstätigkeit im spätmittelalterlichen Reich[33], das Wort: „Die massive Teilnahme der Frauen am Geldgeschäft entsprach sowohl seiner Monopolstellung im Wirtschaftsleben der Juden wie auch weiteren Tatsachen jüdischen Lebens im Spätmittelalter. Die Geldleihe spielte sich (hauptsächlich) im heimischen Bereich ab. Sie ließ sich mit der Führung des Haushalts kombinieren. Es bestand kaum Bedrohung der weiblichen Ehre durch die Bewegung in der Fremde, all dies im Unterschied zur früh- und hochmittelalterlichen Situation, in der der fahrende Fernhändler für das jüdische Wirtschaftsleben charakteristisch war. Die Geldleihe erforderte nicht jene formale Berufsausbildung, die die christliche Gesellschaft in der Hauptsache dem männlichen Geschlecht vorbehielt. Die Geldleihe jüdischer Frauen und besonders die der Witwen war auch nicht nur irgendeine Variation im Spektrum gegebener Möglichkeiten. Sie gewann im Gegenteil gerade in dieser Epoche eine direkte Funktionalität und systemerhaltende Bedeutung. In einer Zeit verstärkten Zugriffs der Obrigkeit auf die Bewegungsfreiheit und das Vermögen der Juden war die Konzentrierung des mobilen Kapitals in Händen der Familie von allererster Bedeutung. Die Einschaltung des bereits in der Partnerschaft eingespielten Zwischengliedes in die Generationenfolge bedeutete Aufschub der Teilung des Geschäftskapitals unter den unmündigen Kindern und damit verstärkte Überlebenschancen. Das jüdische Ehe- und Erbrecht hat sich diesen Notwendigkeiten und Zwängen angepasst, es hat die Teilnahme der Frau am Wirtschaftsleben auch kulturell sanktioniert. In einer Zeit, die durch die Beschränkung der jüdischen Existenzgrundlage und wachsenden Druck auf die Sesshaftigkeit der Juden charakterisiert ist, hat die weibliche Wirtschaftstätigkeit somit ein Element der Kontinuität und Sicherheit in einer diskontinuierlichen und bedrohlichen Umwelt geschaffen."[34]

Eine konzessionierte Bettlerin 1419

In derselben Zeit finden wir aber auch völlig verarmte Juden und Jüdinnen, die zum Christentum konvertiert waren und vom Landesherrn die Erlaubnis erhalten hatten, in seinen Territorien zu betteln. Wegen der lateinischen Sprache der Lizenz darf vielleicht angenommen werden, dass die Konvertiten das Privileg den Pfarrern der Orte vorzeigten, in denen sie um milde Gaben flehten. Aus dem Privileg sei zitiert:

> „Adolf, von Gottes Gnaden Herzog von Kleve und Graf von der Mark, an alle und jeden Christgläubigen, an die das vorliegende Schreiben gelangt, Gruß im Herren!
> Nachdem Johannes von Sitania und Anna, dessen gesetzmäßige Ehefrau, mit ihren Kindern den Irrtum jüdischer Blindheit verlassen und zum wahren Licht und katholischen Glauben unter Mithilfe des Heiligen Geis-

tes glücklich bekehrt und durch die Taufe wie neugeborene Kinder wiedergeboren sind und sie nichts von dem, was sie besessen hatten, von ihren Körpern abgesehen, davongetragen haben, als sie in die Pforten unserer heiligen Kirche eintraten und die Bekehrten [selbst durch ihre eigenen glaubwürdigen (gesunden) Dokumente, die darüber von geistlichen gleichermaßen wie weltlichen Fürsten und Herren und weiteren glaubwürdigen Personen überliefert und bestätigt worden waren, uns vollständig ins Bild gesetzt haben, dass sie] sich [für etwas so Großes im weltlichen Bereich (eigentlich: im Menschlichen)] sonst nicht ernähren können, es sei denn, ihren Nöten und Bedürfnissen würde man durch mitleidige Gaben gläubiger Christen zu Hilfe eilen, ist dies der Grund, dass wir den genannten Konvertiten für derartige Almosen und Spenden, die von Christgläubigen in unseren Gegenden, Ländern und Herrschaften erbeten und empfangen werden dürfen, sicheren Zugang und heiles Geleit gegeben und eingeräumt haben und geben und einräumen und im Sinne des vorliegenden Schreibens außerdem allen und jedem einzelnen unserer Untergebenen auftragen und sie im Herrn ermahnen, dass sie die vorgenannten Konvertiten in unseren Ländern und Herrschaftsbereichen, wenn sie zu ihnen gekommen sind, um fromme Unterstützungen und Almosen zu erbitten, gütig aufnehmen und sie mit Rat und Tat (Hilfe) treu anleiten und befördern, damit denselben reiche und fromme Almosen der Christgläubigen geschenkt und freigebig zuerteilt werden, sodass dieselben Konvertiten im katholischen Glauben zu existieren vermögen und verharren und damit sie nicht, durch Armut und Unrecht beschwert, in ihren früheren Irrtum, was fernbleibe, zurückfallen, [sondern] stattdessen den ewigen Lohn und das ewige Leben haben und empfangen."[35]

Auch hier einige Anmerkungen zum Hintergrund: Seit 1090 hatten die Juden erst in Speyer, dann im ganzen

Reich das Privileg, Glaubensangehörige, die zum Christentum übertraten, zu enterben. Grund war die Vorstellung, dass Konvertiten für Juden geistlich tot waren, nicht mehr existierten. Und an Tote kann nicht vererbt werden. Die Folge war, dass Juden nach Übertritt und Taufe völlig mittellos dastanden. Sie brauchten also materielle Hilfe. Diese mussten darum die christlichen Paten leisten. Aus diesem Grunde waren die Paten oft sehr hochgestellte Persönlichkeiten, etwa der Rat einer Stadt oder Fürsten und Bischöfe. In Westfalen kam dies bis zum Ende des Alten Reiches dutzendfach vor, auch schon im Mittelalter, so in Soest und Dortmund. In gewisser Weise versorgte hier auch Herzog Adolf von Kleve-Mark die Konvertiten Johannes und Anna wie „neugeborene Kinder" mit der Bettellizenz, um sie vor dem Rückfall ins Judentum zu bewahren.

*Frauen unter dem Judenkennzeichen
1451/52 und 1510*

Der große Theologe Nikolaus von Cues ordnete in Minden und Köln auf einer Legationsreise als päpstlicher Kardinallegat am 4. August 1451 und 8. März 1452 aufgrund der alten kirchenrechtlichen Bestimmungen zu Kennzeichnungspflicht und Wucher für die Juden von Stadt und Diözese Minden an, dass diese ab dem 25. Dezember 1451 einen Ring aus krokusfarbenen Fäden sichtbar aufgenäht tragen sollten. Dieser Ring dürfe den Durchmesser eines Fingers eines durchschnittlich großen Mannes nicht unterschreiten. Jüdische Frauen sollten zwei fahlgelbe Streifen auf ihrem Umhang tragen. Wucherei, das heißt das Geldgeschäft, wird Juden gleichfalls ab Weihnachten des Jahres verboten. Sollten diese Bestimmungen nicht eingehalten werden, stünden die Gemeinden, in denen sich diese Juden aufhalten, unter strengem kirchlichem Interdikt.[36] Ähnliches ordnete der Legat in Köln für die Erzdiözese Köln an, zu der auch die südlichen Teile Westfalens gehörten.[37]
Auch wenn schon am 1. Mai 1452 der Papst die Dekrete

auf Ersuchen König Friedrichs III. aufhob, blieb wenigstens die Kennzeichnungspflicht bestehen. So mussten die klevischen Juden auf ihrem Gewand oder Mantel vorn auf der Brust einen Ring tragen, der mindestens den Durchmesser eines menschlichen Fingers aufweisen und aus krokusfarbigen Fäden bestehen müsse. Die Jüdinnen aber sollten gehalten sein, zwei blaue Streifen deutlich sichtbar auf ihrem Schleier zu tragen.[38] Wie weit diese Bestimmungen in den westfälischen Gebieten der Herzöge von Kleve Gültigkeit hatten und durchgesetzt wurden, ist freilich unbekannt.

Am 24. April 1510 ließ der Soester Rat drei Juden, die sich unvergleitet in der Stadt aufhielten, inhaftieren. Sie kamen auf Fürbitte des in Soest praktizierenden jüdischen Arztes Salmon wieder frei. In diesem Zusammenhang wurde dem Arzt Salmon, seiner Tochter und seinem Knecht Jakob das Tragen eines gelben Ringes auferlegt, den auch andere Juden tragen mussten, die mehr als einen Tag in Soest verweilten. Hier musste also auch die Tochter den bis dahin Männern vorbehaltenen Ring tragen.[39]

Freuchen Gans von Hamm

Von der Edelherrschaft Lippe und Soest abgesehen, lebten zu Beginn des 16. Jahrhundert kaum noch Juden in Westfalen. Erst ab etwa 1535/40 wanderten sie erneut ein, dürften aber erst Ende des Jahrhunderts die zahlenmäßige Stärke erreicht haben, die sie vor der Pestverfolgung 1350 gehabt haben müssen.[40]

Geändert hatte sich inzwischen nicht die Unsicherheit jüdischer Existenz in Westfalen. Immer noch kamen Ausweisungen ganzer Judenschaften vor, so etwa 1614 in Lippe, als die damals zahlenmäßig größte Judenschaft Westfalens unter fragwürdigen Umständen von Graf Simon VII. ausgewiesen wurde, weil die Stände, vor allem die Städte, ihn dazu zwangen.[41]

Anders ist jedoch die Quellenlage. Über Freuchen von

Hamm, der wir uns jetzt zuwenden wollen, und ihren Ehemann Moises liegen uns so viele Quellen vor, dass wir fast eine kleine Biografie des Ehepaares schreiben könnten.

Freuchen Gans und ihre Familie

Freuchen von Hamm war ohne Zweifel eine ungewöhnliche Frau und entstammte einer ungewöhnlichen Familie. Ihr Großvater Salomon Gans, war, soweit bekannt, der erste Jude Westfalens, der einen Familiennamen trug.[42] Er wurde Stammvater einer bedeutenden jüdischen Familie von Gemeindevorstehern, Rabbinern, Gelehrten, Bankiers und Hofjuden.[43] Zu seinen Nachfahren zählte auch Heinrich Heine.[44] David Gans (1541-1613), ein Sohn Salomons, stand am Prager Kaiserhof in Verbindung mit den berühmten Astronomen Tycho de Brahe und Johannes Kepler und schrieb 1592 die jüdische Weltchronik Zemach David und ein großes astronomisches Werk.[45] Davids Bruder Josua Seligmann Gans, dem David übrigens sein Geschichtswerk widmete, war Freuchens Vater. Seligmann Gans erhielt 1579 Aufenthaltsrechte in Minden für die sehr hohe Summe von 1000 Talern, gewiss ein Zeichen für Wohlstand und wirtschaftliche Leistungsfähigkeit.[46]

Das Ehepaar Moises und Freuchen

Dass Kinder aus dieser wohlhabenden aufsteigenden Familie nicht beliebig heirateten, braucht kaum erwähnt zu werden. So war denn Freuchens Ehemann Moises, auch wenn wir seine Herkunft, vom Namen seines Vaters Joseph abgesehen, noch nicht kennen, nicht irgendeiner, sondern spätestens 1603 einer der beiden damaligen Sprecher der westfälischen Judenheit.[47]
Moises und Freuchen hatten „viele Kinder", wie es in einer jüdischen Quelle heißt.[48] Namentlich bekannt sind vier Söhne, auf die die Eltern stolz sein konnten: Seligmann und Jonas verbürgten sich für den Vater am

10. März 1604[49], Joseph wird in der Geleitsverlängerung der Familie durch die klevische Gemeinschaftsregierung vom 14. Februar 1612 besonders hervorgehoben[50], während Salomon ab 1614 in Minden zahlreiche geschäftliche Aktivitäten entfaltete.[51] Die Sozialisation der Söhne im Sinne der Eltern scheint durchweg geglückt zu sein.
Moises und Freuchen dürften in den frühen Achtzigerjahren des 16. Jahrhunderts geheiratet haben. Das würde sowohl zu den Aktivitäten der Söhne passen als auch zu der Erwähnung von „Schwiegerkindern" im erwähnten Geleitsbrief von 1604.
Sowohl familiär als auch beruflich tritt uns in Moises und Freuchen gewissermaßen die Keimzelle und Frühform einer westfälischen Hofjudenfamilie entgegen, einem Typus jüdischer Elitebildung, die im Allgemeinen erst in der zweiten Hälfte des 17. Jahrhunderts zur Entfaltung kam und das 18. Jahrhundert bestimmte.

Der Wirkungskreis

Das Ehepaar war in einem weiten Umkreis des Wohnorts geschäftlich tätig. Es hatte finanzielle Beziehungen zu Geschäftspartnern in Emden ebenso wie zu solchen in Petershagen bei Minden und im kurkölnischen Sauerland. Moises war in Werl, Dolberg, Ahlen, Werne und Münster genauso zu finden wie in Kleve, Bonn und Frankfurt.[52]
Moises gewährte offenbar in ungewöhnlichem Umfang riskante Darlehen auch an Schuldner in bedrängter Lage. So wurde das Ehepaar in mehr Prozesse verwickelt als uns von irgendeinem Juden der damaligen Zeit in Westfalen bekannt ist. Wir wissen von nicht weniger als zehn Prozessen, von denen vier über mehrere Instanzen hinweg bis an das Reichskammergericht gelangten.[53] Während von einigen dieser Verfahren nur Prozesssplitter vorliegen, sind andere, wie das gegen Anna Walrave und ihren Sohn Franz von Hanxleden zu Eisborn bei Balve im Sauerland von 1607 bis 1614, in allen Instanzen fast vollständig erhalten.[54] Das größte öffentliche Interesse dürfte der Prozess gegen den gewalttätigen Ritter Diet-

rich von Nehem zu Niederwerries östlich von Hamm erregt haben, der ebenfalls vor das höchste Gericht des Reiches getragen wurde. In dieser Auseinandersetzung ließ Freuchen in einer spektakulären Aktion 1619 nicht weniger als 131 Stück Vieh von den Lippewiesen nach Hamm treiben, dort schätzen und sofort verkaufen. Freuchen drohte, wie der Ritter befürchtete, noch weitere „Attentate" auf ihn an.[55]

„nit entdeckt, daß er ein Jude were"

Mittelpunkt der Geschäftstätigkeit des Moises und Freuchens scheint Münster gewesen zu sein. Die reiche Stadt, die sich seit 1554 der Aufnahme von Juden prinzipiell verschloss, bot offenbar hervorragende Verdienstmöglichkeiten, freilich auch Gefährdungen. So dürfte der Frühjahrssend 1603 in Münster dem Ehepaar in übler Erinnerung geblieben sein. Auf diesem bekanntlich bis heute stattfindenden Jahrmarkt in der Woche nach Laetare, 1603 zwischen dem 10. und 15. März, war Moises festgenommen worden. Vor dem Rat verhört, behauptete er, der Pförtner Bernd vom Ludgeritor habe ihn unter der Auflage, „seine Sachen bald zu verrichten", eingelassen. Bernd hingegen gab an, er habe Moises, als dieser mit einigen Hammer Bürgern erschien, nicht als Juden erkannt, „nit entdeckt, daß er ein Jude were". Der münsterische Rat, in allen Judenfragen außerordentlich empfindlich, erteilte dem Pförtner eine Abmahnung und belegte Moises mit einer Geldbuße „wegen betrüglichen Einschleichens".[56]

Der nicht isolierte Vorfall zeigt im Übrigen, dass sich Juden, so auch Moises von Hamm, möglicherweise auch seine Frau, schon seit Anfang des 17. Jahrhunderts offenbar weder äußerlich durch Kleidung oder Physiognomie noch in Sprache und Verhalten von anderen Besuchern Münsters unterschieden: Sie sahen aus und verhielten sich wie andere Männer und Frauen Westfalens in jener Zeit.

In der Zwischenzeit schaffte es seine tüchtige Frau, nicht

nur den Rat der Stadt Hamm, sondern auch den münsterischen Landrentmeister Höfflinger zu einer Intervention für ihren inhaftierten Mann zu bewegen. Moises kam gegen Schwören von Urfehde zu der ermäßigten Zahlung von 50 Talern frei.[57]

Das Geleit von 1604

Das Ehepaar hatte schon am 9. Oktober 1594 von Herzog Johann Wilhelm von Jülich-Kleve-Berg eine Aufenthaltsgenehmigung für die Grafschaft Mark erhalten.[58] Gleichzeitig dürfte Moises von der Stadt Hamm vergleitet worden sein.[59] Zehn Jahre später, am 25. Mai 1604, erhielten er und der aus Dortmund stammende Levi von der Stadt 12 Jahre Schutz gegen Zahlung von insgesamt 1150 Reichstalern, d. h. je Jahr und Familie knapp 50 Taler, eine damals erhebliche Summe.[60] Die im Geleit festgeschriebene Steuerlast lässt hohe finanzielle Leistungsfähigkeit erkennen. Wohlstand, ja Reichtum sind für Freuchen und Moises in der ganzen Zeit vorauszusetzen, in der wir das Ehepaar verfolgen können.
Die Ehefrau Freuchen wird dabei in den Dokumenten vor 1600 noch nicht namentlich genannt.
Bei dem Hammer Ehepaar tritt nun nicht, wie zu erwarten wäre, die Frau hinter dem Manne zurück. Das Gegenteil war je länger, desto stärker der Fall. Dies kann an einem der wichtigsten Prozesse aufgewiesen werden, die je in Westfalen geführt wurden. Es handelt sich um ein Verfahren, das kurkölnische Juden gegen Levi von Bonn im Jahre 1603 anstrengten und das im sauerländischen Menden vor Kurfürst Ernst von Köln durchgeführt wurde.

Freuchens Rolle in einem Prozess in Menden

Schon in seiner Vorgeschichte war die Hammer Jüdin beteiligt. Sie vermittelte zwei rheinischen Juden, wir wissen nicht wie, beim Kurfürsten Ernst am 25. Oktober 1602 ein Privileg, das diese von den Bestimmungen der

kurkölnischen Judenordnung befreite. Dies erboste Levi von Bonn, den Oberaufseher der kurkölnischen Judenschaft, so sehr, dass er sich zu dem bösen Wort hinreißen ließ: „Freuchen von Hamm, die Hure, kann mehr ausrichten als unsereins, denn sie trägt Gunst und Gaben, samstags wie sonntags, dem Kurfürsten nach, welches mir nicht menschlich noch möglich ist zu tun."[61]
Der Ausruf des Levi hatte eine doppelte Diffamierung zum Inhalt. Einmal wird Freuchen vorgeworfen, um ihre bösen Ziele zu erreichen, kümmere sie sich weder um jüdische noch um christliche Feiertage, Religion, für Christen und Juden gleich heilig, sei ihr also gleichgültig. Zum anderen wird Freuchen geschlechtsspezifisch in ihrer charakterlichen Integrität angegriffen. Letztlich wird ihr unterstellt, sie habe mit den „Waffen einer Frau" einen Kirchenfürsten aus höchstem Hause und Vetter des damaligen Kaisers möglicherweise noch an einem Feiertag wie auch immer umgarnt. „Hure" war damals in Westfalen allgemein die häufigste Schmähung von Frauen.[62] Natürlich kann hier von einem sexuellen Hintergrund ernsthaft nicht die Rede sein. Die Schmähung zeigt nur die Erbitterung des Bonner „Hofjuden" über Freuchen, der er im Gegensatz zu ihrem Mann sonst nichts anhaben konnte.

Todfeindschaft zwischen Juden

Grund des Prozesses waren lange zurückliegende Streitigkeiten verschiedener kurkölnischer Juden mit ihrem „Aufseher" Levi von Bonn.[63] Sie nahmen an Erbitterung und Schärfe zu, als Jakob von Rheinbach auf einer letztlich durch Levi veranlassten Reise nach Westfalen vor dem 30. Juli 1603 ermordet wurde.[64] Indirekt gaben seine Gegner Levi die Schuld am Tod Jakobs. Sie hielten ihn für einen todeswürdigen Verräter. Dies taten sie auch Christen kund. So sagte der ebenfalls als Zeuge verhörte Kanzlist Melchior Kuntel im Prozess aus: Die Juden wünschten, „dass Levi am Galgen hinge".[65]
Levi gab dem nichts nach. Seinen Hauptgegner Wendel

wolle er „hängen, schleifen und mit glühenden Zangen zerreißen lassen."[66] Für Wendel ging es um seinen toten Bruder und Bestrafung des „Verräters", für Levi um Kopf und Kragen, zumindest aber um seine Stellung als Vertrauter des Kurfürsten und „Aufseher" der kurkölnischen Judenschaft und damit auch um Macht, Einfluss und Geld.

Die Klägerseite

Seine Gegner waren nicht zu verachten. Zumindest der Rabbiner Joseph von Metz, Wolf von Koblenz und Moises von Hamm, zum Teil untereinander verschwägert, gehörten zur Führungselite der deutschen Judenschaft und hatten in dieser Eigenschaft auch die neue Judenordnung am 11. August 1603 in Frankfurt persönlich unterschrieben.

Aus den Prozessakten geht erstaunlicherweise hervor, dass in dem Verfahren nicht diese in der jüdischen Hierarchie des Reiches hochrangigen Persönlichkeiten die Hauptrolle spielten, sondern die einzige Frau, die am Prozess beteiligt war, Freuchen von Hamm. Sie übertraf nicht nur ihren Ehemann Moises, wie erwähnt, einen der beiden Delegierten der westfälischen Judenschaft in Frankfurt, sondern alle anderen auf der Klägerseite Prozessbeteiligten an Aktivität und Effizienz bei weitem. Levi von Bonn hatte nicht umsonst gerade sie als eigentliche Gegnerin ausgemacht. Dies zeigt sich von Anfang an.

Freuchen in Menden

Ohne in die Einzelheiten zu gehen, hier nur zwei Beispiele, um Freuchens besonderen Einsatz bei dem Prozess zu würdigen! Sie und nicht ihr Mann oder ein anderer von der Klägerseite fing den Kanzlisten Laurenz Streburger, der als möglicher Hauptbelastungszeuge des Hofjuden betrachtet wurde, schon am Mendener Stadttor ab und überfiel ihn gleich mit der Frage, „wie die Sachen am Rhein, sonderlich mit dem Juden Levi stehen." Die Sache schien auf einem guten Weg zu sein, weil Streburger sich etwas vorlaut rühmte, er könne Levi „einen ungnädigsten Herrn [gemeint war der Kurfürst] machen".[67] Es gelang ihr, obwohl sie ihm gewissermaßen hautnah auf die Pelle rückte, freilich nicht, Streburger zu einer gerichtlichen Aussage gegen Levi zu bewegen. Er hatte, was verständlich war, Angst, er könne durch eine Aussage zugunsten der Gegner Levis seinen Job als kurfürstlicher Schreiber verlieren.

Mit weiblicher List versuchte es Freuchen nun indirekt. Sie wandte sich an Gertrud von Plettenberg, die Mätresse des Erzbischofs, mit der Bitte, sie möge Streburger zu sich kommen lassen und über ein Gerücht gegen Levi aushorchen. Doch der Schreiber erkannte die Falle, wich aus und sagte der Mätresse, er wisse nichts Genaueres.[68]

Es gab noch einen anderen für die Juden brauchbaren Zeugen. Auch diesen nahmen sich nicht die vielen hochrangigen versammelten Gegner Levis vor, sondern wieder Freuchen. Es wurde eine schwierige Mission. Als sie vor der Behausung des Zeugen erschien, habe er „die Tür an der Gassen vor ihr zugeschlagen und zu ihr gesprochen, er wolle mit ihren Sachen nichts zu tun haben, denn sie möchte" ihn bei dem Kurfürsten und seinen Dienern „wohl in Schimpf bringen". So leicht ließ sich Freuchen aber nicht abschütteln. Sie erschien, wie es in der Gerichtsaussage hieß, am nächsten Tag nicht weniger als „fünf- oder sechsmal am Haus" des Zeugen und fragte nach ihm. Sogar am Morgen des Verhörtages, sagte der Zeuge aus, sei Freuchen noch einmal bei ihm gewesen. Er aber habe sie nicht hören wollen.[69] Trotz ihrer fast unglaublichen Hartnäckigkeit im Verfolgen ihres Zieles war Freuchen gescheitert.

Dass der Prozess verloren ging, lag nicht an ihr, sondern vor allem an der Skrupellosigkeit Levis von Bonn. Da er sich nicht sicher sein konnte, seine Stellung und vielleicht seinen Kopf zu retten, spielte er geheimes innerjüdisches Wissen aus.

In einem Schreiben vom 12. Januar 1604 an den Kurfürsten legte er dar, dass seine Hauptankläger sich in

Frankfurt zu einer „unerhörten Verschwörung" im Reich gegen die christliche Obrigkeit zusammengefunden hätten.[70] Das gab den Ausschlag. Obwohl nicht eigentlich Prozessgegenstand, gab diese „Enttarnung" der Kläger als Hochverräter dem am 26. Januar im Rathaus von Menden verlesenen Urteil die Richtung: Levi von Bonn wurde nicht nur von allen Beschuldigungen freigesprochen, sondern ihm auch Anspruch auf Schadensersatz, Widerruf und Wiedergutmachung gewährt. Wendel von Bonn und „Consorten", darunter auch Freuchens Ehemann Moises, wurden entsprechend „anderen zum abscheulichen Exempel" wegen ihrer Verleumdungen zu einer dem Ermessen anheimgestellten Leibesstrafe verurteilt.[71]

Sie blieben monatelang in Haft, auch Freuchens Ehemann. Am 10. März erwirkten er und seine Söhne Seligmann und Jonas gegen Verpfändung ihres ganzen Vermögens und die ungeheuer hohe Kaution von 4 000 Dukaten die vorläufige Freiheit.[72] Später wurde er noch einmal festgenommen und um weitere 1 300 Dukaten erpresst.[73] In dieser ganzen Zeit musste Freuchen die laufenden Geschäfte führen.

So schwer die Folgen des Verfahrens vor allem auf Wendel von Bonn, Moises von Hamm und Wolf von Koblenz lasteten, für die Judenschaft nicht nur im Herrschaftsgebiet des Kurfürsten Ernst, sondern für die gesamte Judenheit des Reiches hatte der Prozess schier unabsehbare Konsequenzen. Letztlich ließ das Mendener Verfahren die am 11. August 1603 verabschiedete Frankfurter Judenordnung scheitern, den letzten innerjüdischen Versuch der Juden des Reiches, sich eine eigene Organisation unter dem Schutz des Kaisers aufzubauen. Es war ein Wendepunkt in der Geschichte der deutschen Juden.[74]

Inhaftierungen

Für Freuchen und Moises ging das Leben weiter. Auch der gewaltige finanzielle Aderlass, den sie in dem Mendener Prozess erlitten, brachte sie nicht aus dem Gleichgewicht. So hören wir in einem Eintrag in ein Protokoll des Domkapitels Münster am 6. November 1621, dass „ein reicher Jud von Hamm oft durch das Gogericht (Bakensfeld) aus- und einpassiere, desgleichen auch in die Stadt Münster".[75] Hier handelte es sich ohne Zweifel um Moises. Hierzu passt, dass ein Emdener Gläubiger des Ehepaares im August 1618 seinen Bevollmächtigten in Münster anwies, „den Juden Moisen von Hamm oder deßen hausfrau, die Judin, so oftmals hierhin auf Münster zu kommen pflegt, mit ihren Gütern alhier zu arrestieren". Freuchen wurde auch inhaftiert, aber zum Ärger des Gläubigers ohne „genugsame Kaution" wieder freigelassen, obwohl sie „stattliche, ihr und ihrem Mann zuständige Güter an Silberwaren, Goldringen und Kleinodien wie auch versiegelte Briefe und Renten" bei sich hatte.[76]

Freuchen scheint 1618 aus eigener Kraft freigekommen zu sein. Als ihr Mann, wie erwähnt, 1603 festgenommen wurde, war seine Argumentation vor dem Rat in Münster wenig hilfreich. Die von ihm vorgegebene Spezialabmachung mit dem Ludgeripförtner fand keinen Glauben und zog nur den Stadtbediensteten in das Verfahren hinein.[77] Unanfechtbar und überzeugend war dagegen Freuchens Verteidigungslinie mit dem auch vom Hammer Rat übernommenen Hinweis, nach Reichsrecht stehe allen Juden ungehinderter Zugang zu den Jahrmärkten frei.[78] Auch wenn der münstersche Rat sein Gesicht zu wahren suchte und auf einer Geldbuße beharrte, zeigt die Tatsache, dass er die Strafe noch einmal ermäßigte, die Schwäche seiner Position. Auf eine rechtliche Auseinandersetzung hätte er sich kaum einlassen können. Freuchen war wohl zu klug, um ihr besseres Recht zu betonen. Es kam ihr 1603 nur darauf an, dass ihr Mann freikam und der münstersche Markt nicht gefährdet war.

Freuchen haftete christlichen Geschäftspartnern gegenüber für Schulden ihres Ehemannes und handelte, wie es gerade bei gut situierten jüdischen Familien üblich war, in Geschäftsdingen sowohl mitverantwortlich als auch gleichberechtigt. Seit etwa 1618 trat Moises wohl aus

Altersgründen geschäftlich immer mehr zurück. So leitete seine Frau das erwähnte spektakuläre „Attentat" auf das Vieh des Ritters Dietrich von Nehem am 6. Juli 1619.[79]

Freuchen als Sprecherin der Münster aufsuchenden Juden

Freuchen spielte nicht nur beim Mendener Prozess eine hervorgehobene, ja einzigartige Rolle, sondern auch bei der Vertretung jüdischer Interessen beim Rat der Stadt Münster. Trotz des seit 1562 bestehenden Verbotes, in Münster dauerhaft zu wohnen, und restriktiver Einlasspraxis versuchten Juden seit Beginn des 17. Jahrhunderts verstärkt, in die wirtschaftlich prosperierende Stadt zu gelangen. Trotz einer am 2. September 1616 erlassenen Einlassordnung sorgte sich der Rat, die Juden würden „unterm Schein, sie müßten vorgebliche Rechtsgeschäfte befördern, heimlichen Wucher treiben und auf Pfande Geld austun". Aus diesem Grund beschloss die Stadt, eine neue Einlassordnung mit spürbarer Gebührenerhöhung.[80] Schon ein halbes Jahr später wurden jedoch die Kosten für ein Tagesgeleit wieder um die Hälfte zurückgenommen, „auf erwogenes Supplizieren Freuchens, Jüdin von Hamm, und anderer", wie sich das Ratsprotokoll vom 13. März 1621 ausdrückt.[81] Daraus ist wohl der Schluss erlaubt, dass Freuchen am eindringlichsten, nachhaltigsten oder am begründetsten gegen die neue Gebühr protestiert hatte, wohl sogar als Sprecherin der Münster aufsuchenden Juden aufgetreten war. Der Verhandlungserfolg hat wegen der bekannten Abneigung aller Behörden, Beschlüsse zu revidieren, vor allem angesichts der damals höchst misstrauischen Haltung der Stadt Münster Juden gegenüber[82] großes Gewicht. Nicht ohne Grund hatte sie schon 1604 der Hofjude Levi von Bonn als seine gefährlichste Gegnerin ausgemacht. Freuchen muss eine ungemein beeindruckende Persönlichkeit gewesen sein.
Dies zeigt sich auch beim letzten Auftritt der Jüdin in der Öffentlichkeit, von dem wir wissen. Am 20. Januar 1622

handelte „die erbare Fröwchen Ganß Judinn, Moses Juden von Hamme ehehausfrow" – man spürt förmlich aus den Worten die Anerkennung für diese Frau – am Ende der siegreichen Auseinandersetzung mit dem Ritter Dietrich von Nehem den notariell niedergelegten Zahlungskompromiss aus.[83] Danach verschwindet sie zusammen mit ihrem Mann im Dunkel der Geschichte, fraglos eine ganz ungewöhnliche Frau, außerordentlich geschickt im Verhandeln, klug, energisch, geschäftstüchtig und gleichzeitig Mutter vieler Kinder, die sich mit Erfolg im Leben behaupteten, treue Ehefrau und Geschäftspartnerin ihres Mannes. Nach allem, was wir von ihr wissen, war sie, wie wir heute sagen würden, eine Powerfrau, wie sie im Buch steht, ohne Zweifel eine der größten Jüdinnen in der Geschichte Westfalens, vielleicht die bedeutendste überhaupt.

Abgekürzt wiedergegebene Literatur

DUB I, II, III
Dortmunder Urkundenbuch, Band I 1, Dortmund 1881; I 2, Dortmund 1885; II 1, Dortmund 1890; II 2, Dortmund 1884; III 1, Dortmund 1899, hrsg. von Karl Rübel

GJ I-III
Germania Judaica, Band 1 (Von den ältesten Zeiten bis 1238), Frankfurt a. M. 1917, Breslau 1934 (Neudruck Tübingen 1963). Band 2 (1238-1350), Tübingen 1968, Band 3, 1-3 (1350-1519), Tübingen 1987, 1995, 2003

WJ I; III 1 und III 2
Westfalia Judaica. Quellen und Regesten zur Geschichte der Juden in Westfalen und Lippe, Band 1 (1005-1350), 2. Aufl. Münster 1992; Band 3, 1: Quellen und Regesten zur Geschichte der Juden in der Stadt Münster 1530-1650/1662, Münster 2000; Band 3, 2: Quellen und Regesten zur Geschichte der Juden in der Stadt Hamm 1287-1664, Münster 2005

Anmerkungen

[1] GJ I-III; WJ I; III 1; III 2.
[2] Diethard Aschoff: Geschichte der Juden in Westfalen im Mittelalter. Münster 2006.
[3] Vgl. Register WJ I S. 233-237 und S. 313-323.
[4] WJ I Nr. 3 S. 24-30.
[5] Vgl. Haim Hillel Ben Sasson: Vom 8. bis zum 17. Jahrhundert, in: ders. (Hrsg.): Geschichte des jüdischen Volkes. Von den Anfängen bis zu Gegenwart. München 1994, S. 473-886, hier S. 511-514. Zur Problematik des Martyriums mit Diskussion der neueren Forschungsthesen vgl. Michael Toch: Die Juden im mittelalterlichen Reich. München 1998, S. 134-138.
[6] Vgl. Flavius Josephus: De bello Iudaico, Buch 7, 9, 1-2 (389-406), benützt in der Ausgabe von Otto Michel und Otto Bauernfeind, Band II 2, Darmstadt 1969, S. 145-149.
[7] WJ I Nachträge Nr. 29 S. 291-293.
[8] WJ I Nr. 3 S. 26.
[9] Hermannus quondam Judaeus: Opusculum de conversione sua, hrsg. von Gerlinde Niemeyer. Weimar 1963, vgl. Jean-Claude Schmitt: Die Bekehrung Hermanns des Juden. Autobiographie, Geschichte und Fiktion. Stuttgart 2006.
[10] Niemeyer, wie Anm. 9, Kapitel 10-11, die direkten Zitate S. 98, 9-16; 102, 14-27; 103, 12-13.
[11] WJ I Nachträge Nr. 5 S. 257-260.
[12] WJ I Nr. 125 S. 125-128.
[13] Michael Toch: Die jüdische Frau im Erwerbsleben des Spätmittelalters, in: Zur Geschichte der jüdischen Frau in Deutschland, hrsg. von Julius Carlebach. Berlin 1993, S. 37-48, hier S. 37.
[14] Ebd. S. 38.
[15] Ebd. S. 40; vgl. Michael Toch: Die wirtschaftliche Tätigkeit, in: GJ III S. 2139-2164, hier S. 2161.
[16] Toch, wie Anm. 13, S. 41.
[17] WJ I Nr. 144 S. 144-145.
[18] Vgl. WJ I, Register unter Hanna von Werden S. 235, Hanna, Tochter des Gottschalk S. 235 und Rosa von Berc S. 236.
[19] Toch, wie Anm. 13, S. 41.
[20] WJ I Nr. 206 S. 203-204.
[21] Zu Pesselyn vgl. Diethard Aschoff: Art. Dortmund, in: GJ III S. 244 unter 13b.
[22] DUB II Nr. 30 S. 23.
[23] DUB II Nr. 878 /879 S. 615.
[24] DUB II Nr. 916.
[25] 1404 November 11, vgl. Karl Maser: Die Juden der Frei- und Reichsstadt Dortmund und der Grafschaft Mark. Witten 1912, S. 17.

[26] Stadtarchiv Dortmund Findbuch A 3 S. 231 Nr. 1347².
[27] DUB II Nr. 28. S. 21-22.
[28] DUB II Nr. 295 S. 321.
[29] DUB II Nr. 1050 S. 731.
[30] Vor 1394 Juni 26; DUB II Nr. 705 S. 562.
[31] DUB II Nr. 16 S. 19.
[32] DUB II Nr. 18 S. 19.
[33] Toch schrieb für GJ III den Leitartikel: Die wirtschaftliche Tätigkeit, in: GJ III S. 2139-2164.
[34] Toch, wie Anm. 33, S. 2161-2162.
[35] Hauptstaatsarchiv Düsseldorf Hs A III Nr. 15 fol. 112v.
[36] Staatsarchiv Münster Fürstentum Minden Urk. 302a.
[37] Acta Cusana I, Lieferung 3b, 1996, Nr. 2343 S. 1496-1505, hrsg. von Erich Meuthen, hier S. 1499-1500, Zeilen 45-50.
[38] Robert Scholten: Die Stadt Cleve. Beiträge zur Geschichte derselben meist aus archivalischen Quellen. Cleve 1879, S. 65.
[39] Druck bei Aschoff, wie Anm. 2, S. 282-283.
[40] Vgl. Diethard Aschoff: Gefährdungen einer Minderheit. Juden in Westfalen zur Zeit Philipp Nicolais (1556-1608), in: Die Pest, der Tod, das Leben – Philipp Nicolai – Spuren der Zeit. Lüdinghausen 1997, S. 141-170, hier S. 143-145.
[41] Klaus Pohlmann: Juden in Lippe in Mittelalter und früher Neuzeit. Zwischen Pogrom und Vertreibung 1350-1614, in: Panu Derech – Bereitet den Weg, Band 13. Detmold 1995, hier S. 212-214.
[42] Erschließbar über das Register in WJ III 2 S. 416-442.
[43] Bernd-Wilhelm Linnemeier: Die jüdische Familie Gans aus Lippstadt und Minden und ihr verwandtschaftlicher Umkreis vom 16. bis zum ausgehenden 18. Jahrhundert, in: Beiträge zur westfälischen Familienforschung 53, 1995, S. 323-341, hier S. 323-324 und 332.
[44] Ebd S. 331-333.
[45] Ulrich Becker: David Gans aus Lippstadt, in: Leben und Leiden der jüdischen Minderheit in Lippstadt. Lippstadt 1991 S. 19-21.
[46] Linnemeier, wie Anm. 43, S. 324.
[47] Diethard Aschoff: Hamm als Vorort der westfälischen Juden und die Frankfurter „Rabbinerverschwörung" von 1603, in: Märkisches Jahrbuch für Geschichte 102, 2002, S. 42-95, hier S. 57.
[48] Jüdisches Museum Frankfurt, Sammlung Bernhard Brilling, Mappe 114, zu S. 335. Die Übersetzung wurde mir durch Herrn Dr. Linnemeier vermittelt.
[49] WJ III 2 Nr. 227 S. 165-166.
[50] WJ III 2 Nr. 314 S. 229-231.
[51] Linnemeier, wie Anm. 43, S. 327.
[52] WJ III 2 Nr. 183 S. 131-132.

[53] Vgl. WJ III 2 S. 398-415.
[54] Ebd. S. 398-401.
[55] Ebd. Nr. 402 S. 284-285; Nr. 406 S. 287-288.
[56] WJ III 1 Nr. 446 S. 215-216.
[57] Ebd. Nr. 447 S. 216-217.
[58] WJ III 2 Nr. 163 S. 117.
[59] Ebd. Nr. 164 S. 117-118.
[60] Ebd. Nr. 230 S. 167-169.
[61] Bernhard Brilling: Die Familiennamen der Juden in Westfalen, in: Rheinisch-Westfälische Zeitschrift für Volkskunde 6, 1958, S. 150.
[62] Vgl. Ralf-Peter Fuchs: Um die Ehre. Westfälische Beleidigungsprozesse vor dem Reichskammergericht 1525-1805. Paderborn 1999, S. 230-231.
[63] Birgit E. Klein: Wohltat und Hochverrat. Kurfürst Ernst von Köln, Juda bar Chajjim und die Juden im Alten Reich. Hildesheim 2003, S. 122-178.
[64] Ebd. S. 176-177.
[65] WJ III 2. Nr. 209 S. 150.
[66] Ebd. Nr. 184 S. 132.
[67] Ebd. Nr. 201 S. 143-144.
[68] Ebd. Nr. 210 S. 150-151.
[69] Ebd. Nr. 217 S. 156 157.
[70] Ebd. Nr. 205 S. 147-148.
[71] Ebd. Nr. 219 S. 159.
[72] Ebd. Nr. 227 S. 165-166.
[73] Ebd. Nr. 231 S. 169-170.
[74] Friedrich Battenberg: Das europäische Zeitalter der Juden. Darmstadt 1990, 1. Teil S. 241.
[75] WJ III 1 Nr. 451 S. 318.
[76] Ebd. Nr. 366 S. 261-262.
[77] Ebd. Nr. 187 S. 134-135.
[78] Ebd. Nr. 188 S. 135.
[79] WJ III 2 Nr. 402 S. 284-285.
[80] Diethard Aschoff: Die Stadt Münster und die Juden im letzten Jahrhundert der städtischen Unabhängigkeit (1562-1662), in: Westfälische Forschungen 27, 1975, S. 84-113, hier S. 95-98.
[81] WJ III 2 Nr. 440 S. 311.
[82] Aschoff, wie Anm. 80, S. 87-112.
[83] WJ III 2 Nr. 456 S. 320.

Gabriele Jancke

Fremdheit in Glikl bas Judah Leibs Autobiografie (17. Jahrhundert) – am Beispiel von Sprache, Gastfreundschaft, Nachbarschaft*

In diesem Beitrag geht es um eine jüdische Kauffrau aus Hamburg, die bei uns bisher als Glückel von Hameln bekannt ist. Sie lebte im 17. und frühen 18. Jahrhundert und hat eine ausführliche Autobiografie hinterlassen, ein ganzes Buch in jiddischer Sprache. Daraus haben wir das meiste, was wir bisher über ihr Leben wissen. Aber auch für jüdisches Leben in dieser Zeit ist Glikls Buch eine sehr reiche Quelle. Hier will ich mich vor allem mit einem Aspekt befassen, der auch für unsere eigene Gesellschaft große Bedeutung hat, und zwar mit dem, was sie über Fremdheit zu sagen hat.
Ich fange mit ihrem Namen an. Die Frau, die die erste uns bekannte Autobiografie in jiddischer Sprache geschrieben hat, nannte sich selbst Glikl bas Judah Leib und gehörte der aschkenasischen Gemeinde in Hamburg an. Lange Zeit war sie bekannt als „Glückel von Hameln", aber seit dem Buch von Natalie Zemon Davis „Women on the Margins" (dt.: „Drei Frauenleben") wissen wir, dass dies nur eine Konstruktion ist. Diese Konstruktion geht zurück auf David Kaufmann, den ersten Herausgeber ihrer Autobiografie, und hat sich seitdem fest in der Wissenschaft und in der Öffentlichkeit etabliert. Da Glikl sich in ihrer Autobiografie nie selbst mit vollem Namen nennt, griff Kaufmann zu einer in seiner Zeit, um 1900, üblichen Namensform verheirateter Frauen: der Benennung nach ihrem Ehemann. Glikls erster Ehemann hieß Chaim Hameln; der Familienname Hameln rührte daher, dass seine Eltern in Hameln ansässig waren. Mit einem „von", um diese Herkunft aus einem bestimmten Ort kenntlich zu machen, wurde daraus bei

Kaufmann und anderen „Glückel von Hameln" – für deutschsprachige Kontexte und die folgenden Übersetzungen der Autobiografie in verschiedene Sprachen (Kaufmanns jiddische Edition hat noch kürzer „Glikl Hamil"). Glikl selbst aber nannte sich, so ist es bei Natalie Zemon Davis nachzulesen, wie andere jüdische Frauen ihrer Zeit auch, nach ihrem Vater, nicht aber nach ihrem Ehemann.[1]

Glikl wurde 1646/47 in Hamburg als Tochter einer wohlhabenden Kaufmannsfamilie geboren; ihr Vater Judah Leib war auch Gemeindevorsteher und gehörte dadurch zu den einflussreichen Männern der aschkenasischen Gemeinde.[2] Die aschkenasische Gemeinde konnte sich allerdings, was Wohlstand, politisches Gewicht, internationale Geschäftsbeziehungen und auch Selbstbewusstsein anging, längst nicht mit der sephardischen Gemeinde messen. Die Hamburger sephardischen Juden stammten aus Portugal, wo sie 1497 vertrieben worden waren; sie waren in Hamburg die ersten Juden, die ansässig werden konnten, sie waren weltgewandte Handelsleute und Diplomaten mit weit gespannten Netzwerken und auch in Hamburg durchaus von Gewicht und Einfluss.[3]

Glikl hatte eine ältere Halbschwester, und im Haushalt der Eltern wohnte auch die Mutter ihrer Mutter. Ihre Kindheit war kurz: Mit vierzehn Jahren wurde sie mit Chaim Hameln verheiratet, der nur wenige Jahre älter war als sie. Das war in ihrer sozialen Schicht, der oberen Mittelschicht, materiell möglich, weil das junge Paar zunächst im Haushalt der Eltern oder Schwiegereltern mitleben konnte, bis es ökonomisch auf eigenen Füßen zu stehen vermochte. So war es auch bei Glikl und Chaim, sie lebten zuerst einige Jahre in Hameln bei Glikls Schwiegereltern und danach, weil die geschäftlichen Möglichkeiten in Hamburg besser waren, bei ihren Eltern, bis sie dann ihren eigenen Haushalt hatten. Und in dieser sozialen Schicht war es für die Eltern auch attraktiv, ihre Kinder so jung zu verheiraten, denn durch Ehen wurden auch wichtige verwandtschaftliche und geschäftliche Beziehungen geknüpft, die für die ganze Familie auf längere Sicht von großer Bedeutung waren, und so war es wichtig, hier möglichst früh tätig zu werden und Einfluss nehmen zu können. Insgesamt war das Heiratsalter in der jüdischen Gesellschaft allerdings, ähnlich wie in der christlichen Mehrheitsgesellschaft, viel höher und lag bei deutlich über 20 Jahren – d. h., es gab große schichtspezifische Unterschiede bei Juden wie bei Christen; Mägde etwa konnten und mussten sich weitgehend selbst um ihre Verheiratung kümmern.[4]

Glikl hatte mit Chaim 14 Kinder, von denen zwölf bis zum Heiratsalter überlebten. Mit ihrem Mann zusammen betrieb sie in Hamburg ein florierendes Geschäft: Sie waren vor allem im Gold- und Juwelenhandel, aber auch in der Pfandleihe aktiv. Sie waren also beide im Geschäft tätig und teilten sich die Aufgaben: Chaim unternahm die nötigen Reisen zu Messen und Geschäftspartnern, Glikl versorgte zu Hause das Geschäft, den Haushalt und die Kinder. Reisen unternahm sie zu Verwandten und zu Hochzeiten ihrer Kinder. 1689 starb Chaim, und das war für sie, für ihren Haushalt und für das Geschäft ein wichtiger Einschnitt. Bei seinem Tod, so lässt sie die Leserinnen und Leser ihrer Autobiografie wissen, habe sie einen vollständigen Überblick über die Geschäfte und die Bilanzen gehabt und von einem Tag auf den anderen auch Chaims betriebliche Aufgaben übernehmen können. Außerdem wurde sie als Unternehmerin aktiv und gründete eine Strumpffabrik. Nach Chaims Tod reiste sie dann selbst zu den Messen und um Heiraten ihrer Kinder zu arrangieren. Sie übernahm also auch seine Aufgaben. Außerdem wurden nach und nach einige Söhne erwachsen und konnten ihr z. T. auch ein paar Aufgaben abnehmen – aber sie war die Chefin des Betriebes und übergab ihn nicht an einen ihrer Söhne, auch nicht, als sie erneut heiratete.

Als Chaim starb, hatten beide Eltern erst vier Kinder verheiratet. Von ihren acht noch unverheirateten Kindern verheiratete Glikl bis 1700 weitere sieben. In diesem Jahr, 1700, heiratete sie ein zweites Mal, und zwar den Metzer Bankier Hirsch Levi. Dafür verließ sie Hamburg und zog nach Metz; ihr Geschäft löste sie auf. Glikl hatte sich von der Ehe mit diesem angesehenen Geschäftsmann einen gesicherten Lebensabend und nützliche geschäftliche Beziehungen für ihre Kinder erwartet, aber Levi machte kurze Zeit nach der Heirat Bankrott. Dabei verlor sie sowohl ihr bei ihm deponiertes Geld als auch den größten Teil des ihr nach dem Ehevertrag zustehenden Betrages an die Gläubiger. Hirsch Levi starb 1712, und da Glikl ohne eigene Mittel geblieben war, auch offenbar in Metz keine eigenen Geschäfte mehr betrieb, lebte sie schließlich im Haushalt ihrer Tochter Esther und ihres Schwiegersohnes Moses Krumbach in Metz.

Über Fremdheit will ich im Folgenden anhand dieses historischen Beispiels reden. Dies nicht, um mir dadurch die Aufmerksamkeit für eigene Erfahrungen zu ersparen, sondern um durch die mehrfachen Dimensionen von Fremdheit, die dieses Beispiel mir selbst und meiner eigenen Gesellschaft gegenüber beinhaltet, gerade nicht nur das Eigene zum Maßstab zu nehmen. Wenn ich hier ausführlich über Glikl bas Judah Leib spreche, die im 17. und frühen 18. Jahrhundert lebte und die Autorin einer bis heute faszinierenden Autobiografie[5] ist, dann ist für mich die Fremdheit von Anderen die Orientierung – eine Fremdheit, die sich nicht nur durch Erkenntnis- und Verstehensprozesse *auflösen* lässt, sondern die zu großen Teilen *bestehen* bleibt. Was ich im Folgenden vorstelle, ist also mehr als die Präsentation von Arbeitsergebnissen aus der Geschichtswissenschaft. Es ist auch ein Umgang meiner Profession mit den Fremdheiten, mit denen historische Gesellschaften – auch die europäischen – uns konfrontieren, und dies ganz grundsätzlich, wie Hans Medick es mit seiner Hermeneutik der Fremdheit auf den Begriff bringt[6] und wie es viele mit Anleihen an ethnologische Methoden umzusetzen versuchen.
Fremdheit, so schrieb der Soziologe Georg Simmel vor hundert Jahren in seinem „Exkurs über den Fremden" (1908), ist eine soziale Beziehung. Distanz und Nähe sind ihm zufolge gleichermaßen kennzeichnend dafür:

„[D]ie Distanz innerhalb des Verhältnisses bedeutet, daß der Nahe fern ist, das Fremdsein aber, daß der Ferne nah ist."[7] Fremdsein bedeutet keineswegs ein klares Ausgegrenztsein. Ganz im Gegenteil, Fremdheit macht deutlich, dass es nicht möglich ist, gegenüber der oder dem Fremden eindeutige Grenzen zu ziehen. Soziale Räume können auch in Bezug auf Fremde – so wie in anderen Hinsichten, z. B. in Bezug auf Öffentlichkeit – nicht scharf und eindeutig voneinander geschieden werden. „Der Fremde", so Simmel weiter, „ist ein Element der Gruppe selbst, nicht anders als die Armen und die mannigfachen ‚inneren Feinde' – ein Element, dessen immanente und Gliedstellung zugleich ein Außerhalb und Gegenüber einschließt." Fremdheit ist also keine absolute Größe, sondern eine relative – das Außenstehen oder Ausgegrenztwerden ist immer mit Zugehörigkeiten gepaart. Simmel verweist vor allem auf die Händler und Kaufleute und sieht „die Geschichte der europäischen Juden" als „[d]as klassische Beispiel" für seine Aussagen. Ich will also hier Fremdheit als ein vielschichtiges Phänomen verstehen, nämlich eines, das einerseits auch mannigfache Aspekte von Nähe enthält oder zumindest zulässt, das andererseits aber an Distanzen erinnert, die bestehen bleiben und, so wird mein Plädoyer am Schluss lauten, auch bestehen bleiben müssen. Und zwar nicht aus Unfähigkeit, hier eine Annäherung zu erreichen, sondern aus Respekt voreinander. Die Frage, die sich für mich mit Fremdheit verbindet, ist also nicht, wie ich sie auflösen und aus meiner Welt entfernen kann. Vielmehr ist die Frage, wie wir mit Fremdheiten leben und wie wir sie als soziale Beziehungen gestalten.

Wenn ich nun über Glikl bas Judah Leib spreche, dann möchte ich mit dieser historischen Fallstudie zunächst einmal Dimensionen von Fremdheit unter dem Gesichtspunkt von *sozialen Beziehungen in einer frühneuzeitlichen Gesellschaft* erkunden. Das werde ich in drei Schritten tun: Zuerst werde ich mich mit Sprache oder vielmehr mit verschiedenen Sprachen befassen, die für Glikl eine Rolle spielten, danach mit Gastfreundschaft im weitesten Sinne des Wortes einschließlich der politischen Aspekte, und schließlich werde ich auf Nachbarschaft eingehen – eine der Nahbeziehungen, die sehr viel über das Einbezogensein und das Akzeptiertsein in einem konkreten sozialen Umfeld aussagen. Am Schluss werde ich dann ein paar Überlegungen dazu anstellen, wie solche historischen Dimensionen von Fremdheit für das Leben in unserer eigenen Gesellschaft fruchtbar sein könnten.

Sprache[8]

Nach Metz kam Glikl im Jahr 1700, sie war über 50 Jahre alt, als eine Fremde, und sie beschreibt das auch so. Ihr Fremdsein in Metz macht Glikl an verschiedenen Dingen fest, unter anderem an der Sprache. Sie erzählt eine ganze Vielfalt von Empfangs- und Willkommensritualen, die ihr zukünftiger Mann und andere angesehene Metzer Juden und Jüdinnen ihr bei der Ankunft entgegenbrachten und bei denen es offenbar keinerlei sprachliche Probleme gab. Danach berichtet sie folgende Episode:

> „Die andere Woche nach unserer Hochzeit sind die größten und einflußreichsten Persönlichkeiten gekommen und haben mich bewillkommt und Glück gewünscht. Ich habe mir nichts mehr gewünscht, als daß ich Französisch gekonnt hätte, damit ich jedem hätte Red und Antwort geben können" (PM 281/ KM 299).[9]

Für dieses Sprachproblem gibt es nur eine Erklärung: Glikl traf hier offenbar mit christlichen Bewohnerinnen und Bewohnern der Stadt Metz zusammen, die es sich ebenso wie die jüdischen nicht nehmen ließen, die neue Bankiersgattin willkommen zu heißen. Bei dieser Gelegenheit wurde Französisch gesprochen, was den in Metz ansässigen Juden und Jüdinnen vertraut war – Französisch war die Sprache, in der sie sich mit der umgebenden christlichen Bevölkerung verständigten. Untereinander sprachen sie Jiddisch, sodass Glikl in der Tat bei ihrer Übersiedlung aus Hamburg weiterhin diese ihr vertraute Umgangssprache verwenden konnte.[10] Damit blieb Glikl bei ihrer Übersiedlung von Hamburg nach Metz einerseits im selben Sprachraum, nämlich was die Verständigung mit anderen Juden und Jüdinnen betraf. Andererseits wechselte sie aber vom deutschen in den französischen Sprachraum, und dies wurde für die Verständigung mit der nichtjüdischen Bevölkerung für sie offenbar zu einem entscheidenden Problem. Betroffen waren davon nicht nur formelle Situationen wie die eben beschriebene, sondern alle Arten von Alltags- und vor allem auch Geschäftskontakten. Da Glikl kein Französisch konnte – im Unterschied zu ihrer älteren Halbschwester Hendel, die zu Hause diese Sprache gelernt hatte –, konnte sie zumindest zu Beginn ihrer Metzer Zeit keine eigenständigen Außenkontakte, außerhalb der jüdischen Gemeinde, anknüpfen. Die geschlechterhierarchischen Aspekte, die das am neuen Ort und in ihrer neuen Ehe hatte, deutet sie lakonisch an: „Nun, mein Mann hat für mich geredet" (PM 281/KM 299).

Umgekehrt wird aus der gleichen Stelle deutlich: In Hamburg hatte Glikl gelebt als Tochter von Ansässigen und als eine, die mit Menschen, Umgangsweisen, Geschäftspraktiken und eben auch mit der Sprache vertraut war. Nur dieses eine Mal in Metz berichtet sie, dass jemand anderes für sie sprechen musste, dass sie sich nicht selbst in der Landessprache verständlich machen konnte. Die Hamburgerin Glikl sprach offenbar Deutsch, hatte dieser Sprache als Geschäftsfrau sicher auch bis zu einem gewissen Grade in schriftlicher Form mächtig zu sein.[11] Verträge, Pfandbescheinigungen, eventuelle Korrespondenz mit christlichen Geschäftspartnerinnen und Geschäftspartnern mussten in der Sprache und Schrift der christlichen Mehrheitsbevölkerung abgefasst werden, da die Christinnen und Christen ihrerseits keine der Sprachen ihrer jüdischen Minderheiten lernten.

(Die christlichen Gelehrten mit ihren Hebräischstudien sind ein anderes Kapitel. Sie verbanden die in der Sprache, durch das Hebräische, erreichte Nähe nicht mit einer Nähe zu den Menschen. Mit Blick auf die Stadt Helmstedt kommentiert Glikl: „Dort ist eine hohe Schule, so daß es ein böser Ort ist" [PM 146/KM 157].)

Glikl bewegte sich in einem Geflecht mehrerer Sprachen, zu denen sie mehr oder weniger intensiven Zugang hatte. Sie schrieb und las Jiddisch und besaß auch einige Hebräischkenntnisse. Ihre Autobiografie, den einzigen Text, der von ihr überliefert ist, schrieb sie 1691 bis 1719 in jiddischer Sprache; diese Schrift enthält einen für jiddische Texte ungewöhnlich hohen Anteil an hebräischen Wendungen und Sätzen (20 %). Ihre Autobiografie ist die erste bekannte in jiddischer Sprache und zugleich die erste einer jüdischen Frau. Als gesprochene Sprache, in mündlicher Form also, war das Jiddische das gemeinsame Idiom aller aschkenasischen Juden, Frauen wie Männern. Bei den sephardischen Juden, die in Hamburg ansässig waren, wurde Portugiesisch gesprochen und geschrieben.[12]

Jiddisch, eine aus dem Mittelhochdeutschen entstandene eigene Sprache (also für Deutschsprachige leicht zugänglich), wird mit den hebräischen Schriftzeichen notiert und ist dadurch nicht leicht lesbar für diejenigen, die im lateinisch-christlichen Bildungssystem groß geworden sind. Umgekehrt waren jüdische Menschen der frühen Neuzeit der lateinischen Schriftzeichen nur so weit mächtig, wie es die Geschäftskontakte mit christlichen Kunden und Kundinnen nötig machten, und vor allem bestand eine große kulturelle und religiöse Abwehr gegenüber dem Alphabet der Kirche. Obwohl also die jiddische und die deutsche Sprache einander recht nahe sind und in der mündlichen Kommunikation keine unüberwindlichen Hürden bestehen, umfassen sie als Schriftsprachen klar getrennte Textkorpora. Diese waren in der frühen Neuzeit noch sehr weitgehend an unterschiedlichen Hochschriftsprachen orientiert – dem Hebräischen und Aramäischen einerseits, dem Lateinischen und Griechischen andererseits – und damit auch an den kulturprägenden, normativen Texten in diesen Sprachen. Schriftliche Verständigung in der frühen Neuzeit fand vorwiegend innerhalb der jeweils eigenen Gruppe statt. In der Kommunikation zwischen Juden und Jüdinnen einerseits und Christinnen und Christen andererseits spiegelte sich die Asymmetrie wider, die historisch das Leben einer verachteten Minderheit innerhalb einer nicht nur dominanten, sondern überdies vielfach gewalttätigen Mehrheitsgesellschaft prägte: Juden und Jüdinnen, die ohnehin darauf angewiesen waren, sich in der Mehrheitskultur zurechtzufinden, übernahmen neben der Sprache etwa auch Elemente der literarischen Tradition und integrierten diese in ihre eigenen Bestände. Christen demgegenüber beschäftigten sich mit jüdischen Traditionen, wenn überhaupt, dann meist als Theologen und damit in einem widrig bis feindselig eingestellten institutionellen Kontext.

Die Schriften der jeweils anderen Gruppe waren von den Bildungsvoraussetzungen der eigenen Gruppe her nicht unbedingt zugänglich. Neben der grundsätzlichen religiösen Trennlinie wurden innerhalb beider Gruppen jeweils Geschlechtergrenzen gezogen (deren Gemeinsamkeiten und Unterschiede ein eigenes, spannendes Thema wären): Die Hochschriftsprachen waren, wie die geschlechtsspezifischen Zugangsvoraussetzungen für die Bildungsinstitutionen und materiellen Unterstützungsmöglichkeiten ausweisen, fast ausschließlich Männern vorbehalten. Da Glikl über einige Hebräischkenntnisse verfügte – allerdings wohl nicht in der Lage war, hebräische Texte selbstständig zu lesen oder zu verfassen –, muss sie den besonders gebildeten jüdischen Frauen zugerechnet werden. Leider liefert ihre Autobiografie wenig Information darüber, wie sie diese Bildung erwarb: Sie schreibt, dass sie den *cheder* besuchte, also die jüdische Grundschule, aber ob ihr dort alle ihre Hebräischkenntnisse vermittelt wurden, vermag ich nicht abzuschätzen.

Als *Jüdin* bewegte Glikl sich in einem von vornherein mehrsprachigen Umfeld, das nicht nur durch die Sprachen der eigenen, jüdischen Gruppen, sondern zugleich durch diejenigen der umgebenden christlichen Mehrheitsgesellschaft und deren jeweilige Verhältnisse zueinander gekennzeichnet war.[13]

Als *aschkenasische* Jüdin agierte sie in einem Sprachraum, der Judenheiten verschiedener politischer Großgebilde miteinander verband – etwa Juden im Heiligen Römischen Reich, in Böhmen, im polnischen Königreich und in den westlichen Teilen Frankreichs, vor allem im Elsass; aschkenasische Juden lebten aber unter anderem auch in Amsterdam oder Kopenhagen.[14] Das Jiddische als gemeinsame aschkenasische Umgangssprache ermöglichte unter anderem das Knüpfen familiärer oder geschäftlicher Netzwerke über weite Teile Europas hinweg, wie Glikl es zeitlebens betrieb und in ihrer Autobiografie ausführlich beschreibt. Im Verhältnis zu den Sepharden jedoch zeigt sich das Jiddische als eine partikulare Sprache, die die Zugehörigkeit nur zu Teilen der europäischen Judenheiten prägte.

Als *Geschäftsfrau*, die nicht nur von *jüdischen* Geschäftspartnerinnen und Geschäftspartnern leben konnte, hatte sie stets mindestens zweisprachig zu sein, um handlungsfähig auch gegenüber christlichen Kundinnen und Kunden sein zu können.

Als *Hamburgerin* war sie durch ihre Kenntnis der Verkehrssprachen Jiddisch und Deutsch kompetent. Als *Metzerin* kam sie mit Jiddisch zwar in der jüdischen Umgebung ebenso zurecht wie zu Hause in Hamburg, aber aufgrund ihrer zumindest anfangs fehlenden Französischkenntnisse geriet sie gegenüber ihrer neuen christlichen Umgebung in eine Situation, die sie von anderen Mitgliedern der eigenen Gruppe abhängig machte.

Als *Frau* war sie in vielen dieser Bereiche in gleicher Weise kompetent wie Männer (d. h., die Kategorie Geschlecht bedeutet hier nicht unbedingt eine Differenz). Massive Geschlechterasymmetrien traf sie im Bereich der zentralen jüdischen Sprache von Religion, Recht und Wissen an, beim Hebräischen. Es ist jedoch sogleich darauf zu verweisen, dass solche Ungleichheiten beim Zugang zum Hebräischen zwar in ausdrücklichen Diskursen und in normativen Debatten nur mit der Kategorie Geschlecht verbunden wurden (auf jiddischen Buchtiteln etwa steht: für Frauen), tatsächlich aber auch mit dem Kriterium der sozialen Schicht verknüpft waren: Bei weitem nicht alle jüdischen Männer konnten so viel Hebräisch, dass sie auch nur dem Gottesdienst folgen oder zentrale religiöse Texte selbstständig lesen konnten. Die zahlreichen frühneuzeitlichen Übersetzungen religiöser Schriften ins Jiddische waren unter anderem auch mit dem Bildungsstand der Männer begründet. Glikl als Tochter einer wohlhabenden Großstadtfamilie, die zur aschkenasischen Oberschicht gehörte, hatte in mancher Hinsicht bessere Möglichkeiten als Söhne armer Familien sie haben konnten, besonders wenn sie aus ländlichen Regionen mit spärlicher jüdischer Bevölkerung stammten.[15]

Gastfreundschaft[16]

Glikl hat in ihrer Autobiografie sehr viel über Gastfreundschaft zu sagen. Es handelt sich für sie zunächst um einen grundlegenden Zug ihrer eigenen jüdischen Gesellschaft, in der Gastfreundschaft – insbesondere gegenüber Armen, Fremden und Gelehrten – zu den religiösen Pflichten gehörte. Als ein solcher selbstverständlicher Teil des Lebens prägte Gastfreundschaft nicht nur einzelne Haushalte, sondern auch die Strukturen der Gemeinde: Die Zuteilung von armen Gästen wurde per Los geregelt, sodass die wohlhabenderen Haushaltsvorstände verpflichtet wurden, sie aufzunehmen; dafür gibt es das Wort der sog. „Plettengäste" (jidd. „Pletten" = Billette). Darüber hinaus konnten die Haushaltsvorstände ihre individuellen Entscheidungen treffen: wie sie mit den zugeteilten „Plettengästen" umgingen, ob und wen sie zusätzlich aufnehmen wollten. Glikl vermerkt dies in solchen Fällen, in denen sie selbst ein zusätzlicher Gast war und die Freigebigkeit ihrer Gastgeberinnen und Gastgeber rühmen wollte. Über die Rückreise ihrer Familie von Amsterdam nach Hamburg schreibt sie (die Familie war für die Hochzeit der ältesten Tochter in Kleve gewesen und reiste nun über Amsterdam zurück):

> „Der Reb Abraham ist ein braver Mann gewesen. Nicht allein daß er uns wohl traktiert und alle Ehre der Welt angetan hat, hat er auch an seinem Tisch noch sechs Plettengäste sitzen gehabt, die haben von allem essen und trinken müssen, wie wir auch, und ich kann wohl sagen, daß ich solches von keinem reichen Mann noch gesehen habe" (PM 142/KM 152).

Glikl hebt hier eine ganze Reihe von Dingen hervor, die sie als ungewöhnlich beschreibt. Erstens die Zahl der armen Gäste, die Abraham bei sich hatte, zweitens deren Gleichbehandlung mit den wohlhabenden Hamburgern, die zudem noch mit dem Gastgeber verwandt waren, und drittens die überaus zuvorkommende Behandlung, die die Hamburger Gäste erfuhren – sie waren nicht angekündigt und blieben mit einer großen Gruppe von sieben oder acht Personen über die Feiertage von Rosch Haschana in Abrahams Haushalt. Was Glikl nicht eigens betont, sind Dinge, die sie als selbstverständlich voraussetzt und mit anderen Beispielen deutlich macht: dass man unterwegs bei anderen Juden um Unterkunft bitten könne und solche auch nach Möglichkeit erhalten werde und dass dies innerhalb der Verwandtschaft oder weiterer Netzwerke eine sehr zuverlässige Art des Unterkommens sei, mit anderen Worten: dass es innerhalb solcher Netzwerke eine Verpflichtung gebe, Gastfreundschaft zu gewähren.
Mit dieser kurzen Szene macht Glikl zugleich Regeln und Spielräume von Gastfreundschaft deutlich. Nicht zuletzt beschreibt sie, dass der Gast nicht immer fremd sein musste oder, umgekehrt aus der Sicht des Gastes gesehen, dass es von großem Wert sein konnte, über ein weitgefächertes Beziehungswissen zu verfügen, sodass sich in konkreten Situationen damit eine Beziehung rekonstruieren und ein – zumindest potentieller – Gastgeber gewinnen ließ. Glikl stellt solche Überlegungen an

mehreren Stellen dieser Reise von Amsterdam zurück nach Hamburg an, die durch unvorhergesehene Umstände in improvisierter Weise auf dem Landweg stattfinden musste. Über Reb Abraham heißt es:

> „Am nächsten Tag, dem Fasttag, dem Vorabend des Neujahrsfestes, haben wir uns zeitig aufgemacht und sind nach Emden gezogen und sind zu Gast gewesen bei Reb Abraham aus Stadthagen. Derselbe und mein Mann – das Andenken des Gerechten gesegnet – sind nahe Verwandte gewesen. Der Vater von Abraham Emden war Reb Mausche Kramer aus Stadthagen und ist der Vetter von meinem Mann – das Andenken des Gerechten gesegnet – gewesen" (PM 141/KM 152).

An anderer Stelle findet sich keine Verwandtschaft, aber doch eine Beziehung zu einem ehemaligen Vorsteher der Hamburger Gemeinde (PM 141/KM 151).
Die Aufnahme von Plettengästen dagegen war eine Form der Armenfürsorge, und zur Armut der Gäste gehörte auch ihr Mangel an Beziehungen und Netzwerken. Während aber diese Gäste nur kurzzeitig blieben und dann wieder gingen, konnte es auch Gäste geben, die blieben – das hing von den Gastgebern ab. Glikl erzählt an einigen Stellen, dass sie und Chaim in Hamburg einen jungen Mann zu Gast hatten. Sie erzählt von diesen eigenen Gästen aber nur dort, wo sie sofort hinzufügt, dass die Gastgeberinnen und Gastgeber den Status des jungen Mannes umwandelten in den eines Angestellten:

> „Zu jener Zeit ist ein junger Mann in Hannover gewesen mit Namen Mordechai – Gott räche sein Blut. Er ist bei meinem Schwager Lipmann gewesen. Derselbige junge Mann ist nach Hamburg gekommen und war bei uns Gast. Kurz, der Junge hat uns wohl angestanden, wir haben ihn zu uns genommen, damit er für uns reisen soll, und wir beabsichtigten, ihn dorthin zu schicken, wo Geschäfte zu machen sind" (PM 69/ KM 75; vgl. PM 73/KM 79).

Glikl beendet ihre Autobiografie damit, dass sie als nunmehr verarmte Witwe in Metz von ihrer Tochter Esther und ihrem Schwiegersohn Moses Krumbach aufgenommen wurde. Auch diesen Haushalt beschreibt sie als außergewöhnlich gastfreundlich, für Arme und für vornehme Fremde gleichermaßen: „... ich bin weit und in vielen Gemeinden gewesen, hab aber nie so eine Haushaltung führen sehn. Jedem wird alles freundlich und in Ehren gegeben, sowohl den Plettengästen als den richtigen Gästen" (PM 301/KM 320).[17] Wenn Glikl auch an dieser Stelle die Gleichbehandlung von Armen und Reichen betont, so will sie offensichtlich das Ungewöhnliche oder jedenfalls keineswegs Selbstverständliche daran deutlich machen.

Innerhalb der jüdischen Gesellschaft gab es also verschiedene Möglichkeiten, Gast zu werden, als Gast behandelt zu werden und diesen Status wieder zu verlassen. Nach Glikls Zeugnis spielten dabei die Zugehörigkeit zu einer sozialen Schicht ebenso wie der Zugang zu sozialen Beziehungen und Netzwerken eine entscheidende Rolle. Als vorbildliche Gastgeberinnen und Gastgeber werden bei ihr wohlhabende Leute gerühmt, die auf diesem Wege offenbar einen beträchtlichen Teil ihres Vermögens einzusetzen bereit sein konnten. Damit wurde die jüdische Gesellschaft im Wesentlichen von den gleichen Kategorien geprägt wie die christliche Mehrheit. Auch wenn vorerst nicht klar ist, inwieweit die christlichen Eliten ein vergleichbares Ausmaß an sozialem Engagement an den Tag legten, verdienen diese Kategorien einige Aufmerksamkeit, und ich will jetzt ein paar Worte dazu sagen.

Hier wie dort wurde Gastfreundschaft als eine soziale und religiöse Norm betrachtet, durch die sich insbesondere die Angehörigen sozialer Eliten selbst definierten. Auf der einen Seite tritt die Gegenseitigkeit unter Angehörigen der gleichen sozialen Gruppe stark hervor. Auf der anderen Seite, und so beschreibt es ja auch Glikl, taucht aber hier die Gastfreundschaft als Verpflichtung gegenüber Ungleichen, sozial weit niedriger rangierenden Menschen auf. So gehört auch in die Kultur adliger Standesnormen immer die Armenfürsorge mit hinein, und sie kann unter anderem in Formen von Gastfreundschaft realisiert werden. Anders als es bei Glikl deutlich wird, handelt es sich bei christlichen Adligen jedoch vielfach um Schwundstufen von Gastfreundschaft: Verglichen mit dem elaborierten räumlichen und sozialen Zeremoniell, mit dem englische Landadlige ihre hochrangigen Gäste mit Nähe zum Gastgeber auch sozial auszeichneten, war die Speisung, die sie den Armen im Torhaus oder einmal im Jahr zu Weihnachten gewährten, auch sozial und räumlich eine klare Form der Distanzierung und Hierarchisierung.[18] Für England lässt sich feststellen, dass auch diese Schwundstufen offenbar im Lauf der Frühen Neuzeit weiter reduziert wurden, da die Armenfürsorge in die Regie der Gemeinde überging und die Adligen sich mehr und mehr weg von ihrer unmittelbaren Nachbarschaft und auf den Hof in London hin orientierten. Für den deutschsprachigen Raum gibt es solche Studien bisher nicht.

Was sich aber noch feststellen lässt, ist die Norm der Gastfreundschaft für die Geistlichen beider christlicher Konfessionen, also eine weitere soziale Elite, auch wenn diese Elitenrolle nicht unbedingt mit Wohlstand und politischem Einfluss gekoppelt sein musste.[19] Das Tridentinische Konzil (1545-1563) legt in seinen Beschlüssen zur Lebensweise von Geistlichen noch einmal ausdrücklich fest, was auch die Jahrhunderte zuvor gegolten hatte und zumindest teilweise auch institutionell in Klöstern und christlichen Hospizen praktiziert wurde: dass geistliche Personen – also nicht nur die Pfarrer – Gastfreundschaft zu üben hätten.[20] Ein Beispiel von protestantischer Seite liefert Katharina Zell, die Straßburger Reformatorin und theologische Publizistin (1498-1562). In einer ihrer letzten Schriften forderte sie Ende der 1550er-Jahre, dass Pfarrer Gastfreundschaft zu üben hätten. Neben der Fürsorge für Arme und Vertriebene und neben den auch im Pfarrhaus geknüpften Netzwerken unter Gelehrten hatte sie noch einen konfessionellen Gesichtspunkt im

Blick: Sie wollte, dass protestantische Pfarrer auch gegenüber anderen konfessionellen Orientierungen als ihrer eigenen gastfreundliche Offenheit an den Tag legten, mit anderen Worten, dass ihr Haus unter anderem auch Täufern, Schwenckfeldern und anderen protestantischen Minderheiten offenstand und dass sie über diese konfessionellen Differenzen hinweg auch den theologischen Austausch praktizierten. Hier war ihr auf der persönlichen Ebene vor allem die Gegenseitigkeit im Gespräch wichtig, auf einer kirchenpolitischen Ebene ging es ihr zugleich darum, religiöse Minderheiten auch in einer lutherisch dominierten Stadt wie Straßburg unbehelligt von Bekehrungsversuchen und Vertreibungsdrohungen leben zu lassen, d. h., ihre Mahnung richtete sich an die lutherische Geistlichkeit der Stadt Straßburg.[21]

Jedenfalls ist im christlichen Bereich deutlich, dass unter Verwandten, Nachbarn, Freunden und Angehörigen von Berufs- oder anderen Gruppen Gegenseitigkeit zu erwarten war, Zeichen dauerhafter Beziehungen, an denen beide Seiten gleichermaßen interessiert waren. Die Norm adliger Gastfreundschaft etwa sollte nicht unbesehen für beliebige Standesgenossen gelten, sondern nur dort, wo aus Nähe und Gegenseitigkeit dauerhafte Netzwerke gemacht wurden, die zwar weit gespannt sein konnten, aber eben auch ihre Grenzen hatten. Wie bei den Netzwerken anderer sozialer Gruppen auch, konnte Fremdheit durch die Empfehlung eines weiteren Mitglieds in Nähe umgewandelt werden. Die adligen Netzwerke waren nur ein bestimmter Typ neben anderen Netzwerken etwa von Kaufleuten, Gelehrten oder Geistlichen.[22] In allen diesen Fällen schufen sich soziale Gruppen ihren Zusammenhalt mit Hilfe solcher zum Teil überregional ausgedehnter Netzwerke, und Gastfreundschaft spielte vermutlich in allen Fällen eine wichtige Rolle; sehr deutlich zeichnet sich das jetzt schon ab für die Adligen und die Gelehrten.

Gastfreundschaft als eine soziale Norm für Adlige und für Geistliche hatte offenbar zwei Seiten: die Gegenseitigkeit in der jeweiligen Gruppenkultur, und einen Aspekt der sozialen Ungleichheit oder auch der religiösen Differenz, bei dem Gegenseitigkeiten angesichts der sozialen Hierarchien und der Machtverhältnisse zumindest auf den ersten Blick nicht so leicht zu erkennen sind (oder doch?).

Bei Glikl tritt als Kriterium für die Zugehörigkeit zu solchen Netzwerken zunächst die Verwandtschaft hervor, sodann die Oberschicht der Hamburger Gemeinde und Geschäftsbeziehungen; vielfach waren auch mehrere Elemente miteinander verflochten. Klar ist, dass ihre Netzwerke in der Regel Verbindungen zwischen aschkenasischen Juden und Jüdinnen herstellten und weit verzweigte Solidaritätsbeziehungen schafften, die sich über große Teile Europas nördlich der Alpen erstreckten. Glikl schätzt wie die christlichen Eliten die Gegenseitigkeit in solchen Beziehungen sehr hoch. Dies wird dort deutlich, wo sie anlässlich eines Besuches bei Chaims Eltern den Wert der gegenseitigen Gastgeschenke abwägt und die Gabe der Schwiegereltern nicht unbedingt angemessen empfindet (PM 133/KM 144), vor allem aber dort, wo sie beklagt, sie und Chaim hätten andere sehr viel mehr unterstützt als umgekehrt (PM 112f. 114f./KM 121f. 123f.). Damit stehen sie und mit ihr die Beziehungen und Netzwerke, die sie beschreibt, im breiten Rahmen frühneuzeitlicher Gesellschaften mit ihrer Gabenkultur, wie sie etwa von Natalie Zemon Davis und anderen untersucht worden ist.[23]

Beziehungen und Netzwerke konnten, so geht es aus Glikls Autobiografie Seite für Seite hervor, von Frauen und Männern geknüpft und genutzt werden. Geschlecht konnte hier durchaus eine Kategorie der Ungleichheit sein, war aber nicht unbedingt eine Ausschlusskategorie, anders als sozialer Stand oder Religion. Sieht man sich Glikls Text unter dem Gesichtspunkt der Religion noch einmal an, so zeigt sich aber auch hier keine eindeutige und scharfe Grenze. Die gleiche jüdische Reisegesellschaft, die im Netzwerk der Verwandten gastfreundliche Aufnahme fand, konnte ebenso bei Bauern und damit bei christlichen Gastgebern unterkommen und dort abends friedlich zusammen am Feuer sitzen und sich unterhalten (PM 144/KM 155). Das konnte mit einer Bezahlung verbunden sein wie bei vielen Formen frühneuzeitlicher Gastlichkeit, aus Glikls Darstellung geht es nicht hervor. Bei einer anderen Reise beschreibt Glikl, wie sie mit ihren drei kleinen Kindern spät in der Nacht und völlig durchnässt freundliche Aufnahme in einem Gasthaus fanden – alle rückten zusammen, obwohl es schon vorher sehr eng war, die Fuhrleute und anderen Reisenden hatten Mitleid mit den Kindern, die Wäsche der Kleinen konnte getrocknet werden (PM 95/KM 104). Auch hier trafen sie auf einen christlichen Gastgeber, und die anderen Gäste dürften ebenfalls Christinnen und Christen gewesen sein. Allenfalls konnte sich die Religion – wie übrigens auch weibliches Geschlecht beim Reisen – in den Kosten niederschlagen, wie Glikl vermerkt (PM 236/KM 251; PM 83/KM 90).

Eine scharfe Grenze aber konnten die Obrigkeiten ziehen, indem sie das Wohnrecht gewährten, verweigerten, wieder entzogen oder die bereits faktisch ansässigen Juden wieder vertrieben. Wie bei anderen Aspekten von Gastfreundschaft waren die auf Ansiedlungsrechte bezogenen nicht nur mit Herrschaft, sondern auch mit Zwang und Gewalt verbunden. Ähnlich wie andere religiöse Minderheiten – etwa die Hugenotten – zum Teil auch, aber systematischer und grundsätzlicher, hatten Juden in diesen prekären Situationen von obrigkeitlicher Gastlichkeit oder deren Verweigerung als Dauerzustand zu leben.[24]

Die zugrunde liegende Rechtsvorstellung war die, dass die jeweiligen Herrscher – Kaiser, König oder Landesherren – willkürlich und nach ihren Interessen entscheiden konnten, ob sie Juden in ihrem Gebiet zuließen, wenn ja, welche und wie viele und zu welchen Bedingungen und für welchen Zeitraum. Entsprechend mussten Juden mit den Obrigkeiten über solche Rechte verhandeln, hatten aber auch stets des Entzugs oder der Verweigerung bereits gewährter Rechte gewärtig zu sein. Dies war gewiss keine Gastfreundschaft im Sinne von Freundschaft, jedenfalls nicht von der Seite der Herrschenden aus. Ebenso gewiss aber war es eine Gastfreundschaft im Sinne von Gegenseitigkeit, denn ohne beträchtlichen Nutzen für die Herrschaft wurden solche Ansiedlungsrechte nicht gegeben. Für protestantische Minderheiten in katholischen Gebieten und in protestantischen Gebieten für Täufer und andere Gruppen konnten ähnlich prekäre Situationen entstehen und zur Vertreibung führen. Allerdings konnten diese Situationen in vielen Fällen dadurch beendet werden, dass die jeweilige Gruppierung anderswo gastliche und dauerhafte Aufnahme fand, wie es etwa die Salzburger Flüchtlinge vor der Gegenreformation, die Hugenotten und Waldenser erleben konnten.[25]

Glikl berichtet von dieser labilen Situation aus ihrer frühen Kindheit, wo die Hamburger Juden, die dort noch keinen rechtlichen Status besaßen, nach Altona vertrieben wurden und nun jeden Tag für ihre Geschäfte tagsüber nach Hamburg gingen, nachts wieder zu ihren Familien nach Altona zurückkehrten (PM 22/KM 24f.). Ein besonderer und unverzichtbarer Teil des Gemeindelebens war der Gottesdienst, der in Hamburg zu Glikls Hamburger Zeit offiziell immer verboten war. Glikl schreibt dazu:

> „Aber wir haben in Hamburg kein Bethaus gehabt und auch gar kein Wohnrecht. Nur aus Gnade von dem Rat – Gott erhöhe seinen Ruhm – sind sie dort gewesen. Doch sind die Juden zusammengekommen in ihren Wohnungen zum Beten, so gut sie nebbich gekonnt haben. Wenn solches die Räte der Stadt vielleicht schon gewußt haben, haben sie doch gern durch die Finger gesehen. Aber als es Geistliche gewahr worden sind, haben sie es nicht leiden wollen und uns nebbich verjagt, und wie das schüchterne Schaf haben wir müssen nach Altona ins Bethaus gehen" (PM 24/KM 26f.).

Auf christlicher Seite konnten sich zwei verschiedene Parteien bilden. Die eine Fraktion stellte der Rat, der die jüdischen Gottesdienste de facto zu tolerieren bereit war. Die andere, so Glikl, bestand aus den Geistlichen und der Bürgerschaft. Sie sorgte periodisch wiederkehrend dafür, dass das Verbot tatsächlich durchgesetzt wurde und die Hamburger Juden für ihre Gottesdienste nach Altona gehen mussten, das unter der Herrschaft des dänischen Königs stand. Wie Glikls Vergleich zwischen Hamburg und Altona zeigt, war Religion ein Faktor, der für scharfe Ausgrenzung eingesetzt werden konnte, aber nicht musste. Welche Entscheidung getroffen oder durchgesetzt wurde, hing von Machtverhältnissen und den Optionen der Herrschenden ab; dass dabei die Pfarrer eine Gruppe waren, die qua Beruf zu einer entschieden ausgrenzenden Rolle neigen konnten, dürfte auch außerhalb Hamburgs anzutreffen gewesen sein.

Für Georg Simmel ist der wandernde Fremde nicht der, der kommt und wieder geht, sondern der, der kommt und bleibt. Wenn das so ist, dann ist Gastfreundschaft – in dem hier skizzierten weiten Sinn – ein Handlungsfeld, auf dem Menschen grundlegende gesellschaftliche Entscheidungen treffen können. Wie gerade Glikls politische Kommentare zeigen, hat sie auch im gesellschaftlichen und politischen Bereich die Spielräume der einflussreichen Akteure gesehen und ihren Umgang damit sehr kritisch eingeschätzt. Auch auf Seiten der christlichen Eliten und Obrigkeiten hätte sie sich eine Gastfreundschaft gewünscht, die den Fremden nicht zum Gehen zwingt oder in bestimmten – religiösen – Hinsichten gar nicht erst da sein lässt, sondern ihm das Bleiben ermöglicht.

Nachbarschaft[26]

Wie die Beziehungen im Alltag und zwischen Nachbarinnen und Nachbarn aussahen, lässt sich bei Glikl wie auch in anderen frühneuzeitlichen autobiografischen Schriften meist nur in einzelnen Schlaglichtern sehen. Dargestellt ist in aller Regel nicht der Alltag, sondern das, was aus dem Alltag herausragt: das Besondere oder die Störung.

Aus dem Wenigen, was Glikl zu dieser wichtigen Nahbeziehung sagt, will ich hier nur zwei Beispiele herausgreifen, die auf Solidarität als selbstverständliches Element des Nebeneinanderlebens schließen lassen.
Das erste Beispiel: Kurz nach der eben angesprochenen Vertreibung aus Hamburg, als die Hamburger Juden nach Altona gezogen waren, mussten sie eines Nachts vor schwedischen Truppen fliehen. Kaum bekleidet, ohne jegliche Habe, konnten sie gerade eben ihr Leben nach Hamburg retten. Glikl schreibt dazu nüchtern: „Teilweise haben wir uns bei den Sefardim, teilweise bei den Bürgern behelfen müssen" (PM 24/KM 26). Offenbar gab es eine Hilfsbereitschaft, auf die sich die Hamburger Aschkenasim verlassen konnten und die Glikl für so selbstverständlich hielt, dass sie das Faktum nur eben erwähnt, aber nicht weiter kommentiert.
Das zweite Beispiel steht ganz am Ende ihrer Autobiografie: Bei einem Unglück in der Metzer Synagoge im Jahr 1719, bei dem in einer Panik sechs Frauen ums Leben kamen und viele andere verletzt wurden, kamen nicht nur die jüdischen Männer zur Hilfe. Ebenfalls wie selbstverständlich schreibt Glikl:

> „Die Männer haben große Hilfe getan. Es sind viele Leute, Bürger von der Gasse, in die Judengasse gekommen mit Leitern und Haken, und wollten gern die Weiber von der obersten Synagoge heruntertun, denn man hat nicht gewußt, wie es oben in der Weibersynagoge bestellt ist" (PM 307/KM 327).

Auch hier ist es nicht nur so, dass man den Unglücksfall mitbekommt, sondern die Männer aus der christlichen Nachbarschaft eilen genau wie die jüdischen Männer sofort zu Hilfe, wie es den Regeln der Nachbarschaft entspricht. Zumindest in Fällen von Not wie diesen also konnten Juden mit der Möglichkeit rechnen, dass sie von ihren Nachbarn auch als Nachbarn behandelt werden würden.

Schluss

Wir sind am Ende der historischen Fallstudie angelangt, und ich will in vier Punkten ein Fazit ziehen, mit dem ich wieder in unserer gegenwärtigen Gesellschaft ankomme.

(1) Es ist viel von *Netzwerken und Gruppenkulturen* die Rede gewesen. Wie in der christlichen Gesellschaft, so waren dies auch in der jüdischen Gesellschaft wesentliche Bausteine sozialen Zusammenlebens. Wenn Glikl über ihr letztes Lebensdrittel in Metz schreibt, beleuchtet sie nicht zuletzt die Vorteile der schon länger Ansässigen gegenüber Neuzugezogenen, wie sie von Norbert Elias und John Scotson in ihrer Studie über „Etablierte und Außenseiter" untersucht worden sind.[27] Beziehungen und Netzwerke als Ressourcen zugänglich zu haben ist nach Glikl wie nach Elias und Scotson ein Reichtum der Ansässigen, und sie verfügen über Spielräume, wen sie von außen zulassen.

(2) Menschen zu Glikls Zeit waren aber nicht nur in ihre eigenen Gruppenkulturen und in damit verknüpfte weit reichende Strukturen eingebunden, sondern nicht zuletzt auch in die *Pluralität* frühneuzeitlicher Gesellschaft – und sie waren sich selbst höchst bewusst darüber, wie autobiografische Quellen zeigen. Claudia Ulbrich hat in ihrem Vortrag in dieser Reihe und in ihrem Buch „Shulamit und Margarete" eindringlich auf diese Pluralität der Gesellschaft verwiesen, ebenso wie auf die daraus resultierenden Konflikte und auf die damit einhergehende Konfliktfähigkeit der Menschen.[28] Ihre Studie zu Geschlecht, Religion und Macht in einer ländlichen Gesellschaft im 18. Jahrhundert zeigt ähnlich wie die Autobiografie der städtischen Geschäftsfrau Glikl, dass frühneuzeitliche Gesellschaften bei allen Differenzen und Konflikten doch auch sehr entschieden Fähigkeiten zum Umgang mit Unterschieden, Streit und Fremdheiten entwickelten. Besonders spannend scheint mir dies dort zu sein, wo es über persönliche und vielleicht zufällige Elemente hinaus

weist und die rechtlichen und politischen Strukturen betrifft.

(3) *Beziehungen und Allianzen* waren in Glikls Welt nicht nur innerhalb der großen religiösen Gruppen möglich, sondern auch über die Scheidelinien der Religion hinweg. Dass die jüdische Minderheit die Sprache der christlichen Mehrheit zumindest bis zu einem gewissen Grad beherrschte, war dabei eine Voraussetzung, um im Kontakt mit der Mehrheitsgesellschaft überhaupt handlungsfähig zu sein.[29] Fremdheiten konnten u. a. sowohl aufgrund religiöser als auch sozialer Differenzen eine Rolle spielen. Auch die Kategorie Geschlecht konnte von großer Bedeutung sein, aber sie ist stets in einem engen Geflecht mit anderen Kategorien zu sehen.[30] Fremdheiten waren allerdings partiell und standen keineswegs als unverrückbare Größen im Raum.[31] So ließen sich in Glikls Gesellschaft Allianzen knüpfen, die etwa in Form von Nachbarschafts- und Gastfreundschaftsbeziehungen einigermaßen erwartbar und verlässlich in Anspruch genommen werden konnten.

(4) Glikls Autobiografie beschreibt dieses Unternehmen keineswegs als in jeder Hinsicht gelungen. Aber Glikl sah dies ganz offenbar als ein Unternehmen an, das unverzichtbar war, sollte nicht die Existenz der Juden als Minderheit in einer christlichen Mehrheitsgesellschaft auf dem Spiel stehen. Die Bereitschaft und die Fähigkeit, mit Fremdheiten zu leben, muss bei einem solchen Unternehmen von beiden Seiten entwickelt werden. In einer Dominanzkultur[32], die auf Integration von Fremden und auf das Verschwinden von Fremdheiten pocht, verlangt die Mehrheit dies einseitig ihren Minderheiten ab. In einer Gesellschaft aber, in der auch Glikl würde leben wollen, müsste es das *Recht auf Fremdheit* geben.

Anmerkungen

* Das Folgende ist mein um Nachweise erweiterter Vortrag der Reihe „Frauen im Judentum". In einer kürzeren Fassung ist dieser Artikel bereits erschienen unter dem Titel: Sprache, Gastfreundschaft, Nachbarschaft: Fremdheit in Glikl bas Judah Leibs Autobiographie, in: Charlotte Methuen / Angela Berlis / Sabine Bieberstein / Anne-Claire Mulder / Magda Misset-van de Weg (eds.): Holy Texts: Authority and Language / Heilige Texte: Autorität und Sprache / Textes Sacrés: Autorité et Langue. (= Yearbook of the European Society of Women in Theological Research 12). Leuven 2004, 209-228.

[1] Natalie Zemon Davis: Women on the Margins: Three Seventeenth-Century Lives. Cambridge, Mass. / London 1995, Kap.: Arguing with God: Glikl bas Judah Leib, 5-62, notes 220-259, hier 8f.; vgl. auch die dt. Übers.: Drei Frauenleben. Glikl, Marie de l'Incarnation, Maria Sibylla Merian. Berlin 1996, 14-18 mit Abb. 17 unten; David Kaufmann (Hg.): Die Memoiren der Glückel von Hameln. 1645-1719. Frankfurt, M. 1896. – Informationen zu Glikl im Folgenden v. a. nach der wichtigen Studie von Davis, Women on the Margins; vgl. ferner die Beiträge in: Monika Richarz (Hg.): Die Hamburger Kauffrau Glikl. Jüdische Existenz in der Frühen Neuzeit. (= Hamburger Beiträge zur Geschichte der deutschen Juden 24). Hamburg 2001.

[2] Zu Juden in Hamburg vgl. Zvi Avneri: Art. Hamburg, in: Encyclopaedia Judaica. 17 Bde. Jerusalem 1971, Bd. 7, 1225-1229; Zvi Avneri / Stefan Rohrbacher: Art. Hamburg, in: Encyclopaedia Judaica. Second Edition. Detroit usw. 2007, Bd. 8, 295-297; zu den aschkenasischen Juden Günter Marwedel: Die aschkenasischen Juden im Hamburger Raum (bis 1780), in: Arno Herzig (Hg.) in Zusammenarbeit mit Saskia Rohde: Die Juden in Hamburg 1590 bis 1990. Wissenschaftliche Beiträge der Universität Hamburg zur Ausstellung „Vierhundert Jahre Juden in Hamburg". (Bd. 2). Hamburg 1991, 41-60; Stefan Rohrbacher: Die Drei Gemeinden Altona, Hamburg, Wandsbek zur Zeit der Glikl, in: Aschkenas 8,1 (1998), 105-124.

[3] Zu den sephardischen Juden in Hamburg s. Michael Studemund-Halévy: Die Hamburger Sefarden zur Zeit der Glikl, in: Richarz (Hg.): Die Hamburger Kauffrau Glikl (s. o. Anm. 1), 195-222.

[4] Vgl. Claudia Ulbrich: Shulamit und Margarete. Macht, Geschlecht und Religion in einer ländlichen Gesellschaft des 18. Jahrhunderts. (= Aschkenas Beiheft 4). Wien/Köln/Weimar 1999; dies.: Eheschließung und Netzwerkbildung am Beispiel der jüdischen Gesellschaft im deutsch-französischen Grenzgebiet (18. Jh.), in: Christophe Duhamelle / Jürgen Schlumbohm (Hgg.) in Zusammenarbeit mit Pat Hudson: Eheschließung im

Europa des 18. und 19. Jahrhunderts. Muster und Strategien. (= Veröffentlichungen des Max-Planck-Instituts für Geschichte 197). Göttingen 2003, 315-340; ferner der Beitrag von Ulbrich in diesem Band.
[5] Zur Autobiografie vgl. Davis, Women on the Margins (s. o. Anm. 1); ferner Chava Turniansky: Glikls Werk und die zeitgenössische jiddische Literatur, in: Richarz (Hg.): Die Hamburger Kauffrau Glikl (s. o. Anm. 1), 68-90; Gabriele Jancke: Die זכרונות (Sichronot, Memoiren) der jüdischen Kauffrau Glückel von Hameln zwischen Autobiographie, Geschichtsschreibung und religiösem Lehrtext. Geschlecht, Religion und Ich in der Frühen Neuzeit, in: Magdalene Heuser (Hg.): Autobiographien von Frauen. Beiträge zu ihrer Geschichte. (= Untersuchungen zur deutschen Literaturgeschichte 85). Tübingen 1996, 93-134, und dies.: Glikls Autobiographie im Kontext frühneuzeitlicher autobiographischer Schriften, in: Richarz (Hg.): Die Hamburger Kauffrau Glikl (s. o. Anm. 1), 91-122.
[6] Hans Medick: Entlegene Geschichte? Sozialgeschichte und Mikro-Historie im Blickfeld der Kulturanthropologie, in: Soziale Welt. Zeitschrift für sozialwissenschaftliche Forschung und Praxis, Sonderbd. 8: Zwischen den Kulturen? Die Sozialwissenschaften vor dem Problem des Kulturvergleichs. Hg. v. Joachim Matthes (1992), 167-178, hier 168; vgl. auch bereits ders.: „Missionare im Ruderboot"? Ethnologische Erkenntnisweisen als Herausforderung an die Sozialgeschichte, in: Alf Lüdtke (Hg.): Alltagsgeschichte. Zur Rekonstruktion historischer Erfahrungen und Lebensweisen. Frankfurt, M. / New York 1989, 48-84, hier 50.
[7] Georg Simmel: Exkurs über den Fremden, in: ders.: Soziologie. Untersuchungen über die Formen der Vergesellschaftung. Hg. v. Otthein Rammstedt. (= Georg Simmel Gesamtausgabe 11). Frankfurt, M. 1992, 764-771, Zitate 765. 766; dazu vgl. auch Almut Loycke (Hg.): Der Gast, der bleibt. Dimensionen von Georg Simmels Analyse des Fremdseins. (= Edition Pandora 9). Frankfurt, M. / New York / Paris 1992 (zuerst 1975). – Aus der Fülle von Literatur über Fremde und Fremdheit greife ich Simmels Überlegungen heraus, die ich wegen ihrer Aufmerksamkeit für Beziehungsaspekte für besonders fruchtbar halte.
[8] Zu Glikls Sprache zuletzt Erika Timm: Glikls Sprache vor ihrem sozialhistorischen und geographischen Hintergrund, in: Richarz (Hg.): Die Hamburger Kauffrau Glikl (s. o. Anm. 1), 49-67; ferner Turniansky, Glikls Werk und die zeitgenössische jiddische Literatur, ebd., sowie Jancke, Glikls Autobiographie im Kontext frühneuzeitlicher autobiographischer Schriften, ebd., hier 102f.; zu den Sprachen frühneuzeitlicher autobiografischer Texte, die im deutschen Sprachraum entstanden, dies.: Autobiographie als soziale Praxis. Beziehungskonzepte in Selbstzeugnissen des 15.

und 16. Jahrhunderts im deutschsprachigen Raum. (= Selbstzeugnisse der Neuzeit 10). Köln/Weimar/Wien 2002, Kap. 3: Für andere schreiben: Sprachen, Publikum, Publikationswege. Gruppenkulturen im Gesamtkorpus, 166-210.

[9] Von Glikls Autobiografie gibt es zwei deutsche Übersetzungen, eine von Bertha Pappenheim 1910 und die andere von Alfred Feilchenfeld 1913. Pappenheims Übersetzung ist vollständig und wörtlich, während Feilchenfeld Umstellungen im Text vornahm und beträchtliche Teile kürzte (etwa 20-25 %). Pappenheims Übersetzung ist daher bis heute, auch wenn sie modernen wissenschaftlichen Kriterien nicht gerecht wird, die einzige wissenschaftlich verwendbare in deutscher Sprache. Ich zitiere daher im Folgenden aus der deutschen Übersetzung von Bertha Pappenheim: Die Memoiren der Glückel von Hameln, geboren in Hamburg 1645, gestorben in Metz 19. September 1724. Autorisierte Übertragung nach der Ausgabe des Prof. Dr. David Kaufmann von Bertha Pappenheim. Wien 1910 (ND Weinheim 1994, mit einem Vorwort von Viola Roggenkamp); die Stellenangaben stehen, um den Anmerkungsapparat zu entlasten, im Text (abgekürzt: PM) und sind ergänzt um die entsprechenden Seitenangaben aus der alten Textausgabe von David Kaufmann (s. o. Anm. 1) (abgekürzt: KM). Inzwischen liegt auch eine neue kritische Textausgabe des jiddischen Textes mit hebräischer Übersetzung und Kommentierung vor: Glikl: Zikhronot 1691-1719. Ed. and transl. from the Yiddish by Chava Turniansky. Jerusalem 2006.

[10] Dazu Pierre-André Meyer: La communauté juive de Metz au XVIIIe siècle. Histoire et démographie. (= Collection Les Juifs de Lorraine). Nancy/Metz 1993, 85-87, dort auch zu französischen Lese- und Schreibfähigkeiten.

[11] Detaillierte Diskussion von Glikls deutschen Lesefähigkeiten bei Turniansky: Glikls Werk und die zeitgenössische jiddische Literatur (s.o. Anm. 5), bes. 80f.; vgl. neben dieser eher skeptischen Sicht Natalie Zemon Davis: Glikl bas Juda Leib – ein jüdisches, ein europäisches Leben, in: Richarz (Hg.): Die Hamburger Kauffrau Glikl (s. o. Anm. 1), 27-48, die darauf hinweist, dass insbesondere die führenden aschkenasischen Kaufleute und die Gemeindevorsteher auf die „Kenntnis deutscher Sprache und Schrift ... für ihre Geschäfte und für politische Verhandlungen mit Nichtjuden angewiesen waren" (40, mit weiteren Argumenten 40f.). Vgl. dazu demnächst auch Diskussionen und Belege bei Rüdiger Kröger: Deutschsprachige Literalität in Familie und Umfeld von Jobst Goldschmidt alias Josef Hameln, in: Birgit Klein / Rotraud Ries (Hgg.): Selbstzeugnisse und Ego-Dokumente frühneuzeitlicher Juden in Aschkenas – Beispiele, Methoden und Konzepte. (= minima Judaica 6). Berlin 2008 (im Druck).

[12] Michael Studemund-Halévy: Sprachverhalten und Assimilation der portugiesischen Juden in Hamburg, in: Herzig (Hg.): Die Juden in Hamburg 1590 bis 1990 (s. o. Anm. 2), 283-298.

[13] Zum sozialen Kontext der Mehrsprachigkeit vgl. Gabriele Jancke: Sprachverhalten in multilingualem Umfeld – Autobiographisches Schreiben des 15. und 16. Jahrhunderts im deutschsprachigen Raum, in: Christiane Maaß / Annett Volmer (Hgg.): Mehrsprachigkeit in der Renaissance. (= Germanisch-Romanische Monatsschrift, Beiheft 21). Heidelberg 2005, 167-180.

[14] Dazu die Überblickskarte bei Haim Beinart: Geschichte der Juden. Atlas der Verfolgung und Vertreibung im Mittelalter. Augsburg 1998 (zuerst Jerusalem 1992), 116f. mit Text 115.

[15] Vgl. Rotraud Ries: Status und Lebensstil – Jüdische Familien der sozialen Oberschicht zur Zeit Glikls, in: Richarz (Hg.): Die Hamburger Kauffrau Glikl (s. o. Anm. 1), 280-306; Elliott Horowitz: Jüdische Jugend in Europa: 1300-1800. In: Giovanni Levi / Jean-Claude Schmitt (Hgg.): Geschichte der Jugend. 2 Bde. Frankfurt, M. 1996 (zuerst frz. und it. 1995), Bd. 1: Von der Antike bis zum Absolutismus, 113-165.

[16] Kurzer Überblick bei Gabriele Jancke: Art. Gastfreundschaft, in: Enzyklopädie der Neuzeit 4 (2006) 171-174. Für die christliche Gesellschaft des Mittelalters und der Frühen Neuzeit v. a. Hans Conrad Peyer: Gastfreundschaft und kommerzielle Gastlichkeit im Mittelalter, in: Historische Zeitschrift 235 (1982), 265-288; ders. (Hg.) unter Mitarbeit v. Elisabeth Müller-Luckner: Gastfreundschaft, Taverne und Gasthaus im Mittelalter. (= Schriften des Historischen Kollegs. Kolloquien 3). München/Wien 1983; ders.: Von der Gastfreundschaft zum Gasthaus. Studien zur Gastlichkeit im Mittelalter. (= MGH Schriften 31). Hannover 1987; Felicity Heal: The Idea of Hospitality in Early Modern England, in: Past and Present 102 (1984), 66-93; dies.: Hospitality in Early Modern England. (= Oxford Studies in Social History). Oxford 1990; für die jüdische Gesellschaft: Editorial Staff: Art. Hospitality, in: Encyclopaedia Judaica 8 (Jerusalem 1971), 1030-1033; Natan Efrati: Art. Pletten, in: ebd. 13, 645; Raphael Posner / Haim-Hillel Ben-Sasson / Isaac Levitats: Art. Charity, in: ebd. 5, 338-353.

[17] Statt Pappenheims „richtige" hat Kaufmann im jidd. Text „ehrliche" Gäste. Glikl bezieht sich also auf Gäste mit hohem sozialem Status und Ansehen („ehrlich") im Unterschied zu den „Plettengästen", die arm und ohne einen besonders zu ehrenden sozialen Status waren.

[18] Heal: Hospitality in Early Modern England (s. o. Anm. 16), Reg sv charity; dies.: The Idea of Hospitality in Early Modern England (s. o. Anm. 16), v. a. 75-79. 83ff.

[19] Dazu ausführlich Heal: Hospitality in Early Modern England (s. o. Anm. 16), 223-299.

[20] Conciliorum Oecumenicorum Decreta. Curantibus Josepho Alberigo, Josepho A. Dossetti, Perikle-P. Joannou, Claudio Leonardi, Paulo Prodi, consultante Huberto Jedin. Editio tertia. Bologna 1973, sessio XXV, 3-4 dec. 1563, Decretum de reformatione generali, 788f. Caput VIII; dt., leicht bearbeitete Übers. des 16. Jahrhunderts: Des Hochheiligen / Allgemeinen Generals Concilii Zu Trient / Fürnehmste und besonders verteutschte Decreta und Satzungen / Welche Christliche Catholische Religion oder Glaubens-Sachen betreffen und allen frommen Christen zu wissen zum höchsten vonnöthen seyn. Jetzunder auf ein neues wiederum übersehen / und mit einem nützlichen Compendio oder Inhalt H. Jacob Rabus &c. was darauf äusserlicher Ceremonien und der Kirchen-Zucht halber beschlossen / gemehrt und verbessert. Nach der Edition Anno 1570. zu Cölln. Amberg 1716, 346. Für den Hinweis auf diese dt. Übers. und die Ausleihe eines Exemplars danke ich Christoph Neumann sehr herzlich. – Klöster: Jutta Maria Berger: Die Geschichte der Gastfreundschaft im hochmittelalterlichen Mönchtum. Die Cistercienser. Berlin 1999.

[21] Dazu Gabriele Jancke: Die Kirche als Haushalt und die Leitungsrolle der Kirchenmutter. Katharina Zells reformatorisches Kirchenkonzept, in: Heide Wunder / Gisela Engel (Hgg.): Geschlechterperspektiven. Forschungen zur Frühen Neuzeit. (= Aktuelle Frauenforschung). Königstein, Ts. 1998, 145-155, hier 149f.

[22] Zu den Netzwerken von Gelehrten und Geistlichen sowie zu mündlichen und schriftlichen Empfehlungen vgl. Jancke: Autobiographie als soziale Praxis (s. o. Anm. 8), Kap. 2: Abhängig sein: Gelehrte Männer in Patronageverhältnissen. Rekonstruktion einer Gruppenkultur, 75-165.

[23] Natalie Zemon Davis: The Gift in Sixteenth-Century France. Madison 2000, dt. Übers.: Die schenkende Gesellschaft. Zur Kultur der französischen Renaissance. München 2002; jetzt auch Gadi Algazi / Valentin Groebner / Bernhard Jussen (Hgg.): Negotiating the Gift. (= Veröffentlichungen des Max-Planck-Instituts für Geschichte 188). Göttingen 2003; ferner Valentin Groebner: Gefährliche Geschenke. Ritual, Politik und die Sprache der Korruption in der Eidgenossenschaft im späten Mittelalter und am Beginn der Neuzeit. (= Konflikte und Kultur – Historische Perspektiven 4). Konstanz 1998.

[24] Ansiedlungsrechte für Juden: für eine knappe Information B. Koehler / H. Lentze: Art. Juden, in: Handwörterbuch zur deutschen Rechtsgeschichte. Berlin 1978, Bd. 2, 454-465; ferner etwa die Aufsätze von J. Friedrich Battenberg, Christopher R. Friedrichs und Rotraud Ries in: R. Po-chia Hsia / Hartmut Lehmann (Hgg.): In and Out of the Ghetto: Jewish-Gentile Relations in Later Medieval and Early Modern Germany. Cam-

bridge / New York / Melbourne 1995. Zu den politischen Aspekten von Gastlichkeit gehörten nach frühneuzeitlichem Verständnis u. a. auch militärische Einquartierungen oder die öffentliche und politische Verpflichtung, Hospitäler zu betreiben. Wenn in diesem Beitrag auch Ansiedlungsrechte unter dem Aspekt politisch-herrschaftlicher Gastlichkeit beleuchtet werden, so ist dies sachlich naheliegend, folgt aber nicht unbedingt einem explizit geäußerten zeitgenössischen Verständnis; vgl. mit ähnlichem Zugang Renate Zedinger: Admission, intégration, résignation. Les émigrés de la Lorraine (1737) et des Pays-Bas autrichiens (1794) dans la monarchie Habsbourgeoise, in: Alain Montandon (Hg.): L'Hospitalité au XVIIIe siècle. (= Collection Littératures). Clermont-Ferrand 2000, 89-104.

[25] Zu den Salzburger Protestanten s. Winfried Dotzauer: Die Ankunft des Herrschers. Der fürstliche ,Einzug' in die Stadt (bis zum Ende des Alten Reichs), in: Archiv für Kulturgeschichte 55 (1973), 245-288, hier 284 mit Anm. 206.

[26] Vgl. etwa Karl Sigismund Kramer: Art. Nachbar, Nachbarschaft, in: Handwörterbuch zur deutschen Rechtsgeschichte. Berlin 1984, Bd. 3, 813-815; Paul Münch: Lebensformen in der Frühen Neuzeit, 1500 bis 1800. Frankfurt, M. / Berlin 1996, im Kap. „Umgang und Geselligkeit": zu Nachbarschaft 280-285; Reg sv 21f. 92. 95. 128. 206. 211. 227f. 269. 271. 274f. 280-285. 483. 529f., Aufgaben der Nachbarschaft 275. 280f., Statuten der Nachbarschaft 278f. 283; ferner die Aufsätze von James Amelang, John Edwards und Joseph Wheeler in: Alexander Cowan (Hg.): Mediterranean Urban Culture, 1400-1700. Exeter 2000, Part 1: Neighbours and Neighbourhoods.

[27] Norbert Elias / John L. Scotson: Etablierte und Außenseiter. Frankfurt, M. 1993 (zuerst London 1965), 78-90.

[28] S. ihren Beitrag in diesem Band; Ulbrich: Shulamit und Margarete (s. o. Anm. 4), hier v. a. 36. 303.

[29] Für den Hinweis auf die sprachliche Handlungsfähigkeit danke ich Karin Lehmeier; auf die Möglichkeit bewusster und zumindest partieller Selbstexklusion macht Johannes Weiß aufmerksam: Über Selbstexklusion und Verständigungsverweigerung, in: Wolfdietrich Schmied-Kowarzik (Hg.): Verstehen und Verständigung. Ethnologie – Xenologie – Interkulturelle Philosophie. Justin Stagl zum 60. Geburtstag. Würzburg 2002, 162-168, zu Sprache 167.

[30] Zu Geschlecht als mehrfachrelationaler Kategorie s. Andrea Griesebner / Christina Lutter: Geschlecht und Kultur. Ein Definitionsversuch zweier umstrittener Kategorien, in: diess. (Hgg.): Beiträge zur historischen Sozialkunde, Sondernummer 2000: Geschlecht und Kultur, 58-64.

[31] Dazu vgl. die materialreiche Studie von Carsten Wilke: Jüdisch-christliches Doppelleben im Barock. Zur Biographie des

Kaufmanns und Dichters Antonio Enríquez Gómez. (= Judentum und Umwelt / Realms of Judaism 56). Frankfurt, M. / Berlin / Bern / New York / Paris / Wien 1994, die am Beispiel sephardischer Juden im 17. Jahrhundert eine verblüffende Vielfalt von Identitäten und Allianzen aufzeigt und in ihren politischen, ökonomischen, rechtlichen und religiösen Kontexten verortet.

[32] Birgit Rommelspacher: Dominanzkultur. Texte zu Fremdheit und Macht. Berlin 1995.

Claudia Ulbrich

„Ein Vorhang und ein Robe-Lill vor der tabell Moses ..."

Lebenswege und Handlungsmöglichkeiten von jüdischen Frauen in einer ländlichen Gemeinde des 18. Jahrhunderts

1580 fragte ein Jude, der in einer süddeutschen Gemeinde lebte, den Rabbiner Isaac Misca, ob es erlaubt sei, dass seine Frau während des ganzen Jahres ihr Tauchbad im Fluss nehmen dürfe. Er begründete seine Anfrage damit, dass es keine Juden in seiner Nachbarschaft gäbe und dass seine Frau keine andere Möglichkeit habe, das Tauchbad zu nehmen. Das Problem, das er zu lösen hatte, war, dass für ein Ritualbad Quellwasser erforderlich war, der Fluss aber im Frühjahr sehr viel Schmelzwasser führen konnte. Der Rabbi konnte in einem solchen Fall die Gesetze nicht sehr streng auslegen, denn eine einzelne jüdische Familie konnte kaum für sich selbst ein Tauchbad bauen.[1]

Diese kleine Geschichte verweist auf eine wesentliche Bedingung jüdischer Existenz im frühneuzeitlichen Deutschland. Nach den spätmittelalterlichen Vertreibungen der jüdischen Bevölkerung aus den meisten deutschen Städten und Territorien waren viele Juden nach Süd- und Osteuropa ausgewandert, um sich eine neue Existenz aufzubauen. Diejenigen, die bleiben wollten, hatten nur noch wenige Möglichkeiten, ihr bis dahin städtisch geprägtes Leben fortzuführen. Manche versuchten sich vor den Toren der Städte anzusiedeln, andere zogen sich aufs Land zurück.[2] In vielen Fällen fehlten die Einrichtungen, die es den jüdischen Männern und Frauen erlaubt hätten, ihren Alltag an den Geboten der Religion auszurichten.[3] Es gab jüdische Familien, die so vereinzelt lebten, dass sie nicht einmal zehn Männer zusammenbringen konnten, um den Gottesdienst zu halten. Manchmal war die Anbindung an eine funktionierende Gemeinde und die Nutzung ihrer Institutionen möglich.[4] Gelegentlich finden sich auch Hinweise auf überörtliche Zusammenschlüsse oder die gemeindeübergreifende Nutzung von Friedhöfen.[5] Es gibt aber auch, vor allem aus dem 16. Jahrhundert, Hinweise, dass man einen Ausweg aus dem Dilemma fand, indem man zumindest an hohen Feiertagen ausreichend Gäste einlud. Diese Praxis verweist ebenso wie die Anfrage an den Rabbiner Isaac Misca bezüglich des Tauchbades nicht nur auf die Schwierigkeiten des Lebens in der Diaspora, sondern auch auf die gelungenen Versuche, sich immer wieder den neuen Bedingungen anzupassen.

Nicht nur in Bezug auf die Religion, sondern auch in Bezug auf die Ökonomie stellten die Vertreibungen des Spätmittelalters einen tiefen Einschnitt dar. Sie waren der Auslöser für einen durch die „Verländlichung des aschkenasischen Judentums" bedingten wirtschaftlichen Abstieg.[6] Viele Landesherren versuchten vom Kaiser Privilegien zu erhalten, die ihnen erlaubten, die Juden auszuweisen, ihre Rechte zu beschränken oder diese zumindest selbst festzulegen. Die Bemühungen von Josel von Rosheim, der 1510 zusammen mit anderen zu Vorstehern (parnassim) der unterelsässischen Juden gewählt worden war, durch Verhandlungen mit dem Kaiser die Stellung der Juden im Reich zu sichern, hatten daher nur vorübergehend Erfolg. Trotz eines 1520 ausgehandelten kaiserlichen Privilegs, in dem den im Heiligen Römischen Reich lebenden Juden ein gewisses Maß an Rechten und Schutz verbrieft wurde, blieb die Lage der Juden prekär und die Juden wurden weiter verfolgt. Letztlich waren es nicht Kaiser und Reich, sondern die Orts- und Territorialherren, die die Beziehung zu den Juden für ihre Herrschaften ausgestalteten. Das Reich konnte in der Regel nur auf dem Wege der Gerichtsbarkeit intervenieren, denn Reichsrecht war generell in der Frühen Neuzeit dem Territorialrecht subsidiär. Die Lebensbedingungen für Juden waren daher von Territorium

zu Territorium, manchmal von Ort zu Ort verschieden. Diejenigen, die es sich leisten konnten, versuchten ihre Kinder an weit verstreuten Orten zu verheiraten, um ein weitläufiges Verwandtschaftsnetz aufzubauen, das für die Geschäftsbeziehungen nützlich war und im Falle von regionalen Ausweisungen Schutz bieten konnte.[7]
Seit dem Ende des 17. Jahrhunderts nahm die Zahl der in Deutschland lebenden jüdischen Familien zu.[8] Hunderte von jüdischen Gemeinden wurden neu gegründet oder institutionell ausgebaut. An städtischen Zentren erhielten Wien, Prag und Metz große Bedeutung für die deutsche Judenheit. Besonders bemerkenswert war der Aufstieg der Hofjuden. Seit dem 17. Jahrhundert griffen zahlreiche Landesherren auf die Fähigkeiten und Beziehungen jüdischer Händler zurück, um sich Geld zu leihen oder Hof und Heer beliefern zu lassen. Mit dem Hofjudentum entstand eine kleine jüdische Elite, die zahlreiche Privilegien erwarb. Für den Ausbau und den Statuserhalt dieser Gruppe war die Einbindung in überregionale verwandtschaftliche und gesellschaftliche Beziehungen wichtig. Wirtschaftliche Dynamik und die Bereitschaft, Führungsaufgaben in der Gemeinde zu übernehmen, gehörten ebenso zu den Kennzeichen dieser Hofjuden wie die große Nähe zur nichtjüdischen Umwelt.[9] Da ihre Tätigkeit im wirtschaftlichen und gesellschaftlichen Bereich an die Familie gebunden war, waren Frauen als Ehefrauen, Witwen, Töchter, Tanten, Nichten und Cousinen Teil dieses Systems und wichtige Akteurinnen.[10]
Die Gruppe der Hofjuden war sozial nicht streng abgegrenzt oder abgrenzbar. Nicht nur die großen Fürsten, auch die kleineren Landesherren siedelten in ihren Residenzen Juden an, die als Hofagenten oder Hoflieferanten ihren Herren wichtige Dienste leisteten. Nicht selten waren die kleinen Residenzstädte oder ihnen benachbarte Orte Ausgangspunkt für die Neu- und Wiederbelebung jüdischen Lebens auf dem Land. In der Stadt und auf dem Land waren die sozialen Unterschiede groß. Es gab sehr reiche, aber auch viele sehr arme Juden. Über die armen Juden haben wir nur wenige Quellen, aber auch

das viel besser dokumentierte Leben der Hofagenten ist kaum erforscht, obwohl die Klein- und Kleinstterritorien eine zentrale Rolle in der Verfassung des Heiligen Römischen Reiches Deutscher Nation spielten. Ohne die Finanzhilfe ihrer jüdischen Hofagenten wären viele dieser Grafen, Ritter und kleinen Landesherren weder in der Lage gewesen, ihre Herrschaftszentren zu Residenzen auszubauen, noch hätten sie ihre Interessen in Erbstreitigkeiten behaupten können, die oft jahrzehntelange kostspielige Prozesse mit sich brachten.[11]

Eine Möglichkeit, die Hofjuden als soziale Gruppe zu differenzieren und im Kontext der aschkenasischen jüdischen Elite zu verorten, bieten die Heiratsmuster. Es konnte festgestellt werden, dass sich der räumliche Horizont der Bildungselite auf den gesamt-aschkenasischen Kultur- und Bildungsraum bezieht. Die Heiratsverbindungen der meisten Kaufleute, soweit sie der Oberschicht zuzurechen waren, und die der Hofjuden konzentrierten sich dagegen eher auf einige Großregionen Mitteleuropas.[12] Von den bekannten Hofjudenfamilien sind die Hofjuden der Klein- und Kleinstterritorien zu unterscheiden, die nach Ansehen und Wirtschaftspotenz und nach der Reichweite ihres Konnubiums eher der jüdischen Mittelschicht zuzuordnen sind.[13]

Stadt und Land, arm und reich, Bildungs- und Kaufmannselite waren nicht strikt getrennt. In einer Welt, in der man Reichtum ebenso schnell gewinnen wie verlieren konnte, war es für alle Menschen wichtig, in Beziehungsnetze eingebunden zu sein. Diese Netze basierten ganz wesentlich auf Haus, Familie und Verwandtschaft. Hier mussten Strategien ausgedacht, Konflikte ausgetragen und Konkurrenzen ausgehalten werden. Am ehesten lässt sich dies in einem lebensgeschichtlichen Ansatz erforschen.

Ich möchte in meinem Beitrag den Weg einer Frankfurter Kaufmannstochter in das ländliche Hofjudentum nachverfolgen und, von diesem Beispiel ausgehend, Handlungsmöglichkeiten von Frauen in der ländlichen Gesellschaft, zu der auch die „Land-Hofjuden" zählten, aufzeigen. In einem ersten Abschnitt werde ich die Geschichte der Sara Kassel erzählen, die aus der Frankfurter Judengasse, die in der frühen Neuzeit zu den bedeutendsten Zentren jüdischen Lebens zählte,[14] nach Bouxwiller in der Grafschaft Hanau-Lichtenberg, einer aufstrebenden elsässischen Residenzstadt, führt[15] und sich schließlich in Steinbiedersdorf, einem Dorf im deutsch-französischen Grenzraum, das zur Reichsgrafschaft Kriechingen gehörte, verliert.[16] Auch wenn Sara Kassel kaum zur jüdischen Elite zählt, war sie doch innerhalb ihrer kleinen Welten eine Angehörige der Oberschicht, die auch und gerade auf dem Lande gewisse Entfaltungsmöglichkeiten hatte. Ihr Lebensweg führt in die Welt der kleinen Hoflieferanten und er zeigt, wie eng die Lebenswelten von Stadt-, Hof- und Landjuden kulturell, wirtschaftlich und gesellschaftlich verflochten waren.

Sara Kassel stammt aus der bekannten Familie Goldschmidt aus Frankfurt.[17] Als Tochter des Tuchhändlers Isaak Benedikt Goldschmidt, der Handelskontakte bis nach Holland hatte, war sie in der Frankfurter Judengasse aufgewachsen. Sie war noch relativ jung, als ihr Vater 1725 starb. Wie viele andere jüdische Mädchen aus Frankfurt wurde sie nach auswärts verheiratet. Ihre Verwandten hatten den Ehepartner allerdings nicht in den großen jüdischen Gemeinden, mit denen die Frankfurter durch Heiratsverbindungen eng vernetzt waren,[18] gesucht, sondern in der elsässischen Grafschaft Hanau-Lichtenberg. Nicht Berlin, Mannheim, Wien oder Fürth, sondern das eher ländlich geprägte Bouxwiller sollte Sara Kassels neue Heimat werden.

Bouxwiller war die Residenzstadt der Grafen von Hanau-Lichtenberg. 1736 hatte Ludwig IX. von Hessen-Kassel die Regentschaft über die Grafschaft übernommen. Zusammen mit seiner Frau Henriette Karoline, geb. Pfalzgräfin von Pfalz-Zweibrücken-Birkenfeld, machte er den kleinen elsässischen Ort zu einem Zentrum höfischen Lebens. Aufgrund der guten Ansiedlungsbedingungen war die jüdische Bevölkerung von 18 Familien im Jahr 1716 auf 35 im Jahr 1744 angestiegen. Bouxwiller war

Sitz eines Rabbinats und hatte ein eigenes Gericht (Bet-Din), das für alle Gemeinden der Grafschaft Hanau-Lichtenberg zuständig war.[19] Der Aufstieg Bouxwillers zur blühenden Residenzstadt wurde begleitet und ermöglicht durch eine kleine Gruppe von reichen jüdischen Kaufleuten, Unternehmern und Bankiers, denen die Grafen günstige Bedingungen für den Aufenthalt in der Grafschaft eingeräumt hatten. Der Landesherr hatte ihnen das Salz- und Eisenregal verpachtet und damit die Möglichkeit zum wirtschaftlichen Aufschwung gegeben. Sie standen mit den großen Banken in Strasbourg, Frankfurt, Berlin und Paris in Kontakt und nutzten ihre Chancen, um vor Ort ein kleines Zentrum jüdischen Lebens aufzubauen. Viele von ihnen hatten enge Kontakte zum Landesherren und seinen Amtleuten, mit denen sie viele Interessen teilten. Zu dieser kleinen, aber wichtigen Gruppe der Hoflieferanten, wie man die Hofjuden der kleineren Territorien nannte, gehörten die Weyls, die Reichshoffers, die Lipmans, die Netters und die Moyses. Sie alle waren durch mehrere Eheschließungen miteinander verwandt und verschwägert.[20] Zu ihnen gehörte auch Raphael Lipman, der 1728 oder 1729 Witwer geworden war und 1730 eine zweite Ehe mit Sara Kassel aus Frankfurt einging.

Darüber, wie die Ehe zwischen dem hanau-lichtenbergischen Hoflieferanten und der Frankfurter Bürgerstochter zustande gekommen ist, existieren keine Quellen. Nicht nur in der Herkunft, sondern auch im Alter passte das Paar nicht wirklich zusammen. Als Raphael sich entschloss, eine neue Ehe einzugehen, waren einige seiner Enkel bereits erwachsen. Er muss daher deutlich älter als Sara gewesen sein, deren beide Kinder zu Beginn der 1740er-Jahre geboren wurden. Raphael Lipmans ältester Enkel Isaac, der die Yeshiva, die Talmudschule, in Metz besucht hatte und Rabbiner geworden war, war, als sein Großvater erneut heiratete, bereits verheiratet.[21] Raphael Lipman war ein angesehener Kaufmann und ein wichtiges Mitglied der jüdischen Gemeinde in Bouxwiller. Von 1733 bis 1739 war er Vorsteher der jüdischen Gemeinde. Über das Leben Sara Kassels in Bouxwiller wissen wir nur wenig. Aus der Heiratsurkunde erfahren wir, dass die Hochzeit am 5. Januar 1730 in Schwindratzheim gefeiert worden war. Sara brachte eine Mitgift von 1 533 Gulden in bar mit in die Ehe sowie Edelsteine im Wert von 300 Gulden. Ihr Bruder, Mayer Isaac Goldschmidt, der sich wenige Jahre später im Elsass ansiedelte, war bei der Eheschließung dabei. Erst zehn Jahre nach der Eheschließung wurde Bernard Lipman, der älteste Sohn von Raphael und Sara, geboren, wenig später auch noch eine Tochter Kaia. Am 30. August 1750 starb Raphael Lipman und hinterließ nicht nur seine Frau und die Kinder aus erster und zweiter Ehe, sondern auch zahlreiche Schulden. Sofort meldeten die Gläubiger ihre Ansprüche an. Es wurde ein gerichtliches Verfahren eingeleitet, in dessen Verlauf ein Inventar über das gesamte Vermögen erstellt wurde. Aus ihm können wir ersehen, dass Raphael Lipman zwei Häuser besessen hatte, eine große Anzahl von Möbeln, Geschirr, Silberzeug, Bett- und Tischwäsche sowie eine Menge Kleider und Bücher. Er nannte allein drei Gehröcke, 34 Hemden und 19 Halstücher sein eigen. In seiner Bibliothek standen 75 hebräische Bücher. Das Verzeichnis seiner Handelsware (verschiedene Tuche) umfasst 54 Seiten und dokumentiert die Größe und Weitläufigkeit der Geschäftsbeziehungen.

In den Auseinandersetzungen um das Erbe entsteht schemenhaft ein Bild, wie das Leben von Sara in Bouxwiller ausgesehen haben könnte. Die vielen Töpfe und das Silbergeschirr, die Teller, Tee- und Kaffeetassen waren sicher nicht nur Schmuckstücke. Wir können davon ausgehen, dass Sara einen großen Haushalt zu führen hatte. Da Raphael alle Kinder aus der ersten Ehe mit Angehörigen der lokalen jüdischen Elite verheiratet hatte und einige seiner Enkel im gleichen Alter waren wie Bernard und Kaia, die Kinder aus zweiter Ehe, dürfte es an Gästen nicht gemangelt haben. Für ihre Kinder hatten die Lipmans, wie das bei reichen jüdischen Familien üblich war, einen Privatlehrer angestellt. Sara Kassel wurde bei der Hausarbeit von zwei Mägden unterstützt.[22] Ob und in welchem Umfang sie Anteil am Unternehmen ihres Mannes hatte, wissen wir nicht. Zumindest bei den Frauen aus der jüdischen Kaufmannselite war es nicht selten, dass sie an den Geschäften ihrer Männer beteiligt waren und diese als Witwe fortführten.[23] Zu den Frauen, die schon als Ehefrauen besonders aktiv an den Geschäften ihrer Männer mitwirkten, werden Johannaka Meislin in Prag, Esther Liebmann in Preußen und Blümchen Herz in Hessen-Kassel gezählt. Chaille Kaulla (1739-1809), die Tochter des Hoffaktors Isaak Raphael, der im Dienste des Hauses Hohenzollern-Hechingen stand, gründete sogar ein eigenes Unternehmen, während ihr Mann sich den Talmud- und Torastudien widmete.[24]

Diese Frauen gelten gemeinhin als Ausnahmen. Ob sie das wirklich sind, kann beim derzeitigen Forschungsstand schwer eingeschätzt werden. Sinnvoller ist es sicherlich, wie Natalie Zamon Davis, von außergewöhnlichen Frauen zu sprechen, deren Handeln durch die kulturellen Ressourcen ihrer jeweiligen Zeit und Umgebung ermöglicht wurde.[25] So gesehen verweisen diese Beispiele auf Handlungsmöglichkeiten, die Frauen haben konnten, auch wenn sie sicher nicht allen offen standen, die unter ähnlichen Bedingungen lebten. Gerade was die wirtschaftliche Tätigkeit von Frauen betrifft, so gibt es immer mehr Hinweise darauf, in welchem Umfang auch Frauen unterer und mittlerer Schichten ins Geschäftsleben einbezogen waren. Da jüdische Männer oft unterwegs waren, hatten Ehefrauen während ihrer Abwesenheit die Geschäfte weiterzuführen. Dazu gehörte die Pfandleihe ebenso wie das Führen der Geschäftsbücher und der Verkauf der Waren vor Ort. Der Prozess um den Bankrott von Raphael Lipman, der auf vielen Hundert Seiten dokumentiert ist, belegt eindrücklich, wie umfangreich solche Pfandgeschäfte sein konnten. Sie umfassten geringfügige Summen, die manchmal für kurze Zeit ausgeliehen wurden, ebenso wie große Beträge, die sicher sorgfältig ausgehandelt wurden. Um diese Arbeit leisten zu können, mussten die Eheleute sich ständig über die wechselseitigen Geschäfte informieren. Unabhängig von der Arbeit der Männer, die sie stellvertretend übernahmen, gehörte es zu den Aufgaben der Frauen, sich um Haus, Stall und Garten zu kümmern, die Kinder zu versorgen, das Gesinde zu beaufsichtigen, Kostgänger und Gäste zu bewirten und sofern Vieh vorhanden war, im Stall zu arbeiten, Vorräte anzuschaffen und Milchprodukte herzustellen. Auch geschlachtet wurde oft zuhause und es kann davon ausgegangen werden, dass jüdische Frauen dabei halfen. Darüber hinaus ist davon auszugehen, dass sie mit Handarbeiten nicht nur den Hausbedarf gedeckt oder Kultgegenstände hergestellt, sondern auch Geld verdient haben. Diese Tätigkeiten befähigten Ehefrauen auch, ihren Hausstand als Witwen alleine weiterzuführen. Viele Witwen versuchten dies, auch wenn sie arm waren, zumindest für eine gewisse Zeit. Sabine Ullmann verweist in ihrer Untersuchung über Juden in der Markgrafschaft Burgau (1650-1750) darauf, wie viele Frauen nach dem Tode ihres Mannes eine Supplik einreichten, um eine Steuerreduktion zu erhalten, die es ihnen ermöglichte, bis zu einer eventuellen Wiederverheiratung das Schutzverhältnis aufrechtzuerhalten.[26]

Die Möglichkeit, das Geschäft ihres verstorbenen Mannes zumindest so lange weiterzuführen, bis Bernard Lipman alt genug war, es zu übernehmen, bot sich für Sara Kassel nicht. Sie musste sich etwas einfallen lassen, um ihr Vermögen zu sichern und ihren Kindern eine Lebensperspektive zu eröffnen.

Ihre Mitgift wurde ihr ausgezahlt, bevor die Gläubiger von Raphael Lipman Zugriff auf das Vermögen bekamen. Offensichtlich war die Höhe des Gutes, das Sara Kassel zustand, nicht eindeutig geregelt. Jedenfalls war sie der Meinung, dass ihr 250 fl. mehr zustünden, als sie bekommen hatte. Deswegen versteigerte sie in Bouxwiller zwei Plätze in der Synagoge und ein hebräisches Buch. Dass ihr das gelungen war, obwohl ihr verstorbener Mann bei Christen und Juden verschuldet und sein gesamtes Vermögen beschlagnahmt war, zeigt, dass sie in der jüdischen Gemeinde von Bouxwiller Unterstützung

fand. Trotzdem blieb die Witwe nicht lange in der elsässischen Kleinstadt. 1754 entschloss sie sich, den Witwer Abraham Jacob aus Steinbiedersdorf zu heiraten. Sie musste das Elsass, wo sie mehr als 20 Jahre gelebt hatte, verlassen, um sich in einem Dorf niederzulassen, dessen größter Vorteil möglicherweise darin lag, dass es nur wenige Stunden von Metz entfernt lag, wo sich unter dem Schutz der französischen Könige eine angesehene jüdische Gemeinde entwickelt hatte.[27] Dass die ostfranzösische Stadt für Angehörige der aschkenasischen jüdischen Oberschicht eine gewisse Attraktivität besessen hatte, macht die Liste der Rabbiner deutlich, die aus bekannten Familien Prags, Wiens oder Krakaus stammten.[28] Zu den Immigrant(inn)en zählte auch Glikl bas Judah Leib, deren Memoiren uns in Erinnerung rufen, wie unsicher das Fundament war, auf dem die Metzer Juden Ansehen und Reichtum begründeten.[29] Glikl war dem Vorschlag ihres in Metz lebenden Schwiegersohns gefolgt und hatte den Witwer Hirsch Levy geheiratet, der ihr als rechtschaffener Jude, Schriftgelehrter und reicher Mann vorgestellt worden war. Ihren Entschluss verknüpfte sie mit der Erwartung, ihr Alter in einer so heiligen Gemeinde, wie Metz damals den Ruf hatte zu sein, in Ruhe zu verbringen und ihrer „Seele wohltun zu können"[30]. Glikl war seinerzeit enttäuscht worden. Ihr Mann war durch Gläubiger ruiniert worden und verlor dabei auch einen großen Teil der Mitgift seiner Frau, sodass es ihr finanziell schlecht ging. Unterstützung fand sie einzig bei ihrer in Metz lebenden Tochter. Sara Kassel scheint den Bankrott ihres Mannes besser überstanden zu haben und suchte in Steinbiedersdorf erneut ihr Glück.[31]
Die jüdische Gemeinde in Steinbiedersdorf war kleiner als die in Bouxwiller. Sie umfasste in der Mitte des 18. Jahrhunderts nicht mehr als 20-30 Haushalte. Insgesamt gab es vier Familien, die man der Oberschicht zurechnen konnte. Sie besaßen zwei Drittel des im gesamten Dorf ermittelten Vermögens. Die überwiegende Mehrheit der Bewohner war arm.
Der Witwer Abraham Jacob war ein begüterter Kauf-

mann, der so viel Geld hatte, dass er seinem Landesherrn größere Summen leihen konnte. Er war aber auch ein frommer Jude, der Wert auf Bildung und Gelehrsamkeit legte, und ein engagierter Vertreter seiner Gemeinde. Seit vielen Jahren hatte er das Amt des Gemeindevorstehers inne, woraus man schließen kann, dass er das Ansehen der Gemeinde genoss und vom Landesherrn akzeptiert war. Aus seiner ersten Ehe hatte Abraham Jacob vier Kinder, die das Erwachsenenalter erreicht hatten und verheiratet waren. Er besaß in Steinbiedersdorf ein stattliches Anwesen, das aus Pferdestall, Hof und Garten bestand. Sein Haus stellte ein gesellschaftliches und religiöses Zentrum der jüdischen Gemeinde dar. Auch hier konnte man viele Gäste empfangen und Kontakte knüpfen. Vor allem aber konnte Sara ihre Kinder versorgen.

Die Spuren ihrer Tochter Kaia verlieren sich in den Quellen. Dies ist ein Indiz dafür, dass Kaia, wie das für Mädchen üblich war, das Elternhaus verlassen hat, um irgendwo, möglicherweise an einem weit entfernten Ort, eine Ehe einzugehen. Bernard gelang es, sich mit Hilfe seines Stiefvaters in Steinbiedersdorf zu etablieren. Er baute sich sein eigenes Handelsgeschäft auf und gehörte bald zu den reichsten Bewohnern des Dorfes. 1766 im Alter von 26 Jahren heiratete er Fromette Levy, die Tochter des kurz vorher verstorbenen Vorstehers der jüdischen Gemeinde von Kriechingen/Créhange, dem Hauptort der Grafschaft. Wenig später folgte er seinem Stiefvater im Amt und wurde Vorsteher der Gemeinde Steinbiedersdorf.

Sara Kassel, die Mitte der 1760er-Jahre starb, konnte den Erfolg ihres Sohnes nicht sehr lange mitverfolgen, aber doch lange genug, um zu wissen, dass sich ihre Mühen gelohnt hatten. Es war ihr gelungen, ihrem Sohn trotz Bankrott und Witwenschaft einen Platz in der jüdischen Gesellschaft zu verschaffen, der es ihm erlaubte, eine Familie zu gründen und im Wohlstand zu leben.

Über Saras Leben in Steinbiedersdorf wissen wir ebenso wenig wie über die Zeit, die sie als Ehefrau in Bouxwiller verbracht hatte. Von Steinbiedersdorf aus beteiligte sie sich an den in der Grafschaft Hanau-Lichtenberg geführten Prozessen um die Schulden ihres ersten Mannes. 1759 etwa stellte sie Forderungen an Georg Schneider von Winden im Amt Bouxwiller. Dass er ihr Geld, Gerste und Weizen schulde, bekräftigte sie mit einem Eid, den sie in Anwesenheit des Schulmeisters auf die fünf Bücher Mose in der Form ablegte, wie es für „Juden so man als weiblichen Geschlechts" vorgeschrieben war. Das heißt, dass sie die rechte Hand auf die linke Brust legte und die linke Hand in die linke Hüfte stützte. 1763 war der Prozess in Bouxwiller noch nicht beendet. Sara beauftragte damals einen Rechtsvertreter, der in ihrem Namen darum bat, das Verfahren einzustellen, da Sara Kassel keine kostspieligen Reisen mehr unternehmen wollte, um sich an dem Rechtsverfahren zu beteiligen. Sie ließ erklären, dass ihre Ansprüche ohnehin vor den Ansprüchen aller anderen Gläubiger zu befriedigen seien. Der Ausgang des Prozesses ist unbekannt, doch zeigt er, wie hartnäckig und zielstrebig Sara Kassel um die Durchsetzung ihrer Interessen kämpfte. Das Geld, das sie direkt nach dem Tod von Raphael Lipman erhalten hatte, hatte sie so, wie es üblich war, durch einen Ehevertrag mit Abraham Jacob absichern lassen. Der Vertrag war am 25. November 1754 geschlossen worden. In ihm war festgelegt, dass Sara nicht nur Geld und Perlen, sondern auch kostbare Kultgegenstände, die in der Synagoge aufbewahrt werden sollten, in die Ehe einbrachte: Dabei handelte es sich um „ein vorhang und robelitt vor der Tabell Moises, welches allhier zu Steinbidersdorf in der Sinagoge solle appliciret werden wie auch ein kleidt vor die gedachte tabell moyses alle drey stücker mit gold und silber gesticket und brodiert welche gemelte drey stücker in der allhier sinagoge sollen pleiben so lang sie in Steinbiedersdorf wonen bleibt"[32].

Ihre Schenkung für die Synagoge erinnert daran, dass es sowohl im als auch außerhalb des Hauses Bereiche gab, in denen Frauen religiöse Aufgaben wahrnahmen. Dazu gehörte das Schenken persönlicher Schmuckstücke, die in Thoraschmuck umgewandelt wurden. Solche Geschenke, meist mit dem Namen der Stifter(innen) versehen, waren geeignet, den Wohlstand der Familie in der Gemeinde zum Ausdruck zu bringen und die Erinnerung an sie wach zu halten.[33] Die der Synagoge geschenkten Kultgegenstände waren oft aufwendig bestickt.[34] Das Anfertigen solcher Handarbeiten, wozu auch das Zusammennähen der Thorarollen und das Besticken der Wimpel gehörte, fiel unter die Aufgaben frommer Frauen in den Gemeinden.

Dass Sara, als sie Abraham Jacob heiratete, eine solche Schenkung machte, zeigt nicht nur, dass sie – trotz des Insolvenzverfahrens in Bouxwiller – Wohlstand und Ansehen ihrer Familie zum Ausdruck bringen wollte, es erinnert auch daran, dass Ehe und Familie ebenso wie Ehre und Ansehen zentrale Bezugspunkte für Lebenschancen und -risiken von Frauen waren. Wie anders das Leben von jüdischen Frauen war, die weder zur jüdischen Oberschicht gehörten noch in eine Familie eingebunden waren, zeigt ein Blick auf das Schicksal jüdischer Dienstmädchen.

In Steinbiedersdorf konnten es sich nur wenige jüdische Familien leisten, Dienstboten einzustellen. In der gesamten Grafschaft Kriechingen wurden 1785 lediglich vier jüdische Knechte und drei jüdische Mägde gezählt.[35] Zusätzlich beschäftigten manche Familien christliche Dienstboten. Zusätzlich nahmen manche Familien die Hilfe von Schabbatmägden in Anspruch. Sie sollten jene Tätigkeiten ausführen, die Juden am Schabbat verboten waren. Dazu gehörte u. a. das Anzünden des Ofens. Von dem Leben der christlichen und jüdischen Dienstleute erfahren wir nur dann etwas, wenn sie Schwierigkeiten hatten, vorzeitig aus dem Dienst entlassen, wegen eines Vergehens angezeigt oder als Zeuge oder Zeugin geladen wurden. In den Kriechinger Gerichtsakten ließen sich für einen Zeitraum von 15 Jahren acht Fälle ermitteln, in denen ein jüdischer Knecht oder eine jüdische Magd von ihrer Arbeitsstelle vertrieben worden waren. In den meisten Fällen waren die Mägde in Schwierigkeiten geraten, weil sie sich freiwillig oder gezwungen auf sexuelle Beziehungen eingelassen hatten und ein Kind erwarteten. Einiges spricht dafür, dass sie versucht hatten, eine Beziehung aufzubauen, um doch heiraten zu können. Daran hatten die wenigen Familien der jüdischen Oberschicht kein Interesse, und es waren gerade die Ehefrauen der besser gestellten Familien, die ihren Mägden zusetzten.

In der jüdischen Religion stand der positiven Einstellung zur ehelichen Sexualität eine rigide Ablehnung vor- und außerehelichen Sexualverkehrs gegenüber. Die Eheanbahnung war eingebettet in ein Ritual, an dem Eltern und Partner beteiligt waren. Brauchtümlichen Formen der Eheanbahnung, wie sie in christlichen Gemeinden zum Teil gegen den Willen der Kirchen oder gegen den Willen der Eltern praktiziert wurden, standen neben religiösen auch politische, ökonomische und soziale Hindernisse im Weg: Aufenthaltsgenehmigung, Schutz- oder Wohnrecht waren in einer ganz anderen Weise als in der christlichen Umgebung existentielle Fragen. Obwohl die religiösen Verbote und die gesetzlichen Regelungen Männer und Frauen in gleichem Maße betrafen, hatten die Mägde, die unehelich schwanger waren, die Erfahrung machen müssen, dass Frauen für Verstöße gegen die Ehe- und Sexualmoral härter bestraft wurden als Männer. In diesem Punkt unterschied sich das gräfliche Gericht kaum vom Metzer Rabbinatsgericht. Die Kriechinger Akten enthalten Hinweise, dass die unehelich schwangeren Mädchen aus den Häusern ihrer Arbeitgeber und Arbeitgeberinnen vertrieben und manchmal auch von ihren Familien verstoßen wurden. Gelang es ledigen jüdischen Müttern nicht, eine Ehe einzugehen, mussten sie, zumindest solange sie sich im Geltungsbereich französischer Gesetze aufhielten, damit rechnen, dass ihnen ihr Kind weggenommen, katholisch getauft und erzogen würde. Rechtliche Grundlage war ein Edikt des französischen Königs aus dem Jahre 1682, das sich auf alle unehelichen Kinder bezog, deren Vater oder Mutter einer „häretischen Konfession" angehörte.[36] Für jüdische Religionsangehörige wurde diese Regelung 1762 etwas abgeschwächt. Wenn die Eltern ihre Beziehung innerhalb von fünf Jahren nach der Geburt ihres Kindes durch eine Heirat legalisierten, durften sie ihre Kinder behalten.[37] Die wohlhabenden Arbeitgeber, zu denen auch die Lipmans gehörten, wussten, welchem Schicksal sie ihre Mägde aussetzten. Dennoch verteidigten sie die strenge jüdische Ehe- und Sexualmoral mit ihrem bestehenden System arrangierter Ehen, welches die Macht der Eltern über ihre Kinder stabilisierte, Vermögenskontinuität garantierte, darüber hinaus aber auch die Ehechancen von heiratswilligen Mädchen jener Schicht verbesserte, deren Vermögensumstände eine Verheiratung der Kinder zuließ. Gerade innerhalb der jüdischen Gesellschaft, deren Ansiedlungsbedingungen streng kontrolliert und extrem restringiert wurden, war ein solches Denken nicht nur Ausfluss religiöser Einstellungen und durch interne Bedürfnisse nach sozialer Kontrolle und Abschottung bedingt, sondern auch eine Reaktion auf äußeren Zwang.

In zahlreichen Konflikten, die in der Grafschaft Kriechingen wegen Verstößen gegen die Sexualmoral oder auch wegen Raufhändeln ausgetragen wurden, deutet sich an, dass der Zusammenhalt der höheren Schichten im ausgehenden 18. Jahrhundert die Gräben zwischen den Religionen zu überlagern begann. Wichtig für diese Entwicklung war eine ländliche Elite, die sich der jüdischen Kultur und Bildung verpflichtet fühlte und durch verwandtschaftliche Beziehungen in die jüdische Gesellschaft außerhalb des Dorfes eingebunden war. Ihre Vorstellungen von einem „zivilisierten" Leben waren denen der christlichen Amtleute offensichtlich sehr viel näher als beider Einstellungen zu denjenigen der Mehrzahl der auf dem Lande lebenden Bauern, Handwerker, Händler und armen Leute.

Im Kontext eines Verfahrens um die uneheliche Schwangerschaft der Magd Frommet Ahron, die bei den Lipmans arbeitete, verteidigte der christliche Advokat Braun das Verhalten des Hausherrn, der zugleich Vorsteher der jüdischen Gemeinde war. Christliche Amtsinhaber, Ortsvorsteher und Schreiber, wurden in das Haus des Juden gebeten, um die Magd zu verhören und Bernard Lipman drohte seinem Knecht, er würde (christliche) Bauern rufen, die ihn verjagen. Frommet Oster Levy, die Ehefrau von Bernard Lipman, stand ganz auf der Seite ihres Mannes. Als die Magd behauptete, von ihrer Herrschaft überredet worden zu sein auszusagen, der Knecht der Lipmans sei der Vater des Kindes, stürzte Fromette Levy auf das Mädchen los und gab ihm eine Ohrfeige, wobei sie bemerkte: „Was Canaille haben wir dich angereizt." Da die Magd sich weigerte zu gestehen, jagte Bernard Lipman den Knecht weg, ohne ihm den ausstehenden Lohn zu bezahlen.

Auch sonst war man durchaus bereit, sich gegenseitig „Amtshilfe" zu gewähren oder zumindest Solidarität zu bekunden. In diesem Zusammenhang sei ein Streit im Haus des Abraham Jacob im Jahr 1766 erwähnt, bei dem Meier und Gericht beleidigt wurden. Im Rapport heißt es:

> „... und der juden vorsteher Abraham Jacob hat sich schon verwundert, daß ein solcher man so reden ausstoßen kan gegen die Gerichte, und hat ihnen wollen aus lassen fihren, oder solt sie umb verzeihung bitten."[38]

Abraham Jacob hat nicht nur als Hausherr, sondern auch als Angehöriger der politischen Elite, der er sich zugehörig fühlte, vermittelnd in diesen Streit eingegriffen.

Seine Verbundenheit mit der Herrschaft wird auch in dem wenige Jahre später errichteten Testament deutlich: Neben den umfangreichen Stiftungen für jüdische Institutionen und der Vorsorge für seine Familie und seine Gemeinde bedenkt er Andersgläubige: Den Grafen beerbt er mit sechshundert, den Oberamtmann mit dreihundert Pfund, mit der Bitte, dass letzterer darauf achte, dass das Testament korrekt vollzogen werde. Drückt sich in dieser Verfügung noch persönliches oder rechtsbezogenes Nutzdenken aus, so ist eine zweite schon schwieriger einzuordnen: Einen kleineren Betrag bestimmt Abraham Jacob auch „zu denen hier in Steinbiedersdorf, des gleichen in Crichingen wohnhaften armen Cristen", ein Vorgang, der im Spätmittelalter noch völlig undenkbar gewesen wäre.

Noch deutlicher ist die Annäherung von Bernard Lipman. Der in der elsässischen Residenzstadt Bouxwiller aufgewachsene Sohn der begüterten Frankfurterin Sara Kassel und der Stiefsohn des frommen Vorstehers Abraham Jacob, passte mit seinen Vorstellungen von Ehre und guten Sitten nicht so recht in die ländliche Gesellschaft und identifizierte sich in seinem Lebensstil offensichtlich weit mehr mit der christlichen Oberschicht als mit den eigenen Glaubensbrüdern im Dorf. In seiner Verurteilung der Unzucht und der Bedeutung, die er der Ehre des Hauses zumaß, fand er die Unterstützung seiner Frau, die aus einer Familie jüdischer Gemeindevorsteher stammte. Bernard Lipman war einer der ersten, die 1791 die Entfaltungsmöglichkeiten nutzten, die das neue Gesetz über die Gleichstellung den Juden im entstehenden laizistisch-republikanischen Frankreich bot: Er verließ mit seiner Familie Steinbiedersdorf und ließ sich in Metz nieder. Seine Enkel und Urenkel konnten in Metz, Lille und Paris die Karriere machen, die seiner Generation, solange sie der jüdischen Religion verbunden blieb, versagt geblieben war.[39]

Obwohl das Leben der Sara Kassel nur wenige Spuren in den Quellen hinterlassen hat, hat der lebensgeschichtliche Zugang erlaubt, es wahrscheinlich zu machen, dass sie einen erheblichen Anteil am Aufstieg der Lipman'schen Familie hatte. Sie verstand es, die Möglichkeiten zu nutzen, die jüdischen Frauen ihrer Schicht offenstanden. Sie war in der Lage, Krisensituationen zu bewältigen und zumindest ihrem Sohn einen Platz in der Gesellschaft zu verschaffen, der nicht selbstverständlich war. Sie war eingebunden in Netzwerke, durch die die Trennung von Stadt und Land überwunden werden konnte. Vor allem verstand sie es, durch die Schenkung von Kultgegenständen für die Synagoge Ehre und Ansehen öffentlich darzustellen.

Wie groß der soziale Abstand zwischen Frauen ihres Standes, die ein großes Haus führten, Dienstmädchen hatten und ihre Kinder verheiraten konnten, und armen Mädchen war, lässt der Blick auf die Dienstmädchen ahnen. Das Leben im Dorf erscheint in diesem Licht weder homogen noch harmonisch. Es war keineswegs selbstverständlich, dass die Grenzen zwischen den Dorfbewohnerinnen und Dorfbewohnern durch die Religion bestimmt wurden. Die Bedeutung religiöser Unterschiede lässt sich nur im Zusammenhang mit anderen Differenzen wie Stand, Familie und Verwandtschaft oder Geschlecht beurteilen.

Anmerkungen

[1] Stefan Rohrbacher: „Er erlaubt es uns, ihm folgen wir". Frömmigkeit und religiöse Praxis im ländlichen Alltag, in: Sabine Hödl / Barbara Staudinger / Peter Rauscher (Hg.): Hofjuden und Landjuden. Jüdisches Leben in der Frühen Neuzeit. Berlin/Wien 2004, 271-284.

[2] Einen guten Überblick über die Geschichte der Juden in der Frühen Neuzeit gibt: Robert Liberles: An der Schwelle zur Moderne: 1618-1780, in: Marion Kaplan (Hg.): Geschichte des jüdischen Alltags in Deutschland. Vom 17. Jahrhundert bis 1945. München 2003, 21-122.

[3] Grundsätzlich ist festzuhalten, dass die Quellenlage sehr dürftig ist und es schwierig ist, Aussagen über die interne Organisation der jüdischen Diasporagemeinden des 16. und 17. Jahrhunderts zu machen. S. dazu auch: Barbara Staudinger: „Gantze Dörffer voll Juden". Juden in Niederösterreich. 1496-1670. Wien 2005, 82ff.

[4] Stefan Rohrbacher: Medinat Schwaben. Jüdisches Leben in einer süddeutschen Landschaft in der Frühneuzeit, in: Rolf Kießling (Hg.): Judengemeinden in Schwaben im Kontext des Alten Reiches (= Colloquia Augustana, 2). Berlin 1995, 80-109, hier 83f.

[5] Staudinger, Gantze Dörfer, 266ff. Im Mittelalter unterschied man noch zwischen einer vollgültigen Gemeinde mit allen Funktionen und Institutionen (Kehila), einer Siedlung, in der jüdische Familien lebten, ohne über alle Institutionen zu verfügen (Chawura), und einzeln lebenden Familien. Am Beginn der Frühen Neuzeit waren voll ausgebildete Gemeindestrukturen wohl eher die Ausnahme.

[6] Staudinger, Gantze Dörffer, 12.

[7] Natalie Zemon Davis: Drei Frauenleben. Glikl, Marie de l'Incarnation, Maria Sybilla Merian. Berlin 1995, 21.
[8] Die meisten Bevölkerungsstatistiken, vor allem aber die sog. Judenordnungen, beziehen sich nicht auf die Zahl der einzelnen Menschen, sondern auf die Zahl der Familien oder Haushalte. Die Haushaltsgröße lässt sich meistens nicht wirklich errechnen, denn die Juden passten ihr Verständnis von Familie flexibel den Gesetzen an. Da, wo die Ansiedlungsbedingungen restriktiv waren, lebten die Kinder länger in den Haushalten der Eltern, oft auch dann noch, wenn sie bereits verheiratet waren. Wo derartige Restriktionen nicht existierten, gründeten die Kinder früher einen eigenen Haushalt. Zur Problematik der Statistiken vgl. Claudia Ulbrich: Shulamit und Margarete. Macht, Geschlecht und Religion in einer ländlichen Gesellschaft des 18. Jahrhunderts. Wien 1999, bes. 190f. Für Metz sei auf die ausgezeichnete demografische Studie verwiesen von Pierre-André Meyer: La communauté juive de Metz au XVIIIe siècle: histoire et démographie. Nancy 1993.
[9] Rotraud Ries: Hofjuden – Funktionsträger des absolutistischen Territorialstaates und Teil der jüdischen Gesellschaft. Eine einführende Positionsbestimmung, in: dies. / J. Friedrich Battenberg (Hg.): Hofjuden, Ökonomie und Interkulturalität. Die jüdische Wirtschaftselite im 18. Jahrhundert. Hamburg 2002, 11-39, hier bes. 15f.
[10] Zur Einbindung von Frauen in die frühmoderne Wirtschaft sei auf die Beiträge eines Themenheftes von Histoire social / Social History (Vol. XXXIV, Nr. 68, Nov. 2001, 277-375) verwiesen: „Women and Business in Eighteenth- and Nineteenth-Century Northwestern Europe / Femmes et activités économiques en Europe du Nord-Ouest aux XVIIIe et XIXe siècles." Dass es zu kurz greift, Frauen innerhalb der Familie nur als Ehefrauen, Töchter oder Witwen in den Blick zu nehmen, hat Michaela Hohkamp für die Adelsgesellschaft der frühen Neuzeit überzeugend herausgearbeitet. Dazu zuletzt: Michaela Hohkamp: Tanten. Vom Nutzen einer verwandtschaftlichen Figur für die Erforschung familiärer Ökonomien in der Frühen Neuzeit, in: WerkstattGeschichte 46 (2007), 5-12.
[11] Für Hanau-Lichtenberg, das hier näher betrachtet werden soll, ist der Zusammenhang zwischen guten Ansiedlungsbedingungen von Juden und dem Geldbedarf, um einen Erbschaftskonflikt auszutragen und die Residenz aufzubauen, sehr deutlich nachweisbar.
[12] Ein anschauliches Beispiel ist die Familie Ulma-Günzberg, die im 17. Jahrhundert zu den vornehmsten aschkenasischen Familien gehörte. Simon Ulma-Günzburg verheiratete seine Kinder u. a. nach Frankfurt, Worms und Krakau (Rohrbacher, Medinat Schwaben, 87).

[13] Rotraud Ries: Status und Lebensstil – Jüdische Familien der sozialen Oberschicht zur Zeit Glikls, in: Monika Richarz (Hg.): Die Hamburger Kauffrau Glikl. Jüdische Existenz in der Frühen Neuzeit. Hamburg 2001, 280-306, hier bes. 292ff.

[14] Zur Frankfurter Judengasse: Fritz Backhaus / Gisela Engel / Robert Liberles / Magarete Schlüter (Hg.): Die Frankfurter Judengasse. Jüdisches Leben in der Frühen Neuzeit. Frankfurt/M. 2006.

[15] Zur jüdischen Gemeinde in Hanau-Lichtenberg: André-Marc Haarscher: Les Juifs du comté de Hanau-Lichtenberg entre le XIVe siècle et la fin de l'Ancien Régime. Saverne 1997.

[16] Bzgl. Steinbiedersdorf beziehe ich mich auf eigene Untersuchungen: Claudia Ulbrich, Shulamit; dies.: Eheschließung und Netzwerkbildung am Beispiel der jüdischen Gesellschaft im deutsch-französischen Grenzgebiet (18. Jahrhundert), in: Christophe Duhamelle / Jürgen Schlumbohm (Hg.): Eheschließungen im Europa des 18. und 19. Jahrhunderts. Muster und Strategien. Göttingen 2003, 315-340; dies.: Marriage and Networkbuilding, in: Early Modern Workshop: Jewish History Resources, Volume 3: Gender, Family and Social Structures, 2006, Wesleyan University, Middletown, CT http://www.earlymodern.org).

[17] Alexander Dietz: Stammbuch der Frankfurter Juden. Geschichtliche Mitteilungen über die Frankfurter jüdischen Familien von 1349-1849, nebst einem Plane der Judengasse. Frankfurt/M. 1907.

[18] Rotraud Ries: Die Mitte des Netzes. Zur zentralen Rolle Frankfurts für die Judenschaft im Reich (16.-18. Jahrhundert), in: Backhaus u. a. (Hg.), Die Frankfurter Judengasse, S. 118-130.

[19] Die Grafschaft Hanau-Lichtenberg bestand aus 11 Ämtern bzw. Vogteien. Zu ihr gehörten sieben Städte, vier Marktflecken und 103 Dörfer. Am Ende des 18. Jahrhunderts lebten dort ca. 65 000 Menschen. Die jüdische Bevölkerung hatte einen Anteil von 2,6 %. In Bouxwiller wurden 1781 320 Juden und 1 996 Christen gezählt. Der Anteil der jüdischen Bevölkerung lag hier bei knapp 14 %; vgl. Haarscher, Les Juifs du comté de Hanau-Lichtenberg, 45.

[20] Haarscher : Les Juifs du comté de Hanau-Lichtenberg, 183-209.

[21] Zur Familie der Lipman: Haarscher: Les Juifs du comté de Hanau-Lichtenberg, 190-199.

[22] Archives du Bas-Rhin, 6 E 7/430, Notariat des Herrn Kellermann aus Buchsweiler erwähnt 1763 Lohnforderungen von Schulmeister und Mägden.

[23] In der frühneuzeitlichen Wirtschaft hatten Familienunternehmen eine besondere Bedeutung. Im Rahmen dieser Institution, die ein Interesse am Fortbestehen des Unternehmens hatten,

passte man die Handlungsmöglichkeiten der Frauen je nach Bedarf an und räumte ihnen große Handlungsspielräume ein; s. Robert Beachy: Business was a Family Affair: Women of Commerce in Central Europe, 1650-1880, in: Histoire sociale / Social History XXXIV, 68 (November 2001), 307-330.

[24] Kerstin Hebell: Madame Kaulla und ihr Clan. Das Kleinterritorium als individuelle Nische und ökonomisches Sprungbrett, in: Rotraud Ries / J. Friedrich Battenberg (Hg.): Hofjuden – Ökonomie und Interkulturalität. Die jüdische Wirtschaftselite im 18. Jahrhundert. Hamburg 2002, 332-348; Gabriele Katz: Die erste Unternehmerin Süddeutschlands und die reichste Frau ihre Zeit. Madame Kaulla. 1739-1806. Filderstadt 2006.

[25] Gabriele Jancke / Claudia Ulbrich: Einleitende Bemerkungen. In: Natalie Zemon Davis: Heroes, Heroines, Protagonists, in: L'Homme Z.F.G. 12,2 (2001), 322-328, 323, 322.

[26] Sabine Ullmann: Nachbarschaft und Konkurrenz. Juden und Christen in Dörfern der Markgrafschaft Burgau 1650-1750. Göttingen 1999, bes. 103ff.

[27] Meyer: La communauté juive de Metz, 30ff.

[28] Roger Berg: Histoire du rabbinat français (XVIe-XXe siècle), Paris 1992, 20f.; Meyer: La communauté juive de Metz, 67.

[29] Zu Glikls Metzer Zeit: Davis: Drei Frauenleben, 25ff.

[30] Glückel von Hameln, Memoiren, 260. Metz war Stadt der Thora, man nannte es Ha-maqom, Ort der göttlichen Residenz; s. Berg: Histoire du rabbinat, 20).

[31] Zu Steinbiedersdorf und der dortigen jüdischen Gemeinde s. Ulbrich, Shulamit, 184-210.

[32] Ulbrich: Marriage and Networkbuilding.

[33] Jacob Katz: Tradition and Crisis. Jewish Society at the End of the Middle Ages, New York 1993 (hebr. 1957).

[34] Die Thorarollen wurden aus kostbaren Kleidern hergestellt. Beispiele finden sich bei Falk Wiesemann (Hg.): Genizah – Hidden Legacies of the German Village Jews. Genisa – Verborgenes Erbe der deutschen Landjuden. Ausstellungskatalog. München 1992.

[35] Das Folgende nach Ulbrich: Shulamit, 240-256; zu den Schabbatmägden s. dies.: Artikel Magd, 2. Schabbatmagd, in: Enzyklopädie der Neuzeit, Bd. 7, Stuttgart 2008, Spalte 1087-1089.

[36] «Voulons et Nous plaisit que tous les enfans bâtards de la R.P.R. de l'un et de l'autre sexe, de quelque âge et condition qu'ils soient, soient instruits et élevéz à la Religion catholique Apostolique et Romaine» (in: Recueil d'Edits, Declarations et Arrests tant du Conseil que du Parlement, et autre pièces, rendus au sujet de ceux de la Religion Pretenduë Reformée, o. O., o. J., o. S.). Das Edikt steht im Zusammenhang mit mehreren Erlässen gegen die Hugenotten kurz vor der Aufhebung des

Edikts von Nantes. Danach wurden Ehen zwischen Katholiken und Reformierten als ungültig erklärt, die Kinder vom Erbrecht ausgenommen und katholisch erzogen.

[37] Die Gesetze sind – allerdings ohne Präzisierung des Geltungsbereiches – erwähnt bei: Rod. Reuss: L'histoire d'Élias Salomon de Dauendorf et de Iedelé d'Obernai. Une page de l'histoire de l'antisemitisme en Alsace (1790-1792), in: Revue des Études Juives 68, 1914, 235-245.

[38] AD Mos. Actes judiciaires Pontpierre B 10048: Fiscalis contra Michel Mangin, 1766.

[39] Der Enkel Benjamin Lipman war Großrabbiner von Metz, später von Lille; ein Urenkel Fernand Nathan (1859-1949) ein Pariser Verleger, der u. a. Kinder- und Jugendliteratur auf den Markt brachte (Cahen [Hg.]: Catalogue: Les Juifs Lorrains: Du Ghetto à la Nation. 1721-1871. Metz 1990, 108, 349-350).

Margit Naarmann

Die Berliner Salons –
Ort jüdischer Emanzipation?

Zur Einführung

Der literarische „Salon" gehört zu den faszinierenden Erscheinungen der europäischen Kulturgeschichte in der Neuzeit. Von seinen Vorformen in der italienischen Renaissance bis zu seinem Ausklang im 20. Jahrhundert bildete er einen Freiraum weiblicher Kultur und erlesener Lebensart in einer von Männern dominierten Gesellschaft.

Mit dem französischen Salonbegriff wurden zunächst Empfangs- und Repräsentationsräume in Schlössern belegt. Erst Anfang des 19. Jahrhunderts setzte sich die Bezeichnung in dem Sinne durch, der den Salon als Ort der Konversation und gesellschaftlichen Institution kennzeichnete. Wenn in den ersten Jahrzehnten des 19. Jahrhunderts in Deutschland von Salons gesprochen wurde, waren damit die Pariser Salons gemeint. Für die deutsche Geselligkeit herrschten noch die älteren Begriffe des „Kränzchens" oder des „Teetisches" vor. Die Berliner Salonfrauen gingen stets vorsichtig und zurückhaltend mit dem Begriff Salon um.[1] Nach Petra Wilhelmy ist ein Salon eine freie, ungezwungene Geselligkeit, deren Grundlage die Konversation über literarische, künstlerische oder politische Themen bildet. Einige formale Kriterien bestimmen ihn: Ein Salon kristallisiert sich um eine Frau. Er ist die „Hofhaltung" einer Dame. Sie führt die Gäste zusammen, bestimmt das Gespräch, kann ihm einen anderen Impuls geben oder auch nur zuhören. Die Salonière, die Gastgeberin, ist der maßgebende Mittelpunkt der Geselligkeit. Bei ihr handelt es sich in aller Regel um eine wohlhabende Frau, deren Geist und Witz als Magnet wirken. Gebende wie Nehmende finden sich bei ihr zusammen. Die Gäste, die Habitués, gehören verschiedenen Gesellschaftsschichten, Lebens- bzw. Berufskreisen an und finden sich zu einer zwanglosen Konversation über Kunst, Literatur, Philosophie, Musik und Politik als verbindendes Glied zusammen. Dieser Kreis bildet eine festumrissene Gruppe, einmal eingeführt, die sich regelmäßig, meist an einem bestimmten Wochentag, ohne besondere Aufforderung trifft, neue Gäste einführen kann und häufig auch von Salon zu Salon wandert. Die Geselligkeit des Salons ist frei von Statuten, Satzungen und ideologischen Dogmen, sie ist tolerant. Es handelt sich um eine Geselligkeit um ihrer selbst willen.[2]

Die Berliner Juden

Berlin, mehr geplant denn gewachsen, eher eine Stadt in der Randzone europäischer Geschichte noch bis ins ausgehende Mittelalter, klein, unbedeutend und provinziell, war weit entfernt von den kulturell tonangebenden Städten Wien, Mailand und Paris. Deren Salons zeugten bereits durch ihre Existenz von einer lebendigen intellektuellen und künstlerischen Kultur.
Wenngleich Juden in Berlin nach Vertreibung und Wiederzulassung 1671 durch den Großen Kurfürsten nicht mehr im Ghetto leben, so können doch die „Neuen Revidierten General-Privilegien" unter Friedrich II. (1740-1786) von 1750 kaum als grundsätzlich verschieden von den Schutzbriefen des Mittelalters angesehen werden. Nach der Einteilung von Juden in sechs Klassen erhielten nur die Vermögendsten, Schutzjuden erster Klasse, ein persönliches Privileg. Schutzbriefe wurden im Allgemeinen verliehen nur an jüdische Hoflieferanten, Münzpächter, Juweliere, Finanziers und Unternehmer. Noch immer waren die Handwerke Juden verschlossen und der Handel stark reglementiert. Nur entwicklungsbedürftige oder neu zu erschließende Zweige der Fabrikation und des Handels standen ihnen offen: Sie gründeten Samt- und

Plüschfabriken und Manufakturen. Zu den Zünften waren Juden nicht zugelassen, auch nicht zur Gilde der Kaufleute, trotz ihres finanziellen Einflusses. Die Bankiers Veitel Ephraim und Daniel Itzig hatten dank ihrer weitreichenden internationalen Verbindungen den Siebenjährigen Krieg finanziert.

Doch trotz weitgehender kultureller Anpassung war ihnen die rechtliche Gleichstellung und gesellschaftliche Anerkennung nach wie vor versagt.

Berlin, 1786 eine Stadt von 110 000 Einwohnern, davon 30 000 Mann Militär, 5 000 Emigranten, zumeist Hugenotten, und 3 372 Juden, war erst im Begriff, zu einer der Einwohnerzahl entsprechenden großstädtischen Gesellschaftsform zu finden, zog aber Intellektuelle, Dichter, Künstler und Bohémiens an.[3]

Die Stadt war noch mit einer Mauer umgeben. Durch das einzige, den Juden offenstehende Tor, das Rosenthaler Tor, an dem Juden noch Leibzoll zahlen mussten, hatte 1743 der 14-jährige Moses Mendelssohn (1729-1786) Einlass begehrt. Er, der Begründer einer Familie, die wesentliche Beiträge zur europäischen Geistes- und Kulturgeschichte leisten sollte, hatte sich aus ärmsten Verhältnissen im Dessauer Judenghetto zum Teilhaber einer Berliner Seidenmanufaktur emporgekämpft und sich nebenbei grundlegende philosophische, literarische und mathematische Kenntnisse angeeignet. Er galt bald als Symbolfigur für das Bemühen der Aufklärung, über Bildung die Isolation der Juden aufzubrechen. Mendelssohn, nun ein berühmter Mann, Freund Gotthold Ephraim Lessings und Christoph Friedrich Nicolais, des Dichters und Buchhändlers, zählte zu den Persönlichkeiten in Berlin, die Reisende von weit her besuchten.

In der zweiten Hälfte des 18. Jahrhunderts vollzogen sich tief greifende Veränderungen innerhalb der Berliner Gesellschaft, und es entstanden neuartige Verbindungen zwischen sozialen Gruppierungen, die über wechselnde Ressourcen an Geld, Macht und Status verfügten. Ein bestimmtes Grundmuster des sozialen Auf- und Abstiegs brachte dabei einen neuen Menschentypus hervor, dessen besondere Bedürfnisse in den Salons befriedigt werden konnten. Gesellschaftsklassen, die sich auf gemeinsame ökonomische und berufliche Interessen gründeten, hatten am Ausgang des Jahrhunderts praktisch noch keine Gestalt angenommen. Die Politik verhinderte die Entstehung eines einheimischen Bürgertums, das fähig gewesen wäre, mit einem bereits geschwächten Adel um die gesellschaftliche Vormachtstellung zu konkurrieren. Die Rolle einer „Stellvertreterbourgoisie" fiel im 18. Jahrhundert stattdessen an die soziale Elite der kleinen jüdischen Gemeinde, so Deborah Hertz.[4] Direkte gesellschaftliche und persönliche Beziehungen hatten die Juden nicht zum Bürgertum, sondern zum Adel, dessen Finanziers sie als Geldleiher lange Zeit gewesen waren. Daher ergab sich der merkwürdige und sehr kurze Übergang, in dem Juden überall in die Gesellschaft des Adels hineinkommen, während die Häuser des Bürgertums ihnen noch lange verschlossen bleiben. Eine Änderung trat ein, als mit geregeltem Kreditwesen Juden für den Adel überflüssig wurden. Im selben Maße, wie Juden sich assimilieren und emanzipieren wollen, werden sie isoliert: Das Bürgertum nimmt sie nicht auf, und der Adel verliert seine Vorurteilslosigkeit und zieht sich zurück.[5]

Ein Reisebericht beschreibt die Berliner Judenschaft wie folgt:

> „Ihr Benehmen, besonders derjenigen, welche eine gute Erziehung genossen haben, ist fein und artig. ... Die Vornehmen oder überhaupt diejenigen, welche nach guten Grundsätzen erzogen sind, gehen viel mit Christen um, nehmen gemeinschaftlich mit ihnen an unschuldigen Zerstreuungen teil, und oft sieht man es ihnen kaum an, dass sie Juden sind. Sehr viele tragen ihre Haare jetzt ebenso wie die Christen und unterscheiden sich auch in der Kleidung nicht von uns."[6]

Die Salons

Die Berliner Salons erlebten ihre größte Blütezeit in der Zeit der deutschen Klassik und den darauf folgenden Jahrzehnten, doch auch die Dichtung des Sturm und Drang, der Romantik und anderer literarischer Richtungen wurde diskutiert. Salonartige literarische Geselligkeiten, Lesegesellschaften, private Vorlesungsreihen, Debattierclubs und intellektuelle Vereine besaß Berlin zwar mannigfach, aber die Salons hatten sofort ein breiter gefächertes Publikum. Dieses brachte einen neuen, leichteren Stil in die schwerfällige preußische Gesellschaft.

Zwischen 1780 und 1806 führten etwa vierzehn Frauen in Berlin einen Salon, von denen mindestens neun jüdisch waren. Ihre Männer gehörten der finanziellen Elite an und besaßen Kontakte zum Adel und zum Hof. Diese jüdischen Familien pflegten durchaus einen gesellschaftlichen Verkehr auch zu Nichtjuden und luden in ihre Häuser ein. Auf diese Weise kamen ebenso die Frauen des Hauses in Kontakt zu männlichen Kreisen. Gesellschaftlich und finanziell von ihren Männern unterstützt, konnten die Salonièren einem gastlichen Haus vorstehen.

Nicht minder entscheidend für die Entstehung der Salongesellschaft waren die Freundschaften der jüdischen Frauen, zu deren engsten Freundinnen Adelige und Schauspielerinnen sowie Jüdinnen zählten, die auch den Sprung aus den Fesseln ihrer Gemeinde und Traditionen wagen wollten. Die Assimilation der jüdischen Frauen war eben kein individualistischer Akt, vielmehr unternahmen Frauen diese Reise gemeinsam als eine kleine Gruppe, die durch ihre familiären Bindungen, durch ein „selbstgewähltes und dennoch schmerzlich empfundenes Außenseitertum sowie durch ihre Leidenschaft für das literarische Leben miteinander verbunden waren"[7]. Petra Wilhelmy beschreibt:

„Wie jung und emanzipatorisch diese frühen Salons waren, erkennt man vielleicht am besten daran, dass es Salonnièren [sic] und Gästen in ihrer Geselligkeit und ihren Gesprächen um ‚Echtheit' des Herzens und Verstandes, und das heißt zugleich um ‚Wahrheit', ‚Schönheit', ‚Einfachheit' und ‚Natürlichkeit', um ‚wahre Bildung' oder um ‚wahre Persönlichkeit' ging."

Sie konstatiert, dass Hinwendung oder Rückkehr zur „Echtheit" immer als ein Signal für gesellschaftliche und moralische Erneuerung, sei es als Reform oder als Revolution, zu betrachten seien.[8]
Am 25. Juli 1798 berichtete Friedrich Schleiermacher seiner Schwester Charlotte:

„Daß junge Gelehrte und Elegants die hiesigen großen jüdischen Häuser fleißig besuchen, ist sehr natürlich, denn es sind bei weitem die reichsten bürgerlichen Familien hier, fast die einzigen, die ein offenes Haus halten und bei denen man wegen ihrer ausgebreiteten Verbindungen in allen Ländern Fremde von allen Ständen antrifft. Wer also auf eine recht ungenierte Art gute Gesellschaft sehn will, lässt sich in solche Häuser einführen, wo natürlich jeder Mensch von Talenten, wenn es auch nur gesellige Talente sind, gern gesehn wird und sich auch gewiß amüsiert, weil die jüdischen Frauen, die Männer werden zu früh in den Handel gestürzt, sehr gebildet sind, von allem zu sprechen wissen und gewöhnlich eine oder die andere schöne Kunst in einem hohen Grade besitzen."[9]

Es sind nicht nur die Salons der Jüdinnen, in denen sich die neue bildungsbürgerliche Geselligkeit entwickelt, aber wenn von Salons in Berlin die Rede ist, so sind damit vorrangig die legendären Salons der Henriette Herz und Rahel Levin, die „geistigen Töchter" Moses Mendelssohns, gemeint.

Doppelsalon von Marcus und Henriette Herz

Henriette de Lemos, 1764 in Berlin als Tochter des Direktors des jüdischen Krankenhauses Dr. Benjamin de Lemos geboren, wurde, wie sie in ihren Erinnerungen hervorhebt, im „Notwendigsten" in Hebräisch, Französisch, Schreiben, Rechnen und Geografie unterrichtet. Sie war musikalisch – mit acht Jahren trat sie in einem öffentlichen Konzert am Klavier auf –, konnte tanzen und lesen, aber weder stricken noch nähen und musste daher eine Nähschule besuchen. Henriette war der neuen Welt der Gesellschaftsromane, der Dichtung und des Theaters ausgesetzt. Unter der gebildeten Bevölkerung war ein wahres Lesefieber ausgebrochen, Leihbibliotheken schossen aus dem Boden. Am Samstag und Sonntag las sie durchgehend mehrere Teile eines Romans, während der Freitagabend dem Vorlesen in der Familie gewidmet war.[10]

Henriette war 15 Jahre alt, als sie mit dem dreißigjährigen Dr. Marcus Herz verheiratet wurde, der, damals schon ein bekannter Arzt und Gelehrter, in Königsberg Schüler des Philosophen Kant war. Marcus Herz hielt in seinem Hause Philosophie-Vorlesungen und -Diskussionen. Dazu versammelten sich Gelehrte, Ärzte und Diplomaten, junge wissbegierige Aristokraten wie die Brüder Humboldt, Prinz Louis Ferdinand von Preußen, Philosophen wie Friedrich Wilhelm Schelling und Johann Gottlieb Fichte, der Bildhauer Johann Gottfried Schadow, der Gesandte Gustav von Brinckmann, die Grafen Alexander – der spätere preußische Innenminister – und Karl Friedrich von Dohna-Schlobitten, die später auch ihren Lehrer, den Philosophen Friedrich Schleiermacher einführten, sowie Bankiers und wichtige Vertreter der Freimaurerloge.

Neben diesem akademischen Zirkel formierte sich allmählich 1785 ein zweiter Kreis, eine aus jüngeren Leuten bestehende „Lesegesellschaft", der es auch um angeregte Geselligkeit ging.

Auf diese Weise bildete sich im Haus der Herz ein Doppelsalon, bei dem die Grenzen jedoch fließend waren. Der Ehemann scharte die Gelehrtenelite um sich, seine junge Frau hingegen wurde zum Mittelpunkt der literarischen Jeunesse dorée. Sie war eine ausnehmende Schönheit und verfügte über eine ungewöhnliche Ausstrahlungskraft, die ihre Gäste faszinierte. Dieser fröhlich-unbekümmerte Herz'sche Salon erweiterte sich allerdings bald zu einem literarischen Salon im eigentlichen Sinne. Man begeisterte sich für die Literatur des Sturm und Drang; später las und besprach man die klassische und romantische Dichtung. Lebhaft wurde über jede literarische Neuerscheinung diskutiert, namentlich wenn sie der Feder Schillers, Goethes oder eines anderen bedeutenden Zeitgenossen entstammte. Goethe wurde zum Garanten eines neuen Zeitalters erhoben, das im Zeichen der Toleranz und der schöpferischen Persönlichkeit stehen sollte. Aus dieser Lesegesellschaft ging ein Zirkel hervor, der sich bald den Namen „Tugendbund" beilegte. Dieser schwärmerisch-empfindsame Freundschaftspakt, dessen Mitglieder sich zur gegenseitigen sittlichen und geistigen Heranbildung verpflichteten, war ein recht sentimentaler Freundschaftskult, dessen Ideale ein hohes Maß an Innerlichkeit, an Subjektivität und Gemüt enthielten.[11] Eine solche Verknüpfung zwischen den Ideen der Aufklärung und der Gedankenwelt der Romantik, diese Vorherrschaft von Gefühlen, war überaus zeittypisch. In ihren jungen Jahren um 1790 gehörten dem Bund auch die Brüder von Humboldt an, Wilhelm (1767-1835), der nachmalige Staatsmann, Gründer der Berliner Universität, der Henriette Herz verehrte, und der später als Naturforscher berühmt gewordene Alexander (1769-1859). Auch Rahel Levin war zur Teilnahme aufgefordert worden. Sie wies den Antrag jedoch entschieden zurück, weil sie in den Zielen des Bundes nur „empfindsames Tändelwerk und eitles Schöntun" entdeckte.[12] Wenn der „Tugendbund" auch bereits 1792 ausklang, so erwiesen sich die daraus entstandenen Freundschaften auf lange Jahre als dauerhaft. Von allen Freundschaften der Henriette Herz zeichnete sich ihr Verhältnis zu Friedrich Schleiermacher aus, der seit 1796 das Predigeramt an der Charité in Berlin innehatte. Zu mancher Zeit sahen sich beide wöchentlich. Gemeinsame Lektüre, gemeinsames Fremdsprachenstudium und lange Gespräche brachten Herz und Schleiermacher näher. Schleiermacher besprach alle seine schriftstellerischen Arbeiten mit ihr und ermutigte Henriette, sich selbst an literarische Versuche und Übersetzungen aus dem Englischen zu wagen.

Henriettes Salon wurde über die Grenzen Berlins hinaus schnell bekannt und zog auch ausländische Gäste an. Um 1800 war der Herz'sche Salon immer noch der bekannteste von Berlin und stellte damals eine „Sehenswürdigkeit" in Berlin dar.[13] Henriettes klassische Schönheit, ihr rasches Auffassungsvermögen, ihr leidenschaftliches Interesse für die neuesten literarischen Strömungen und ihre Fähigkeit, Freundschaften zu schließen, trugen zu ihrem gesellschaftlichen Erfolg bei. Petra Wilhelmy weist über sechzig Männer und Frauen nach, die nachweislich im Salon der Herz verkehrten oder sie besuchten, darunter waren der französische Schriftsteller und Politiker Honoré Graf Mirabeau, die Schriftstellerin Germaine de Staël, Christian Wilhelm von Dohm, Diplomat, Historiker und Schriftsteller, Verfechter der jüdischen Emanzipation.[14]

Eine herausragende Salonbesucherin war Dorothea Mendelssohn (1763-1839), die selbst Lesegesellschaften in ihrer eigenen Wohnung gab, und regelmäßig im Salon ihrer Jugendfreundin erschien. Ihr Vater Moses Mendelssohn hatte ihr eine strenge und systematische Erziehung zukommen lassen und seiner ältesten Tochter gestattet, an den anspruchsvollen Kursen teilzunehmen, die er für eine ausgewählte Gruppe junger Leute vormittags abhielt. Unter ihrem jüdischen Vornamen Brendel war sie mit dem Bankier Simon Veit verheiratet worden. Als Mutter von vier Kindern verliebte sie sich leidenschaftlich in den jungen Schriftsteller Friedrich Schlegel. Sie ließ sich scheiden und begann ein Leben mit Schlegel. Später änderte sie Namen und Religion und wurde als Dorothea Schlegel selbst eine geachtete Autorin. Heute wird sie zu den großen literarischen Frauen der Romantik gezählt.[15]

1803 starb Marcus Herz. Henriette führte unter Entbehrungen den Salon weiter. Dann fiel er nach der preußischen Kriegsniederlage auseinander. Henriette trieb ziellos durch die Jahre: Sie lebte zeitweise auf Rügen, reiste nach Wien zu den Schlegels, später nach den napoleonischen Kriegen nach Rom. Wieder in Berlin, hielt sie einen wöchentlichen Freitisch für Studenten und vermittelte jungen Mädchen, die vom Land in die Stadt kamen, Stellungen. Durch ihren Verkehr im Salon der Herzogin von Kurland verlor sie jedoch nicht den Kontakt zur Berliner Salongesellschaft. Im Jahre 1817 war sie in aller Stille zum Christentum übergetreten.[16]

Henriette Herz' literarisches Werk ist unbedeutsam, ihre Memoiren gelten als unzuverlässig. Ihre Bedeutung liegt ohne Zweifel im Pioniercharakter der Salongründung, in ihren bedeutenden Freundschaften und ihrer vermittelnden Position zwischen verschiedenen Epochen, Literaturströmungen und Gesellschaftskreisen.

Im Vergleich zu Rahel Varnhagen-Levin wurde Henriette Herz häufig ungerecht beurteilt. Karl August Varnhagens abwertende Beschreibungen trugen dazu ebenso bei wie die Vorstellung, Henriette Herz habe die Gäste allein durch ihre Schönheit, nicht durch ihren Geist gefesselt. Gewiss, so Wilhelmy, habe Henriette Herz nicht die genialische „Originalität", wie sie die Romantiker an Rahel Varnhagen schätzten, doch sei sie gebildet gewesen und habe mehr als ein halbes Dutzend lebende und tote Sprachen beherrscht.[17]

Ein Jahrzehnt nach Henriette Herz eröffnete Rahel Levin den zweiten und letztendlich berühmtesten Salon der Stadt. Henriette hatte Rahel Varnhagen unterstützt, als diese 1790 einen eigenen Salon eröffnete. „Mehr als jede andere", schrieb Herz großzügig in ihren Memoiren, war Rahel Levin die höchste Blüte der Berliner Salonkultur. Tatsächlich sollte ihr literarischer Salon zum bekanntesten der romantischen Epoche werden.

Salon der Rahel Levin

Konventionslos war sie gewiss, die temperamentvolle und überaus geistvolle Rahel Levin, die – wie Hanna

Arendt sie gekennzeichnet hat – sich dem Leben so aussetzte, „dass es sie treffen konnte"[18].

Rahel wurde am 19. Mai 1771 als ältestes Kind des jüdischen Juwelenhändlers, Münzprägers und Geldverleihers Markus Levin (1723-1790), eines Schutzjuden erster Klasse, in Berlin, Spandauer Strasse 26, nicht weit vom deutschen Dom entfernt, geboren. Als ihr Vater, der der frühen geistigen Regsamkeit seiner Tochter mit Unverständnis begegnete, schon 1790 starb, übernahm der 1772 geborene Bruder Markus das Geschäft, während Rahel sich zunächst um die Erziehung ihrer vier jüngeren Geschwister kümmerte. Gleichzeitig setzte sie, nun von patriarchalischem Druck befreit, mit großer Ungeduld ihre Bemühungen fort, ihre literarischen und philosophischen Kenntnisse, ihr Französisch und ihr Klavierspiel zu verbessern. Schon die 20-Jährige las Rousseau und Lessing, Shakespeare, Dante und Diderot und verfolgte die literarischen Debatten ihrer Zeit. Bei einem Privatlehrer hatte sie Mathematik studiert.

Warum Rahel in dem Alter, in dem ihre Freundinnen Henriette Lemos und Dorothea Mendelssohn heirateten, keinen Juden ehelichte, bleibt im Dunkeln. Rahels Entschluss, sich nicht traditionsgemäß zu verheiraten, hing aber auch mit ihrem Widerstand gegen das Judentum zusammen.

Als Rahel sich entschloss, Salon zu halten, war das nicht so selbstverständlich wie im Hause Herz. Anders als Henriette war Rahel als alleinstehende Frau ungeschützt. Ihr stand im Gegensatz zum großen und offenen Haus der Herz nur die Dachstube im Haus Jägerstraße zur Verfügung. Rahel besaß weder einen so weitläufigen Bekanntenkreis wie Henriette Herz noch deren gute Kontakte zur Hofgesellschaft, aber sie verfügte bereits über klare Vorstellungen ihrer eigenen Möglichkeiten und Grenzen. Zunächst versuchte Rahel, die Kontakte aufrecht zu halten, die bereits ihr Vater geknüpft hatte. Zu seinen bevorzugten Gästen hatten Adelige, die auf ihn angewiesen waren, und Schauspieler gehört, denen wie den Juden der Zugang zu bürgerlichen Häusern verwehrt blieb.

Aus der Freundschaft zu einigen jungen Frauen aus dem Adel und deren Freundinnen gelang es Rahel, allmählich einen großen Kreis nichtjüdischer Bewunderer an sich zu binden. Der schwedische Diplomat Karl Gustav von Brinckmann, in der deutschen Kultur beheimatet und in Deutsch dichtend, der von der Intelligenz der „Kleinen Levi" hingerissen war und all seine Freunde einführte, damit sie Rahel kennenlernten, war dabei die entscheidende Person. Er führte immer wieder neue Gäste bei Rahel ein.

In Rahels Dachstube kommen in diesen Jahren Besucher aus allen Kreisen des damaligen Berlin. Es ist eine bunt zusammengewürfelte Gesellschaft, die sich dort regelmäßig bei Tee und Gebäck zu literarischen, naturwissenschaftlichen und philosophischen Gesprächen trifft.

Mittelpunkt dieser Zusammenkunft ist die Gastgeberin Rahel Levin, eine Frau mit schwarzen Locken, die sprühend plaudern, temperamentvoll lachen und geistreich spotten kann. Rahel, im Gegensatz zu den anderen auffallend schönen jüdischen Salondamen, ist äußerlich nicht besonders anziehend, aber klug, allerdings körperlich und seelisch instabil, geplagt von Asthma, Rheuma, Gicht, Herzbeschwerden. Graf Salm (wahrscheinlich Hugo Graf von Salm-Reifferscheidt) beschreibt sie als „weder groß noch schön, aber fein und zart gebildet, von angenehmem Ausdruck"[19].

Ihre Dachstube verstand Rahel als Freiraum zeitkritischer Diskussionen, als Versuch, eine humane und gebildete Gesellschaft im kleinsten Rahmen zu realisieren, eine Gesellschaft, deren Mitglieder unterschiedlich in Stand und Rang, Interessen und Überzeugungen waren und die Utopie eines nach individueller Vollendung strebenden, auf gegenseitige Förderung bedachten harmonischen Zusammenlebens zu verwirklichen trachteten.[20]

Rahel verfügt über die Gabe, Menschen aller Art anzuziehen. Ihre „einzige Gabe" wird eine Art Attraktion und ihre Freundschaft mit dem Prinzen Louis Ferdinand eine Art Propaganda. Clemens Brentano berichtete 1804 nach einem Besuch in ihrem Salon:

"Daß Prinz Louis Ferdinand und Fürst Radziwill zu ihr kommen, erregt vielen Neid, aber sie macht nicht mehr daraus, als ob es Lieutenants oder Studenten wären, mit so viel Geist und Talent wie jene würden ihr diese eben so willkommen sein."[21]

Manche tadelten ihre „Wahllosigkeit", ihre provokativ gemischte Gesellschaft, zu der Adelige, Bürger und Künstler christlicher wie jüdischer Herkunft gehörten. Rahel empfing und behandelte die Menschen nicht nach ihrem Rang, sondern nach ihrem eigenen Maßstab und verstieß daher mehr als andere Salonièren gegen Etikette und Konventionen.
Besuchen wir Rahel an einem Abend im Oktober des Jahres 1801 in ihrer Dachstube in der Jägerstraße. Ein großer Teil Berliner „Berühmtheiten" war bereits bei Rahel versammelt: neben dem Grafen Salm die schöne Gräfin Einsiedel. Später kam die berühmte von Männern umworbene und von Frauen geliebte Schauspielerin Friederike Unzelmann, dann Peter von Gualteri, Offizier und Adjutant des Königs Friedrich Wilhelm III., und der Major Otto Friedrich von Schack. Der damals schon durch seinen „Lucinde"-Roman berühmte (und berüchtigte) Friedrich Schlegel sprach mit Rahels Dichter-Bruder Ludwig Robert, der seine neuesten Gedichte vortrug. Eine weitere Berühmtheit und der Mittelpunkt des Abends war der Publizist und Staatsmann Friedrich Gentz, der, zunächst Kantianer und Bewunderer der Französischen Revolution, dem Konservatismus zuneigte und 1815 als Sekretär Metternichs beim Wiener Kongress zum Verfechter der Restauration eine Repressionspolitik gegen nationale und liberale Strömungen durchsetzte. Als einer der Letzten erschien schließlich Prinz Louis Ferdinand, ein Neffe Friedrichs II., der sich über höfische Konventionen hinwegsetzte und eher eine Randexistenz im deutschen Hochadel war. An diesem Abend war er ohne seine Geliebte, die Schauspielerin Pauline Wiesel, gekommen. Als die Gäste im Aufbruch begriffen waren, fand sich Fürst Anton Radziwill, ein Schwager des Prinzen, ein, und

Louis Ferdinand brachte auf Rahels Klavier seine neuesten Kompositionen zu Gehör. „Das Spiel des Prinzen war kühn und gewaltig, oft rührend, meist bizarr, immer von höchster Meisterschaft." Graf Salm schildert, wie das Gespräch lebhaft zwischen den Personen wechselte und sich mit den unterschiedlichsten Themen beschäftigte. „Die kühnsten Ideen, die schärfsten Gedanken, der sinnreichste Witz, die launigsten Spiele der Einbildungskraft wurden hier an dem einfachen Faden zufälliger und gewöhnlicher Anlässe aufgereiht." Wenn jedoch Friedrich Schlegel seine Meinung sagte, „zwar mühsam und unbeholfen ... so fühlte man gleich, daß hier kein leichtes Metal [sic] ausgegeben wurde, sondern ein schweres und kostbares", und wenn Schack, „leicht erzählend, manche Personen, die durch Rang und Weltstellung bedeutend waren, in pikanter Weise schilderte ... so waren Vertrautheit und Übersicht unverkennbar, mit denen er eine unendliche Erfahrung großweltlichen Lebens spielend behandelte." Das größte Lob spendete jedoch der Graf der „Dlle. Levin" selbst:

> „Mit welcher Freiheit und Grazie wußte sie um sich her anzuregen, zu erhellen, zu erwärmen! Man vermochte ihrer Munterkeit nicht zu widerstehen. Und was sagte sie alles! Ich fühlte mich wie im Wirbel herumgedreht, und konnte nicht mehr unterscheiden, was in ihren wunderbaren, unerwarteten Äußerungen Witz, Tiefsinn, Gutdenken, Genie, oder Sonderbarkeit und Grille war. Kolossale Sprüche hörte ich von ihr, wahre Inspirationen, oft in wenig Worten, die wie Blitze durch die Luft fuhren, und das innerste Herz trafen. Über Goethe sprach sie Worte der Bewunderung, die alles übertrafen, was ich je gehört hatte."[22]

In die Jägerstraße kamen Minister und Diplomaten, der Geheime Staatsrat Friedrich August von Staegemann, der sich zwanzig Jahre später weigern wird, Rahel zu empfangen, Alexander Graf Tilly und Wilhelm von Burgsdorff, „der seine Zeit mit jenem vornehmen Dillettantismus verbrachte, der von jeher Vorrecht des Adels war, jetzt aber als Selbstbildung neuen Wert und Rang erhielt".[23] Dazwischen die berühmten Schauspieler Johann Friedrich Fleck und die bereits erwähnte Friederike Unzelmann, Christel Eigensatz, die Freundin von Gentz, und die berühmte Sängerin Marie Marchetti.

Viel selbstverständlicher aber war, dass die bekannten Schriftsteller und Publizisten der Zeit sich nahezu vollständig bei ihr versammelten, die Brüder von Humboldt, Friedrich und August Schlegel, Clemens Brentano, Friedrich de la Motte-Fouqué, Ludwig Tieck, Adalbert von Chamisso, Friedrich Schleiermacher, der Altphilologe Friedrich August Wolf, Jean Paul Richter, Hermann Fürst von Pückler-Muskau, der Staatstheoretiker Adam von Müller, der Historiker Johannes von Müller, der Bildhauer Friedrich Tieck.[24] Die Aufzählung könnte fortgesetzt werden, denn ihr späterer Ehegatte Karl August Varnhagen hat alles gesammelt, die Personennamen wie die von ihnen stammenden Komplimente an Rahel. Alle diese Intellektuellen hatten Berlin gewählt, um hier Karriere zu machen, zu einer Zeit, als das Geistesleben in Deutschland eine neue Blütezeit erlebte, die ihnen die Möglichkeit des sozialen Aufstiegs bot.

Rahels Salon spielte, wie schon der hohe Anteil der Dichter und Theaterleute unter den Besuchern zeigt, kulturell und vor allem literarisch eine Rolle. Gespräche über Literatur, Theateraufführungen, Neuerscheinungen und das literarische und musikalische Leben allgemein nahmen einen beträchtlichen Raum ein. Rahel ist zur Kennerin von Literatur und Literaten geworden, sie kann erzählen, mehr noch, sie *muss* erzählen, sich mitteilen. Auch in ihrem Salon stand als Hauptthema die Auseinandersetzung mit dem Werk Goethes, der kein Verfechter jüdischer Emanzipation war. Sie förderte seine Rezeption zu einer Zeit, in der die Romantiker bereits scharfe Kritiken gegen ihn verfassten.[25] „Hören Sie auf Goethe", rät sie einer Freundin, „mit Tränen schreibe ich den Namen dieses Vermittlers in Erinnerung großer Drangsale ... Lesen Sie [ihn], ... wie man die Bibel im Unglück liest.

Denn durch all mein Leben begleitete der Dichter mich unfehlbar."[26] Rahel und Goethe waren sich wiederholt begegnet.

Rahel hat um ihr ausgeprägtes Talent zur Geselligkeit gewusst: „Ich liebe unendlich Gesellschaft und bin ganz überzeugt, dass ich dazu geboren, von der Natur bestimmt und ausgerüstet bin. Ich habe unendlich Gegenwart und Schnelligkeit des Geistes, um sie aufzufassen, zu antworten, zu behandeln."[27] Jeder, der die berühmte Dachstube betrat, spürte etwas von dem „Menschenhunger" seiner Bewohnerin, von ihrer Neugier und Entdeckerlust. Rahel ist die unermüdliche Fragestellerin. Sie möchte die Menschen kennenlernen und sie aufschließen wie einen Schrank, um ihr Inneres zu ergründen und ihre „Möglichkeiten, die sie in sich tragen". Da sie von Natur aus eine einfühlsame Psychologin war, konnte sie sehr schnell in die Seele eines anderen Menschen eindringen, um an ihm das Besondere, Unverwechselbare aufzuspüren. Ihre Fähigkeit, psychologische und gesellschaftliche Phänomene auseinanderzunehmen und zu analysieren, war für die Männer wie Brinckmann, Burgsdorff und Gualtieri, die sich des Übergangscharakters ihrer Zeit wohl bewusst waren, neu und faszinierend. Ähnlich wie Rahel hatten auch sie gerade erst ihr Ich entdeckt – ein gewaltiges Erlebnis. Sie gaben den Spannungen in ihrem Innern nach, sie unterdrückten nicht mehr seelische Konflikte und erfuhren, beschäftigt mit sich selbst und ihrer Psyche, wie schwer das ist, sich selbst zu finden und mit sich zu leben.[28]

Rahel beherrscht die Kunst, geduldig zuzuhören, im richtigen Augenblick nachzufragen und nach-zu-denken, nach-zu-fühlen. Sie hört auch das noch, was nicht ausgeprochen wird, und versteht, wofür dem Freund die Worte fehlen. „In meiner Seele las sie, wie in einem offenen Buche mit breiten Rändern, wo sie überall etwas hinzuschrieb und verbesserte", schrieb Brinckmann, alt geworden, nach Rahels Tod, „und wo irgend die Handschrift meines unruhigen Geistes mir selbst unleserlich erschien, entzifferte sie solche oft schneller und fertiger als ich selbst". Die Dachstube ist immer beides: Sprechzimmer einer Seelenkundigen, Ort der Freundschaft und der Liebe und zugleich Klause einer Enttäuschten und Beleidigten.[29]

Schon als Zwanzigjährige klagte sie ihrem Freund David Veit, Medizinstudent in Göttingen, ihr Leid, ein außerirdisches Wesen habe ihr bei ihrer Geburt mit einem Dolch die Worte ins Herz gestoßen: „Ja, habe Empfindungen, sieh die Welt, wie sie wenige sehen, sei groß und edel, ein ewiges Denken kann ich Dir auch nicht nehmen."[30]

Trotz der im Salon herrschenden Freiheit – Rahels Freunde waren sinnenfrohe junge Menschen mit zahlreichen Liebesaffären – und Rahels außergewöhnlichen Charaktereigenschaften waren und blieben die Beziehungen zu den männlichen Besuchern freundschaftlicher Art. Sie war die geistreiche Frau, die, wie Gentz sich ausdrückte, wohl „das erste Wesen auf dieser Welt", „Lehrerin", „Orakel", „Freundin", aber nicht Gattin und nur bedingt Geliebte sein konnte.[31] Eine ideale Freundin war sie gewiss, Goethe nannte sie eine „schöne Seele", und auch sie selbst verstand sich oft als „Freund und Freundin" zugleich.[32] Trotz aller Skepsis der Ehe gegenüber sehnte sie sich nach einem Partner, auch nach Sicherheit, denn der Stand einer unverheirateten Frau war gesellschaftlich wenig akzeptiert. Rahel erhoffte eine eheliche Verbindung aus dem Kreis der, wie sie glaubte, Gleichgesinnten, um auch dem Judentum zu entkommen. Zwei großen Leidenschaften war sie ausgesetzt: Karl Graf von Finckenstein auf Madlitz, mit dem sie zwischen 1795 und 1799 verlobt war, und dem spanischen Legationssekretär Rafael de Urquijo, den sie 1809 im Alter von 39 Jahren kennenlernte. Doch ihre Beziehungen zum Grafen Finckenstein und zu Rafael de Urquijo scheiterten. Es waren leidvolle Erfahrungen, die Rahel schmerzhaft prägten. Bei Finckenstein fanden sich die sozialen Vorurteile ihr, der Jüdin, gegenüber bestätigt. „Schmerzen erleben, heißt auch leben", bemerkte sie lakonisch.[33]

Rahels Hoffnungen waren dahingegangen. Sie hatte ihr Benachteiligtsein bestätigt gefunden, bestätigt, was sie immer schon wusste: „Seit meiner frühesten Jugend, seit meiner infamen Geburt, mußte das ja alles so kommen." Rahel besaß keine Heimat, in die sie sich vor dem Schicksal hätte zurückziehen können. „Um keine Gabe will ich geachtet sein, keinen Vorzug will ich genießen, alles ist Talent, aber dies ist ein selbsterrungenes, eine einzige Gabe! um diese müßte man mich auszeichnen, ehren."[34] Dabei kristallisierte sich bei ihr immer deutlicher heraus, dass ihre Identität weniger durch die existentielle Zerrissenheit der Romantik geprägt war als vielmehr dadurch, dass sie sich als soziale Außenseiterin sah. Rahel konnte es nie verwinden, als Jüdin auf die Welt gekommen zu sein. Sie will nicht Jüdin sein und spricht von einer „falschen Geburt". Sie wollte zur Gesellschaft gehören und stand schutzlos in der Mitte. Alles Unglück, alles Leid, die Tragik, Rahel nennt es „Verblutung", ihres Lebens schien ihr da herzukommen. Rahels Kampf gegen das Faktum, als Jüdin geboren zu sein, wird sehr schnell zum Kampf gegen sich selbst. Sie ist körperlich und seelisch instabil, wahrscheinlich sind es psychosomatische Beschwerden.

Auch wenn sich alle Welt bei Rahel zu versammeln schien, so darf nicht vergessen werden, dass sie selbst nicht zur hohen Gesellschaft zählte. Als Jüdin war sie in den Häusern der meisten ihrer Gäste – Prinz Louis Ferdinand und Brinckmann bildeten Ausnahmen – nicht willkommen. Einige christliche Salongäste hatten nicht nur ein zwiespältiges, sondern betont ablehnendes Verhältnis gegenüber Juden und möglicherweise auch gegenüber ihren jüdischen Gastgeberinnen, was für sie jedoch kein Hinderungsgrund bedeutete, deren Salons zu besuchen. „Die Kleine" oder die „kleine Levi" wurde sie von ihren aristokratischen Freunden genannt, eine Bezeichnung, die eine liebenswürdig herablassende Einstellung genau ausdrückt.

Der Niedergang

Nach Napoleons siegreichem Einzug in Berlin 1806 löste sich Rahels Salon auf. Sie beklagt „den Untergang jener Tage im Jahre 1806; sie gingen unter wie ein Schiff: die lieblichsten Güter des Lebens, die lieblichsten Freuden"[35]. Rahels Freunde und Bekannte sind in alle Gegenden verstreut. Die Salons verschwanden nicht einfach aus der preußischen Hauptstadt, sondern sie bildeten sich um Personen von Rang und Namen. Die bekanntesten sind die des Geheimen Staatsrats Staegemann, der Gräfin Voß und der Fürstin Radziwill. Sie sind im Gegensatz zur Wahllosigkeit der jüdischen Salons sehr exklusiv und politisch. Hier verkehren Adam Müller, Heinrich von Kleist, Clemens Brentano, Achim von Arnim, die jüngere Generation der Romantiker, die der Berliner Gesellschaft ihre geistige Gestalt verleihen.

In den kommenden Jahren, so scheint es, nimmt Rahel kaum am politischen Geschehen teil. Besatzung, Krieg und Rebellion bestimmen das Leben von Millionen von Europäern. „Das Weltgebäude bebt – und Rahel zimmert an ihrer Seele."[36] Die Ereignisse treffen Rahel erst, als sie merkt, dass auch ihre kleine persönliche Welt zerstört wird, in der sie doch und trotz allem hat leben können:

> „Ich habe es untersucht, was mich drückt, es ist die Welt, die gärt, und für meine Augen nicht mehr blüht; auf sie bezog ich mich mit meinen Gedanken, sehe ich nun ein. Und ihr und mein Fall trifft zusammen. Und wirklich gefallen und betäubt liege ich da."[37]

Doch als 1808 der gescheiterte Medizinstudent und der derzeit ein wenig ziellose Karl August Varnhagen sie aufsucht, bricht ihr Redestrom auf. Sie erzählt ihm ihr Leben, sie überlässt ihm Briefe, die sie geschrieben und empfangen hat, aus denen er dann ihre Äußerungen über Goethe herauslöst und mit Antworten versehen dem Verleger Cotta zum Druck anbietet. Dieser Mann wird Freund und Publikum zugleich.

Aber erst in der Begegnung mit Alexander von Marwitz im Jahre 1809, einem Außenseiter wie sie, erfährt Rahel zum ersten Male die hohe Spannung eines Austausches mit einem geistig ebenbürtigen Partner, der sie ermutigt, Ja zu ihrer Außenseiterrolle als Frau und Jüdin zu sagen. Der Briefwechsel zwischen beiden gehört zu den schönsten Zeugnissen menschlicher Partnerschaft. Marwitz fällt in den Befreiungskriegen.

Als Rahel 1811 vierzig Jahre alt wird, hat sie den Tiefpunkt ihres Lebens erreicht. Nach Auseinandersetzungen mit ihrer Mutter war sie aus der Jägerstraße in eine eigene Wohnung gezogen. Auch diese Wohnung gibt sie auf und zieht in die Behrensstraße. Weil sie nicht angemessen bewirten kann, bittet sie kaum noch Gäste zu sich. Sie wird auch nicht eingeladen. Schwermut und Trostlosigkeit bestimmen Rahels Tage. Außerdem plagen sie ihre Krankheiten: Kopfweh, Erbrechen, Halsweh, Gliederschmerzen, Brustkrämpfe, Atemnot, Fieberanfälle und andere Gebrechen.

Das Jahr 1812 brachte für die preußischen Juden entscheidende Veränderungen: Mit dem Emanzipationsedikt vom 11. März 1812 hob der preußische Staat alle Sonderbestimmungen, die bis dahin den preußischen Juden auferlegt worden waren, auf und gewährte ihnen Bürgerrechte, Freizügigkeit und Gewerbefreiheit. Diese Freiheiten werden jedoch in späteren Jahren auf dem Verwaltungswege schrittweise wieder eingeschränkt. Rahel verlässt 1813 das politisch unruhige Berlin und geht wie viele andere nach Prag und setzt sich in selbstloser Weise für Verwundete und Flüchtlinge ein. Rahel hat nun eine Aufgabe.

Rahel will aus dem Judentum heraus, eine andere Möglichkeit, sich zu assimilieren, scheint es nicht zu geben. Sie wünscht sich herauszukommen aus einer Minderheit, der sie sich nicht zugehörig fühlt, die ihr nicht Zuflucht bietet, sondern sie vielmehr nötigt, Beleidigungen und Zurücksetzungen, die größte „Schmach, das herbste Leid und Unglück" zu ertragen. Und nun endlich, so hofft Rahel, sei sie heraus aus der verachteten Nation, sei der

Makel der Geburt getilgt: Am 27. September 1814 werden Rahel und Varnhagen getraut. Rahel hat sich zuvor auf den christlichen Vornamen Friederike Antonie taufen lassen. Sie begleitet ihren Mann nach Wien, später nach Karlsruhe, wo er als Diplomat tätig wird. In dieser Zeit nimmt Rahel aktiven Anteil am politischen Geschehen, unterstützt Varnhagens Karriere und schafft neue Verbindungen.

Rahel Varnhagen-von Ense

Nach Varnhagens Abberufung im Zusammenhang mit den reaktionären Entwicklungen in Preußen kehren Rahel und Karl August von Varnhagen 1819 nach Berlin zurück. Das Berlin der 1820er-Jahre gilt als *die* Theater- und Musikstadt. Obwohl das gesellschaftliche Leben nach dem Wiener Kongress wieder aufgeblüht war, fanden jüdische Frauen sich nicht mehr im Zentrum der Salongesellschaft. Im Hause Varnhagen entsteht nun ein neuer Salon. Während früher jedoch die Gäste zu Mademoiselle Levin gekommen waren, besucht man jetzt die Varnhagens, sie und ihn. Die durch die preußische Zensur unterdrückte öffentliche Meinung fand hier einen Ort der Auseinandersetzung.

Mit Unterstützung Varnhagens wird der Salon zu einem Treffpunkt Gebildeter und Künstler. Wieder kommen viele Besucher: Dazu zählen der Historiker Leopold von Ranke, der Philosoph Friedrich Wilhelm Hegel und der junge Heinrich Heine. Er spottet zwar über den Salon, aber dennoch wird er von Rahel bald besonders bevorzugt, da sie mit ihm über die wieder aufkeimende Ablehnung der Juden sprechen kann. Heine lehrt sie, ihre persönliche Erfahrung als die ihres Volkes anzunehmen, die Verherrlichung des Ich, die Lust am Individualismus zurückzunehmen, die Einbindung in die Geschichte zu bejahen.[38]

Noch immer verliebt sie sich in Menschen, hofft auf Gegenliebe, aber auf dem sicheren Grunde des vertrauten

Verhältnisses zu Varnhagen ist auch das nicht mehr so lebensnotwendig, wie es einmal war. Warum „unsinnige Liebe in Andern suchen, anstatt uns an der, die wir für Andere haben, zu ergötzen". Rahel ist unabhängiger geworden. Im Unterschied zu früher nimmt sie jetzt unvergleichlich größeren Anteil am politischen Leben – eine wichtige Veränderung, die das Zusammenleben mit Varnhagen bewirkt hat. Rahel, nun viel stärker in Übereinstimmung mit ihrer Innenwelt, wagt sich an die Probleme der äußeren Welt heran.[39] Ein Menschenmagnet, wie sie sich selbst einmal nannte, ist Rahel geblieben.

Ein weiterer Gast, Franz Grillparzer, hat das Bild der nicht mehr ganz jungen Salonière festgehalten:

> „Als wir die Treppe hinuntergingen, kam uns die Frau entgegen und ich fügte mich in mein Schicksal. Nun fing aber die Alternde, vielleicht nie hübsche, von Krankheiten zusammengekrümmte, etwas einer Fee, um nicht zu sagen einer Hexe ähnliche Frau zu sprechen an, und ich war wie bezaubert. Meine Müdigkeit verflog, oder machte vielmehr einer Art Trunkenheit Platz. [...] Ich habe nie in meinem Leben interessanter und besser reden gehört."[40]

Als bei Ausbruch der Cholera 1831 die Juden der Brunnenvergiftung, dieser dem Mittelalter entsprungenen Anschuldigung, bezichtigt werden, neigt sich die Parabel ihres Lebens. Sie hatte versucht, ihrer Herkunft zu entkommen, die Last der jüdischen Geschichte abzuschütteln. Es ist ihr nicht gelungen. Rahel scheitert auch an dem großen romantischen Irrtum, allein durch Bildung das Leben zum „Kunstwerk" zu machen, aber sie scheitert am Ende in einem noch viel tieferen Sinn als Jüdin bei dem Versuch, sich gesellschaftlich zu assimilieren:

> „Zwischen Paria und Parvenu bleibt ihr keine dritte Wahl. Ewig ein Schlemihl und Bettler am Wege, bleibt sie trotz allem sie selbst, ihres außerordentlichen Schicksals bewusst, das Selbstbewußtsein häufig be-

droht, aber nie zerstört. Doch die Tendenz, rückgängig zu machen, was sie erreichte, verstärkt sich in dem Maße, als Rahel gewahr werden muss, dass ihr Aufstieg nur Schein ist, dass ein Paria in der wirklich guten Gesellschaft nur Parvenu bleibt, dass sie der unerträglichen Exponiertheit doch nicht entgeht, so wenig wie den Kränkungen."[41]

Hannah Arendt: „Sie ist Jüdin und Paria geblieben. Nur weil sie an keinem festgehalten hat, hat sie einen Platz gefunden in der Geschichte der europäischen Menschheit."[42]
Am 7. März 1833 erliegt Rahel einem langen Leiden. August Varnhagen, ihr Bruder Moritz und Bettine von Arnim waren im Sterben bei ihr. Sie hatte für ihren Grabstein eine Inschrift gewünscht: „Gute Menschen, wenn etwas Gutes für die Menschheit geschieht, dann gedenkt freundlich in eurer Freude auch meiner."
Wie sie im Leben von Freunden umgeben war, ist sie es auch im Tod. Nicht weit entfernt von dem Varnhagen'schen Grab auf dem Berliner Dreifaltigkeits-Friedhof liegen die Mendelssohn-Bartholdys, Abraham und Lea, Felix, seine Frau, Fanny und ihr Mann Wilhelm Hensel. In Mauerwände eingelassen sind die Grabplatten von Iffland und der Unzelmann. Auch Tieck, Schleiermacher und Chamisso liegen dort begraben.
Ein Jahr nach Rahels Tod gibt Varnhagen, der von nun an ihr Andenken zelebrieren wird, aus ihrem Nachlass „Rahel, ein Buch des Andenkens für ihre Freunde" heraus, mit dem ihr Nachruhm begründet wird.
Rahels Freundin Bettine von Arnim schrieb an Karl August von Varnhagen:

„Das Schönste in Rahel´s [sic] Geist war eben dies Eingehen in das Individuelle, nach welchem sie urtheilte, und so war sie nachsichtig, wo Andre verdammten, und sie schmeckte wohl gar das Salz in dem, was Andre als die Asche eines verbrannten Lebens verwarfen. – Gerechtsein ist göttliche Kunst."[43]

Rahel, die Jüdin, hat die Selbstwerdung und Vervollkommnung, die von der Aufklärung rational unterbaut, von der Klassik als Ideal entworfen und von der Romantik als Offenbarung transzendentaler Mächte erfahren wurde, als die natürliche, selbstverständliche Aufgabe der Menschheit angenommen und in der Dachstube in der Jägerstraße als utopische Möglichkeit der Gesellschaft vorwegpraktiziert.[44] Und im Weiteren urteilt Ingeborg Drewitz:

> „Sie hatte das Schicksal der klugen Frauen, die mehr verehrt als geliebt werden, die unvergesslich sind, weil sie rätselhaft bleiben. Sie hatte das Schicksal der doppelt Emanzipierten, der doppelt Nicht-Emanzipierten auch: der Jüdin und Frau."[45]

Ihre Dachstube hatte Rahel als Freiraum zeitkritischer Diskussionen verstanden, als Versuch, eine humane und gebildete Gesellschaft im kleinsten Rahmen zu realisieren, eine Gesellschaft, deren Mitglieder unterschiedlich in Stand und Rang, Interessen und Überzeugungen waren und die Utopie eines nach individueller Vollendung strebenden, auf gegenseitige Förderung bedachten harmonischen Zusammenlebens zu verwirklichen trachteten.[46]

Rahel als Briefschreiberin

Die Gespräche in der Jägerstraße sind nicht aufgezeichnet, aber da Rahel anders als Henriette Herz eine Briefschreiberin war, erschließt sich aus ihnen ihre innere Biografie und werden die Motive ihres Verhaltens erkennbar: das Hinausdrängen aus der noch religiös bestimmten Geselligkeit der Berliner Judenschaft, aus der dienenden Rolle der Frau, aus der Unbildung, das Verlangen nach Liebe, nach einem Partner und dem Wunsch, sich verstanden zu wissen.
Keine Frau hat ihr Dasein und ihre zwischenmenschlichen Beziehungen so intensiv reflektiert, mit einem un-

beugsamen Streben nach Wahrhaftigkeit gegenüber den Menschen, denen sie begegnete, aber auch gegen sich selbst. Unvergleichlich war Rahels Gabe, ihr – oft ungeordnetes – Denken in Worte zu fassen. So sind ihre Briefe einmalige Dokumente einer lebenslangen Unterhaltung mit den unterschiedlichsten Menschen und Themen, und einer fortgesetzten intensiven Selbstreflexion.[47] Sie schreibt über 10 000 Briefe.[48] Rahel unterscheidet sich von anderen Briefschreibern dadurch, dass sie den Brief zu ihrem fast ausschließlichen literarischen Mittel macht. Poetische Passagen, philosophische und gesellschaftliche Einsichten, Abhandlungen über Schauspielkunst, Malerei, Literatur, Aphorismen fanden ihren Weg in die Briefe, die immer echt, d. h. nicht fingiert waren:

„Wenn der Brief Gespräch, Dialog und damit Verständigung bedeutet, so hat Rahel diese Bedingung in ihren Briefen am weitesten gefordert und geleistet. In ihnen hat sie sich mitgeteilt, ihre Gedanken und Gefühle, ihre physischen und psychischen Zustände, und zugleich ihr Verständnis und Mitgefühl für den Briefpartner gezeigt, sich eingesetzt für ihn oder sie, zu helfen, trösten, führen oder nur zu unterhalten gesucht. Hier liegt die grundsätzliche Motivation ihres Schreibens: Es ist immer an und auf einen anderen Menschen gerichtet, es ist nicht in sich geschlossen."[49]

Die Briefe hielten das fest, was sich beim Salon verflüchtigt hatte und nicht mehr rekonstruierbar war. Wenn der Salon den Versuch darstellte, eine aufgeklärte Gesellschaft zu verwirklichen, so geben ihre Briefe Einblick in die Diskrepanz zwischen den aufgestellten Prinzipien der Toleranz, des Vernunft- und Humanitätsgedankens und deren Versagen in der Praxis.[50]
Erst mit der Erschließung des Briefwechsels, mit der Erschließung auch jener einzigartigen Epoche der deutschen Kulturgeschichte, in der der Mensch als Einzelner ins volle Licht des Bewusstseins trat, ist Rahel als die

große Schriftstellerin ohne Werk, als die große Briefschreiberin, ganz sichtbar geworden.

Emanzipationsforum „Salon"

Rückblickend beschrieb Rahel später selbst die einzigartige Atmosphäre in ihrem ersten Salon als „Konstellation von Schönheit, Grazie, Koketterie, Neigung, Liebschaft, Witz, Eleganz, Kordialität" und „Drang, Ideen zu entwickeln". Solche Sternstunden des Salons konnten freilich nicht unbegrenzt verlängert werden.[51]

Der frühe Berliner Salon war nur möglich aufgrund der ihn prägenden geistigen Elemente der Aufklärung, des Sturm und Drang sowie der deutschen Klassik, deren philosophische, ästhetische und literarische Zeitströmungen ihrerseits in mannigfachen Wechselbeziehungen zu den sozialen und politischen Tendenzen der Zeit standen.[52]

Der Salon verkörperte das genau zu dieser Zeit heftig diskutierte Bildungsideal. Bildung schloss Erziehung, Verfeinerung der Umgangsformen und charakterliche Entwicklungen ein. Durch Bildung konnten Menschen bürgerlicher Herkunft „geistigen Adel" erlangen. Auch wenn deutsche Bildung nicht in allen Gesellschaftsschichten verankert war, erschien sie als das Instrument, womit Juden den Christen ähnlicher werden konnten.[53]

Deborah Hertz lehnt Hannah Arendts These als zu vage ab, wonach der jüdische Salon das immer wieder erträumte Idyll einer gemischten Gesellschaft, das Produkt der zufälligen Konstellation in einer gesellschaftlichen Übergangsepoche gewesen sei, in der Juden zu Lückenbüßern zwischen einer untergehenden und einer noch nicht stabilisierten Geselligkeit wurden.[54] Nach ihrem Verständnis mussten während gewisser Perioden der abendländischen Vergangenheit offenbar bestimmte gesellschaftliche Bedingungen zusammengekommen sein, welche die Entstehung von Salons begünstigten. „Frieden, Wohlstand, urbane Lebensart, Luxus und das Interesse der Mächtigen an Kultur stehen anscheinend mit den Salons in Verbindung."[55] Ingeborg Drewitz ist der Ansicht, dass das gerade von der jüdischen, nur geduldeten Minderheit ausgegangene „Vortasten in eine neue Lebensform der Frau" kein Zufall gewesen ist. Vor allem der jüdischen Frau versprach das emanzipatorische und humanitäre Gedankengut der Aufklärung, sie zugleich von überholten jüdischen Restriktionen und von christlichen Vorurteilen und Benachteiligungen aller Art zu befreien. Von den Bürgern und vor dem Gesetz noch immer als „Menschen minderer Sorte" und als Randexistenzen angesehen, habe der Blick auf ein Ziel alle Fähigkeiten freigelegt.[56] Darüber hinaus besaßen die als exotisch wahrgenommenen Neuankömmlinge noch keine eindeutige Position in der bürgerlichen Gesellschaft und brauchten daher gewisse Rücksichten, die christliche Adelige und Bürgerliche zu respektieren hatten, nicht zu beachten. Sie hatten den Umkreis jüdischer Tradition hinter sich gelassen, ließen sich aber dieser nicht mehr und jener nicht zuordnen.[57]

Mit Henriette Herz und Rahel Varnhagen hatten Frauen unüberhörbar den Anspruch erhoben, den ihnen zugewiesenen Raum zu überschreiten, um ihre Fähigkeiten zu entfalten und gleichberechtigt teilzuhaben am geistigen Leben ihrer Zeit. Diese literarischen, egalitären Salons waren treffend dazu geeignet, ihrerseits nicht nur die Emanzipation dieser jungen Frauen als Vertreterinnen des weiblichen Geschlechts, sondern auch als Angehörige der jüdischen Religion zu fördern, konstatiert Petra Wilhelmy[58], und Deborah Hertz nennt sie „frühzeitig eine miniaturhafte Bastion weiblichen und jüdischen Einflusses auf kulturellem Gebiet".[59]

Für Ingeborg Drewitz[60] hat das „Vorspiel der Frauenemanzipation in den Salons stattgefunden", während Carola Stern in ihrer Feststellung eindeutiger ist: „Mit Rahel Varnhagen beginnt die Geschichte der weiblichen Emanzipation in unserem Land."[61]

Frauen der Aufklärung und Romantik waren es, die Wege zur Selbstständigkeit und Selbstbehauptung gewiesen haben. Das neue Selbstverständnis jüdischer Frauen machte sich darin bemerkbar, dass sie als gleichberechtigte Gesprächspartner zunächst auf literarischem und kulturellem Gebiet auftreten konnten.[62] Aber es steht außer Frage, dass diese Biografien nur einen Bruchteil der Frauen repräsentieren, die an diesen Veränderungen teilhatten. Sie sind allenfalls Vorbild für eine eigene Entwicklung individuell bestimmter Frauen geworden.

Nur im Rückblick scheinen in verklärender Erinnerung im jüdischen Salon die Klassen- und Gesellschaftsschranken aufgehoben zu sein, scheint Toleranz zwischen Geschlechtern und Konfessionen geherrscht zu haben. Die jüdischen Salons, obwohl Zentren gebildeter Geselligkeit, waren nicht ein Zeichen für die Verwurzelung der deutschen Juden. Das genaue Gegenteil sei der Fall, resümiert Hannah Arendt: Gerade weil die Juden außerhalb der Gesellschaft standen, wurden sie für eine kurze Zeit eine Art neutralen Bodens, auf dem sich die Gebildeten trafen. Das jüdische Element in der Gesellschaft wurde aber wieder eliminiert, als sich die ersten Ansätze einer bürgerlichen gebildeten Geselligkeit zeigten.[63]

Der jüdische Salon war ein fragiles Gebilde in einer Zeit, in der Antijudaismus im Volke schon untergründig schwelte. Der Berliner Justizkommissar Grattenauer verbreitete 1803 eine Schmähschrift „Wider die Juden. Ein Wort zur Warnung an alle unsere christlichen Mitbürger", in der er höchst abstoßend und pöbelhaft inmitten einer noch fortschreitenden Assimilation die Juden insgesamt angriff. Dabei ist das historisch Neue an Grattenauers Attacke entscheidend: Seine Judenfeindschaft begründete sich nicht aus der Religion, sondern Grattenauer formuliert einen rassistischen, anti-assimilatorischen Antijudaismus als Antwort auf eine neuartige jüdische Prominenz. Deshalb sollten auch die Juden mit dem Mal der Ausgestoßenheit gebrandmarkt und nach mittelalterlichem Vorbild zum Tragen eines gelben Abzeichens gezwungen werden, damit sie jeder wie die Pest meiden könnte. In diesem Pamphlet greift Grattenauer auch die jüdischen Salonfrauen an.

Diese erste moderne Hetzbroschüre hatte – nach einem Zeugnis des sehr gut unterrichteten Friedrich Gentz – den Juden, vor allem in Berlin, sehr geschadet.[64]
Ein wenig aufpoliert war der gesamte Grattenauer sieben Jahre später in den patriotischen Reden der „Christlich Teutschen Tischgesellschaft", deren Statuten Frauen, Franzosen und Juden den Zutritt verboten, wieder zu finden. Antijüdische Äußerungen, vorher noch hinter vorgehaltener Hand gemacht, wurden jetzt laut ausgesprochen, als der Glanz der jüdischen Salonfrauen verblasste. Grattenauer lieferte Clemens von Brentano und Achim von Arnim, ehemaligen Salonbesuchern, den Stoff für die von ihnen vorgetragenen antijüdischen Argumente.
Mit der Restaurationszeit wurden Juden erneut aus der Geschichte ausgeschlossen, und es erwies sich, dass Bildung, Salongeselligkeit, Taufe und Namensänderung gegen den neuen Judenhass nichts auszurichten vermochten. Unter dem Eindruck der Hepp-Hepp-Unruhen[65], die sich 1819 in ganz Deutschland ausbreiteten und bei denen es zu pogromartigen Ausschreitungen gegen die Juden kam, wurde Rahel bewusst, dass ihr Austritt aus dem Judentum nicht den Eintritt in die Gesellschaft gebracht hatte.
Die gesellschaftlichen und institutionellen Bedürfnisse, denen die Berliner Salons nachgekommen sind, sollten in der dort angegeben Konstellation in keiner anderen deutschen Stadt mehr auftauchen und künftig auch nicht mehr in Berlin. In diesem Sinn trifft die bisherige historiografische Überzeugung von der geografischen wie geschichtlichen Einzigartigkeit der Berliner Salons des ausgehenden 18. Jahrhunderts in der Tat zu.[66]
Unbestritten ist die Bedeutung der literarischen Salons in Berlin für die Literaturgeschichte vom späten 18. bis zum Beginn des 20. Jahrhunderts.[67]
Was bleibt, ist die Erinnerung an das kulturgeschichtliche Phänomen „Salon", der mit seinen Idealen die Kultur des modernen, nach Aufklärung und Humanität strebenden Europa verkörperte.

Anmerkungen

[1] Petra Wilhelmy: Der Berliner Salon im 19. Jahrhundert (1780-1914). Veröffentlichungen der Historischen Kommission zu Berlin, Band 73, Berlin / New York 1989, S. 16-24.
[2] Ebd., S. 25f.
[3] Ingeborg Drewitz: Berliner Salons. Gesellschaft und Literatur zwischen Aufklärung und Industriezeitalter, Berlinische Reminiszenzen 7, Berlin 1984, 3. Auflage, S. 14-16.
[4] Deborah Hertz: Die jüdischen Salons im alten Berlin. Aus dem Amerikanischen von Gabriele Neumann-Kloth, Frankfurt a. M., 1991, S. 37f.
[5] Hannah Arendt: Rahel Varnhagen. Lebensgeschichte einer deutschen Jüdin aus der Romantik, München 1959, S. 169f.
[6] Ingeborg Drewitz: Die literarischen Salons. Ihr Beitrag zur berlinischen Urbanität, in: EMUNA, IX. Jg. Nr. 1, 1974, S. 26-31, S. 26.
[7] Hertz, S. 39.
[8] Wilhelmy, S. 39.
[9] Henriette Herz in Erinnerungen, Briefen und Zeugnissen, hrsg. von Rainer Schmitz, Frankfurt/M., 1984, S. 269.
[10] Erinnerungen der Henriette Herz, in: ebd., S. 7-204, S. 8, 10, 21.
[11] Hertz, S. 126.
[12] Herz: Erinnerungen, Briefe und Zeugnisse, S. 441.
[13] Wilhelmy, S. 681.
[14] Ebd., S. 683-687.
[15] Zu Dorothea Schlegel: Carola Stern: „Ich möchte mir Flügel wünschen". Das Leben der Dorothea Schlegel, Reinbek 1990. Überblick: Gerhart Söhn: Frauen der Aufklärung und Romantik. Von der Karschin bis zur Droste, Düsseldorf 1998, S. 183-198.
[16] Drewitz: Literarische Salons, S. 27.
[17] Wilhelmy, S. 67.
[18] Arendt, S. 10.
[19] Aus den Papieren des Grafen S ..., in: Martin Hürlimann: Berlin, Berichte und Bilder, Berlin 1934, S. 13.
[20] Heidi Thomann-Tewarson: Rahel Levin Varnhagen, Reinbek 1988, S. 37.
[21] Thomann-Tewarson, S. 30.
[22] Hürlimann, S. 313-316.
[23] Arendt, S. 62.
[24] Namentlich aufgeführte Salongäste siehe Wilhelmy, S. 868-873.
[25] Andrea Schatz: „freilich sagt Göthe nur was wir wissen", Sophie, Henriette, Dorothea und Rahel, in: Kalonymos. Beiträge

zur deutsch-jüdischen Geschichte aus dem Salomon Ludwig Steinheim-Instituts, 2. Jg. 1999, Heft 3, S. 2.
[26] Arendt, S. 110.
[27] Verena von der Heyden-Rynsch: Europäische Salons. Höhepunkte einer versunkenen weiblichen Kultur, Düsseldorf/Zürich 1997 (3), S. 144.
[28] Carola Stern: Der Text meines Herzens. Das Leben der Rahel Varnhagen, 1994, S. 90.
[29] Ebd., S. 90f.
[30] Hertz, S. 136.
[31] Thomann-Tewarson, S. 62.
[32] Heyden-Rynsch, S. 146.
[33] Arendt, S. 221.
[34] Ebd., S. 60.
[35] Stern, S. 103
[36] Stern, S. 101.
[37] Arendt, S.118.
[38] Drewitz: Literarische Salons, S. 29.
[39] Stern, S. 244f.
[40] Drewitz: Literarische Salons, S. 30.
[41] Arendt, S. 195.
[42] Ebd., S. 210.
[43] Thomann-Tewarson, S. 147. Brief an Karl August von Varnhagen vom 29. 9. 1838.
[44] Drewitz: Berliner Salons, S. 52.
[45] Drewitz: Literarische Salons, S. 30.
[46] Thomann-Tewarson, S. 37.
[47] Gerhart Söhn: Frauen der Aufklärung und Romantik. Von der Karschin bis zur Droste, Düsseldorf 1998, S. 285.
[48] Rahel Varnhagen. Gesammelte Werke. Herausgegeben von Konrad Feilchenfeldt, Uwe Schweikert und Rahel E. Steiner, München 1983, 10 Bände.
[49] Thomann-Tewarson, S. 43/44.
[50] Ebd., S. 47.
[51] Wilhelmy, S. 77.
[52] Ebd., S. 37.
[53] Hertz, S. 18.
[54] Arendt, S. 62.
[55] Hertz, S. 23, 29.
[56] Drewitz: Berliner Salons, S. 38
[57] Andererseits genossen die jüdischen Mädchen nicht dieselbe religiöse Erziehung wie ihre Brüder. Deshalb wird von Historikern die Ansicht vertreten, dass die Frauen der Salons sich von ihrem Glauben und ihrer Gemeinde nicht abgekehrt hätten, wenn ihre jüdische Erziehung strenger gewesen wäre und sie stärker mit ihrer Tradition verbunden hätte. Durch ihre nur oberflächliche religiöse Bildung habe sich ihnen neue Welten

erschlossen, ohne sie mit fundierten Kenntnissen der alten, traditionellen auszustatten. Vgl. Hertz: Jüdische Salons, S. 223.
[58] Wilhelmy, S. 37.
[59] Hertz, S. 35.
[60] Drewitz: Berliner Salons, S. 101.
[61] Stern, S. 281.
[62] Die neuen Menschheitsvorstellungen der Aufklärung und Frühromantik wurden in den Neunzigerjahren des 18. Jahrhunderts durch eine intensive Diskussion über das Wesen der Weiblichkeit ergänzt. Fichte, Schleiermacher, Friedrich Schlegel, Wilhelm von Humboldt, Schiller und andere verfassten Abhandlungen zu diesem Thema, die im Grunde alle dem gleichen Weiblichkeitsideal huldigten. Die Frau wurde als gleichwertig und deshalb selbstständig, aber doch anders geartet als der Mann angesehen. Der Mann blieb zwar noch immer das Maß aller Dinge, doch wurde die Frau zu einer Art Priesterin, zur Trägerin der Humanität erhoben. Vgl. Thomann-Tewarson, S. 68.
[63] Arendt, S. 63.
[64] Simon Dubnow: Die neueste Geschichte des jüdischen Volkes. Das Zeitalter der ersten Emanzipation (1789-1815), Berlin 1928 (2), S. 207-211. Die daraus entstehende Hetzkampagne hielt während des ganzen Jahres 1803 an und weitete sich auf die Provinz aus, sodass die Zensurbehörde jede Drucklegung von Schriften sowohl für als gegen die Juden unterschiedslos untersagte.
[65] Die Bedeutung des Hetzrufes ist unklar. Zu den Krawallen vgl. Rainer Erb / Werner Bergmann: Die Nachtseite der Judenemanzipation. Der Widerstand gegen die Integration der Juden in Deutschland 1780-1860, S. 218-240.
[66] Hertz, S. 40.
[67] Wilhelmy, S. 470.

Luise Hirsch

„Zahlreich und wissensdurstig"

Wie jüdische Frauen die Akademikerin erfanden

Im Jahr 1910 erschien in Berlin der zweite Band der *Memoiren einer Großmutter.* Die Autorin Pauline Wengeroff, 1833 in Weißrussland geboren, hatte 1850 in eine chassidische Familie in Wolhynien eingeheiratet und lebte in ihren ersten Ehejahren in der Großfamilie ihres Mannes. Der Schwiegervater war ein wohlhabender Konzessionär des staatlichen Branntwein-Monopols, doch die Schwiegergroßmutter arbeitete aktiv in der Geschäftsleitung mit. Überdies war sie eine Art ehrenamtliche Hebamme und „Dorfärztin":

> „Sie verfügte über eine große Reihe von Rezepten und Heilmethoden. [...] Natürlich hatte sie auch in der Nacht keine Ruhe. Ihr Zimmer, das einen Schrank mit Medikamenten enthielt, hatte ein Seitenfenster, an welches zu jeder Stunde der Nacht angeklopft werden durfte, wenn ihre Anwesenheit bei einer gebärenden Frau unentbehrlich war. [...] Es war eine wunderbare Frau. Nach ihren nächtlichen Ausflügen ging sie oft, ohne zu ruhen, an die Tagesarbeit, versorgte schnell die ganze Wirtschaft und widmete dann den Rest des Tages dem [Branntwein-]Geschäfte."

Nachdem sie so ihre Schwiegergroßmutter geschildert hat, fügt Pauline Wengeroff eine Betrachtung zur Gegenwart an:

> „Wenn ich jetzt die russisch-jüdischen Mädchen betrachte, die zahlreich und wissensdurstig die Universitätsauditorien und Kliniken füllen *und der Gleichstellung der Frau in der Gesellschaft und Wissenschaft*

den Weg ebnen, so taucht in meiner Erinnerung das Bild jener Matrone auf. [...] *So sehe ich den Entwicklungsgang der jüdischen Frauen als eine lange ununterbrochene Kette, bei der sich Glied an Glied reiht, und nicht als etwas Zufälliges, Plötzliches und Neues im jüdischen Leben an.* [...] Die Frau, deren Wesen und Leben ich hier geschildert habe, war keine Ausnahme, keine Einzelerscheinung. Es lebten unter den Juden viele solcher Frauen, und man kann von ihr wie von einem Typus erzählen."[1]

Wer waren die „russisch-jüdischen Mädchen", die Wengeroff hier fast nebenbei erwähnt und von denen sie annimmt, ihre Leserschaft werde die Anspielung ohne Weiteres verstehen? Hat sie Recht mit ihrer Behauptung, die Großmutter stelle einen „Typus" dar und sei gewissermaßen die geistige Urahnin jener jungen Frauen im Deutschland des Jahres 1910, die „zahlreich und wissensdurstig die Universitätsauditorien und Kliniken füllen"? Pauline Wengeroffs Anspielung gilt einer kleinen, aber in der Epoche durchaus Aufsehen erregenden Gruppe junger jüdischer Frauen aus dem Russischen Reich, die an den Universitäten der Schweiz und Deutschlands studierten. Indem sie ihre individuelle Zulassung zum Studium erreichten, trugen sie wesentlich zur Öffnung dieser Hochschulen für *alle* Frauen bei. Und tatsächlich waren diese jungen Frauen nichts „Zufälliges, Plötzliches und Neues im jüdischen Leben", sondern standen in einer langen Tradition von Frauenerwerbstätigkeit, die wiederum direkt aus dem rabbinischen Judentum stammte. In abgeschwächter Form galt das auch für ihre deutsch-jüdischen Studienkolleginnen. Doch darin erschöpfen sich die Gemeinsamkeiten. In der Tat existierte keine andere Arena öffentlichen Lebens im Europa vor dem Ersten Weltkrieg, in der Jüdinnen und Juden aus solch unterschiedlichen Herkunftsmilieus aufeinander trafen, wie die Hörsäle deutscher Universitäten. Dabei ergibt sich ein Mikrokosmos der jüdischen Sozialgeschichte Europas um 1900, der fast alle denkbaren Varianten umfasste – von Kleinbürgern im Schtetl bis zu quasi-aristokratischen Kaufmannsfamilien, von Neo-Orthodoxen bis zu „Freidenkern", von Zionisten bis zu „deutschen Staatsbürgern jüdischen Glaubens".

In den 60er-Jahren des 19. Jahrhunderts gingen erstmals Frauen aus dem Russischen Reich zum Studium in die Schweiz, da sie in ihrer Heimat nicht studieren durften. Damit beginnt die Geschichte der Akademikerin in Europa. Den Jüdinnen aus dem Zarenreich waren die russischen Universitäten nicht nur wegen ihres Geschlechts verschlossen, sondern ab 1887 zusätzlich wegen des fast unüberwindlichen Numerus Clausus für Juden, der auch Tausende von jüdischen Männern zum Studium ins Ausland trieb. Russische Jüdinnen stellten die große Mehrheit *sämtlicher* in der Schweiz studierenden Frauen; die heute bekannteste war Rosa Luxemburg. Schweizerinnen und Deutsche gesellten sich erst später und in viel geringerer Zahl dazu. Von der Schweiz aus verbreitete sich die neue soziale Erscheinung der studierenden Frau schließlich auch ins Deutsche Reich. Schritt für Schritt erkämpften Frauen sich Zutritt zu den Hörsälen; zunächst als Gasthörerinnen (in Berlin erstmals 1896), dann mit Ausnahmegenehmigungen auch als Promovendinnen. Zumindest ein ordentliches Studium und die Promotion waren ab 1909 in allen deutschen Ländern möglich. Jüdische Frauen, „Russinnen" wie Deutsche, spielten dabei eine tragende Rolle. Sie standen in zweierlei Hinsicht in der jüdischen Tradition: Erstens waren sie – in säkularisierter Form – Teil der Kultur des „Lernens", die spätestens seit der Zerstörung des Zweiten Tempels das tragende Element jüdischer Frömmigkeit ist. Zweitens waren sie eine Weiterentwicklung der im aschkenasischen (also dem nord- und osteuropäischen) Judentum verwurzelten Tradition von Frauenerwerbstätigkeit, die indirekt ebenfalls Teil der Kultur des „Lernens" ist. Je ungebrochener diese Traditionen noch existierten – nämlich in den Schtetlach Osteuropas – desto ausgeprägter war die Studierneigung jüdischer Frauen. Ohne jüdische Frauen, die hartnäckig und letztlich erfolgreich um die Öffnung der Universitäten für Frauen kämpften, wäre das Frauenstudium in Deutschland nicht möglich gewesen. In Aschkenas waren erwerbstätige Frauen eine Selbstverständlichkeit, eine Folge der spezifischen Wertehierarchie des rabbinischen Judentums: Nicht das physische Überleben des Einzelnen ist der höchste Wert, sondern das spirituelle Überleben des Ganzen, der Juden als Volk – ein Ziel, das nur durch „Lernen und Beten" erreicht werden konnte. Der Logik des Patriarchats folgend, widmeten sich ausschließlich Männer dieser wichtigsten Aufgabe. Die kulturell als zweitrangig geltende Erwerbsarbeit wurde damit (auch) Domäne der Frau. In Westeuropa kam diese Tradition schon Anfang des 19. Jahrhunderts allmählich zum Erliegen; in Osteuropa hingegen war sie noch am Ende des Jahrhunderts lebendig und ging bis zur Auslöschung des osteuropäischen Judentums nicht unter. Auch unter den späteren Akademikerinnen gab es Frauen mit handeltreibenden Müttern oder Großmüttern. „Die Eltern meiner Mutter hatten ein Stoffgeschäft besessen. Es wurde ausschließlich von meiner Großmutter und einem jungen Gehilfen geführt; mein Großvater rührte kaum einen Finger für das Geschäft", erinnert sich die Ärztin und Psychoanalytikerin Helene Deutsch, geboren 1884 im galizischen Przemysl.[2] Der Vater der Medizinerin Charlotte Wolff war Lebensmittelgroßhändler in Danzig, aber „meine Mutter arbeitete ebenfalls im Geschäft, zusammen mit Recha, der Frau ihres Bruders. Die beiden hatten mehr Geschäftssinn als ihre Männer, und diese gaben zu, dass die guten Umsätze den Ideen und der Initiative der Frauen zu verdanken waren."[3]

In Osteuropa erwies sich die Haskala (die jüdische Aufklärung) als notwendiges Bindeglied zwischen der traditionellen, rabbinisch begründeten Frauenerwerbstätigkeit und dem Eintritt der (ost-)jüdischen Frau in die akademischen Berufe. Die russische Regierung hatte ein in ganz Europa einzigartiges, flächendeckendes Netz von Mädchengymnasien eingerichtet, die ein erschwingliches

Schulgeld kosteten und vor allem Jüdinnen uneingeschränkt zugänglich waren. Wenn also entweder bereits die Eltern sich weltlicher Bildung geöffnet hatten oder aber eine junge Frau selbst sich zu diesem Schritt entschloss, war es zur jüdischen Gymnasiastin und schließlich Akademikerin nur noch ein kleiner Schritt. Was innerhalb der geschlossenen Welt des aschkenasischen Judentums ein Nachteil für Frauen gewesen war – ihnen waren die „zweitrangigen" Aufgaben zugeteilt – verwandelte sich im Verlauf der Säkularisierung in einen Vorteil: Da das aschkenasische Judentum die Frau niemals „ins Haus" verwiesen, sondern ihr im Gegenteil ausdrücklich den „Marktplatz" als Wirkungsbereich zugeordnet hatte, ließen sich das öffentliche Auftreten und die notwendige Interaktion mit Fremden, die ein Universitätsstudium mit sich bringt, sehr viel eher mit dem Rollenleitbild der aschkenasischen Frau vereinen als mit dem der „behüteten höheren Tochter" westlich-bürgerlicher Prägung, die von den Realitäten des Lebens in hohem Maß abgeschirmt war. Das bewährte sich insbesondere in den zahllosen Kämpfen, die studierwillige junge Frauen zu bestehen hatten, um sich in einer ihnen feindlich gesonnenen Institution zu behaupten. Die idealtypischen Persönlichkeitsmerkmale – Tatkraft, Mut, Selbstständigkeit und Durchsetzungsfähigkeit, manchmal bis zur Rücksichtslosigkeit – die die Kultur des Ostjudentums von Frauen erwartete, während diese in der zeitgenössischen westeuropäischen Kultur als dezidiert *männlich* betrachtet wurden, befähigten besonders die Ostjüdinnen, sich Zugang zu der exklusiv männlichen Welt der Universitäten zu verschaffen. Die Pionierfunktion jüdischer Frauen bei der Durchsetzung des Frauenstudiums ist das paradoxe indirekte Resultat der besonderen rabbinischen Variante einer patriarchalischen Gesellschaftsordnung und Arbeitsteilung.

Die wichtige Rolle von Jüdinnen bei der Durchsetzung des Frauenstudiums muss auch unsere Vorstellung vom Wesen der Assimilation modifizieren. Dieser komplexe soziologische Vorgang wurde bislang immer nur als einseitige Anpassung einer gesellschaftlichen Minderheit an die Mehrheit betrachtet. Obwohl dies sicher die hauptsächliche Stoßrichtung von Assimilation ist, kann aber in Einzelfällen auch die Minderheit die Avantgarde einer neuen Bewegung bilden, der die Mehrheit mit zeitlicher Verzögerung nachfolgt. Elemente einer solchen Avantgardeleistung einer Minderheit sind im Kampf um die Zulassung von Frauen zum Studium erkennbar: Jüdische Frauen aus dem Zarenreich, die zum Studium in die Schweiz und später auch nach Deutschland kamen, haben sich an der zeitgenössischen Debatte um das Für und Wider des Frauenstudiums nicht beteiligt; kannten sie vermutlich nicht einmal. Aber durch ihre praktische Pionierleistung haben sie der bis dahin lediglich imaginierten studierenden Frau Realität verliehen; sie haben die Ausnahmegenehmigungen erkämpft, dank denen das Studium für ihre Nachfolgerinnen zum Regelfall werden konnte, und sie haben durch ihre Leistungen die Behauptung der Gegner des Frauenstudiums widerlegt, die Frau eigne sich nicht zu akademischer Arbeit. Nichtjüdinnen waren an dieser Pionierleistung selbstverständlich auch beteiligt, aber ihr Anteil entspricht nicht ihrer numerischen Stärke in der deutschen Gesellschaft. Die Initiative musste von Jüdinnen aus dem Russischen Reich ausgehen, deren kulturelles Erbe sie auf einzigartige Weise befähigte, ihren Wunsch nach einem Hochschulstudium zu entwickeln und dann gegen alle Widerstände auch durchzusetzen. Bei diesem Vorgang wechselte die vermeintliche „Einbahnstraße Assimilation" die Richtung: Die jüdische Minderheit wurde zum Vorbild der christlichen Mehrheit; sie schlug die Schneise, die die Angehörigen der gesellschaftlichen Mehrheit schließlich auch für sich nutzten. Die ethnische Minderheit der Juden bildete die Avantgarde der neuen sozialen Bewegung; sie führte, die christliche Mehrheit folgte nach. Dieser Prozess wurde von der Minderheit initiiert, indem sie aus ihrer eigenen spezifischen kulturellen Tradition heraus den neuen Standard für weibliche Bildung setzte. Die Übereinstimmung eines bestimmenden Elements dieser Tra-

dition – Hochschätzung intellektuellen Lernens – mit der Kultur des deutschen (insbesondere protestantischen) Bildungsbürgertums machte es möglich, dass der Assimilationsprozess auf dynamische Weise in zwei Richtungen funktionierte: Die jüdische Minderheit stand dem Bildungsbürgertum ausreichend nahe, um sich dessen formalem Bildungsideal und -weg anzuverwandeln; das Bildungsbürgertum umgekehrt erkannte im von Jüdinnen initiierten Frauenstudium einen Fortschritt, der seiner eigenen kulturellen Tradition ausreichend nahestand, um nachahmenswert zu erscheinen.
So wurden oft die jüdischen Studentinnen Vorbilder und Vorkämpferinnen für nichtjüdische Studentinnen; zuerst in der Schweiz:

> „Das Bild der kleinen Russin, die mit der Mappe unter dem Arm, das Pelzmützchen auf dem oft kurzen Haar, die Augen wie von einem geheimen Schatz leuchtend, den Hörsälen zueilte, hat wohl doch mancher Schweizerin den Gedanken an ein Studium in die Nähe gerückt, wenn die Betreffende sich oft dessen auch nicht bewusst sein mag. Ohne diese Fremdlinge hätten wir den Weg in die Hochschule vielleicht noch später und noch seltener gefunden."[4]

Die Historikerin Daniela Neumann konstatiert, „dass es im universitären Bereich die Frauen aus dem Russischen Reich waren, die in der Schweiz die meisten Breschen für die Gleichberechtigung der Frau geschlagen haben."[5] Von Deutschland galt das ebenso. Gerta Stücklen, die selbst zu der ersten Berliner Studentinnengeneration gehörte und ihre Dissertation darüber schrieb, resümierte 1915:

> „Zuerst hielten Ausländerinnen [...] Einzug in unsere Bildungsstätten, und ihr begeisterter Lerntrieb, ihre Freudigkeit hielt den Entsagungen und Leiden mannigfacher Art, die sich aus der allgemeinen Gegnerschaft ergaben, stand. Hier galt es für jede Einzelne,

ihren Platz zu erwerben und zu behaupten, um das Verlangen nach Arbeit und nach Wissen befriedigen zu können. Dieser Anfang erforderte den ganzen Menschen, kraftvolle und begabte Frauen, die energisch für ihre Idee eintraten, denn die Verantwortung für den Verlauf der künftigen Entwicklung ruhte zum großen Teil auf ihren Schultern."[6]

Eine andere Zeitzeugin, Julie Ohr, beschrieb bereits 1909 den Mechanismus, der diese Studentinnen der ersten Stunde bewusst oder unbewusst zu Vorkämpferinnen für sämtliche Frauen machte:

„Wo aber eine Studentin eine Lücke durch eine anscheinend starre Satzung geschlagen hatte, da standen andere hinter ihr, um das Errungene zum dauernden Besitztum zu machen. Wie oft wurde das, was der Einzelnen als Privileg gewährt worden war, durch die hinter ihr Nachdrängenden in allgemein gültiges Recht verwandelt."[7]

Wer waren diese russisch-jüdischen Studentinnen? Leider gibt es über sie im Gegensatz zu den deutschen Jüdinnen kaum biografisches Quellenmaterial. Die wenigen verfügbaren Quellen sind sich aber alle einig, dass die große Mehrzahl der russisch-jüdischen Studierenden, Männer wie Frauen, aus kleinbürgerlichen Elternhäusern kam, in denen keineswegs Wohlstand herrschte. Die meisten Eltern waren wohl Maskilim (Anhänger der Haskala, der jüdischen Aufklärung), die persönlich noch orthodox lebten, aber das nicht mehr von ihren Kindern erwarteten. Aber wir wissen auch von Töchtern aus strenggläubigen Elternhäusern, die regelrecht von zu Hause flohen, um studieren zu können. Die russisch-jüdischen Studenten lebten in großer Armut, die selbst den deutschen Kommilitonen auffiel. Ebenso sind sich aber die Quellen auch einig, dass das Leben in den „Kolonien", also der russisch-jüdischen Subkultur in den Universitätsstädten, von großer Lebhaftigkeit und sozia-

lem Zusammenhalt gekennzeichnet war. Vor allem die politische Passion der „Russen" war ausgeprägt. Die meisten, so scheint es, waren Zionisten. Viele Lebenswege führten schließlich nach Palästina/Israel – so machte z. B. die Ärztin Minna Weizmann, eine Schwester von Chaim Weizmann, gleich nach Abschluss ihres Studiums 1913 Alija (wanderte also in Palästina ein).[8] Pua Feiga Schargorodskaja, die 1914 zum Thema *Die pädagogischen Grundlagen des pharisäischen Judentums des tannaitischen Zeitalters in Palästina* promoviert hatte, kehrte nach der Oktoberrevolution in die Sowjetunion zurück. Desillusioniert ging sie bald darauf nach Berlin und 1928 ebenfalls nach Palästina.[9] Zilla Feinberg dagegen musste nicht einwandern: Die Tochter zweier „Biluim" (der ersten Gruppe russischer Zionisten, die 1882 in Palästina einwanderten) war 1895 in Jaffa geboren und hatte das Hebräische Gymnasium Herzlia in Tel Aviv besucht, bevor sie in Berlin Landwirtschaft studierte.[10] Natürlich gab es auch Studentinnen, die den Zionismus für einen Irrweg hielten – so die Sozialistin Sara Rabinowitsch, Mitbegründerin der Münchner USPD und Weggefährtin Kurt Eisners.[11] Angelica Balabanoff, die zwei Semester ihres Studiums in Deutschland verbrachte, ging ebenfalls nach der Oktoberrevolution in ihre russische Heimat zurück, wo sie zum inneren Kreis um Lenin gehörte. Desillusioniert floh bald auch sie und war bis zu ihrem Tod prominentes Mitglied der Sozialistischen Partei Italiens.[12]
Nicht nur russische, sondern auch deutsche Jüdinnen machten einen beträchtlichen Teil der ersten Studentinnen an deutschen Universitäten aus. Diese kamen nicht mehr aus einer Welt traditionell-rabbinischer Frauenerwerbstätigkeit, sondern überwiegend aus dem arrivierten städtischen Bürgertum. Ihre Herkunftsfamilien waren wohlhabend und säkular und betrachteten akademisch gebildete Kinder als Beweis des sozialen Aufstiegs. Der Drang der Töchter, zu studieren und in vielen Fällen auch einen akademischen Beruf auszuüben, speiste sich aus allgemein-bildungsbürgerlichen Idealen, die in vergleichbarer Weise auch Nichtjüdinnen, vor allem Protes-

tantinnen, zum Studium inspirierten. Das war bis vor einigen Jahren Konsens der Forschung. Doch ist es wirklich so eindeutig? Therese Oppler z. B. war eine der ersten Ärztinnen in Deutschland überhaupt. Sie entstammte einer orthodoxen und bildungsfernen Kaufmannsfamilie in der Provinz Posen. Dennoch setzte sie mit Unterstützung diverser Onkel bei ihrem Vater durch, dass er sie studieren ließ – nicht zuletzt, indem sie ihm vorrechnete, dass eine Verheiratung mit entsprechender Mitgift viel teurer werden würde.[13] Hedwig Jung-Danielewicz war die Tochter eines erfolglosen Geschäftsmannes, die in Armut aufwuchs. Ihr Medizinstudium wurde von einem reichen Onkel finanziert.[14] Rahel Straus entstammte der „Austrittsorthodoxie". Dennoch hatte ihre früh verwitwete Mutter nichts gegen die Gymnasialausbildung ihrer Tochter einzuwenden; diese war vielmehr ihre Idee. Rahels Medizinstudium finanzierte schließlich ebenfalls ein reicher Onkel.[15] Das mögen Einzelfälle unter überwiegend wohlhabend-säkularen deutsch-jüdischen Studentinnen sein, doch zumindest zeigen sie zweierlei: Ein orthodoxes Elternhaus verhinderte ein Studium nicht, bei den russischen Jüdinnen so wenig wie bei den deutschen. Und Armut der Eltern tat dies genauso wenig. Nicht nur bei den russischen Juden, sondern offenbar auch unter den vermeintlich so gründlich assimilierten deutschen Juden im Kaiserreich lebte die jüdische Tradition weiter, begabte Schüler in der Großfamilie finanziell zu unterstützen, wenn die Eltern dazu nicht in der Lage waren. Auch das scheint russische und deutsche Kommilitoninnen verbunden zu haben.

Die erste Generation der deutsch-jüdischen Studentinnen war von erstaunlicher Vielfalt. Ihre Biografien bilden gleichsam ein Lesebuch des deutschen Judentums im 20. Jahrhundert. Da gab es Lotte Eisner, zeitlebens rebellisch und betont antibürgerlich, die erste Filmjournalistin der Weimarer Republik und Mitbegründerin der Cinémathèque Française. Da gab es die schüchterne und melancholische Hedwig Jung-Danielewicz, eine Armenärztin, die Trost im Katholizismus fand, aber im Ghetto von Minsk als Jüdin erschossen wurde. Es gab orthodoxe Jüdinnen wie die Ökonomin Adelheid Levy und orthodoxe Kommunistinnen wie die Politikerin Recha Rothschild. Es gab Frauen, die immer gewusst hatten, dass sie Jüdinnen waren, und solche, die erst von Hitler „dazu gemacht" wurden. Alle gehörten zur „Erlebnisgeneration", deren Leben sich ab 1933 brutal veränderte. Da gab es Käthe Mende, Sozialarbeiterin und Begründerin der Jugendgerichtshilfe, die als alte Frau Theresienstadt überlebte, während die viel jüngere Cora Berliner – eine der ersten Professorinnen Deutschlands, bis die Nazis sie hinauswarfen – dort ermordet wurde. Es gab überzeugte Junggesellinnen wie die Ärztin und Politikerin Käte Frankenthal und Damen der Gesellschaft wie Margarete Sallis-Freudenthal, die sich erst in der Emigration in Palästina eine Erwerbstätigkeit suchte. Es finden sich Zionistinnen wie die Journalistin Gerda Luft, die schon 1924 nach Palästina ging, und solche, die „nicht aus Zionismus, sondern aus Deutschland kamen" wie Erna Meyer, Pionierin der rationellen Hauswirtschaft in der Weimarer Republik, die sich als Kochlehrerin durchschlug. Es gab Frauen, die in der Emigration erst beruflich aufblühen konnten wie die Etruskologin Eva Fiesel und die Wirtschaftswissenschaftlerin Frieda Wunderlich, die in den USA Professorinnen an renommierten Hochschulen wurden. Typischer waren aber Lebenswege wie die von Annemarie Bieber, die nach 35 Jahren ärztlicher Tätigkeit in der Emigration in Amerika von vorne anfangen musste – nämlich mit dem Ablegen des medizinischen Examens, auf Englisch. Oder von Clara Davidson, die in Israel zwar als Ärztin arbeiten durfte, aber so wenig verdiente, dass sie im hohen Alter auf Lebensmittelpakete von Freunden angewiesen war.

Biografische Bruchstücke einer untergegangenen Zivilisation. Das kollektive Verdienst einer gesamten Generation – die Durchsetzung des Frauenstudiums und der Ausübung akademischer Berufe durch Frauen – ist nur ein weiteres Beispiel für eine zivilisatorische Leistung, die Juden (mit-)erbrachten und die der deutschen Gesamtgesellschaft zugute kam. Diese Gesellschaft aber, von Anerkennung oder gar Dankbarkeit weit entfernt, antwortete darauf erst mit ideologischer Denunziation und schließlich mit Vernichtung.

Anmerkungen

[1] Pauline Wengeroff: Memoiren einer Großmutter: Bilder aus der Kulturgeschichte der Juden Russlands im 19. Jahrhundert. Band II. Berlin: M. Poppelauer ²1919, S. 90f und 94f, Kursivschrift = Unterstreichungen im Original.
[2] Helene Deutsch: Selbstkonfrontation: Eine Autobiographie. Frankfurt/Main: Fischer 1994, S. 62f.
[3] Charlotte Wolff: Hindsight. London: Quartet Books 1980, S. 36 (Übersetzung L.H.).
[4] Schweizerischer Verband der Akademikerinnen (Hg.): Das Frauenstudium an den Schweizer Hochschulen / Les études des femmes dans les universités suisses. Leipzig: Rascher 1928, S. 101.
[5] Daniela Neumann: Studentinnen aus dem Russischen Reich in der Schweiz 1867-1914. Zürich: Rohr 1987, S. 108.
[6] Untersuchung über die soziale und wirtschaftliche Lage der Studentinnen: Ergebnisse einer an der Berliner Universität im Winter 1913 und 14 veranstalteten Enquête. Diss. phil. Univ. Heidelberg 1915 / Göttingen: Dietrich 1916, S. 93.
[7] Die Studentin der Gegenwart. München-Gern: Buchhandlung Nationalverein 1909, S. 7.
[8] The Letters and Papers of Chaim Weizmann, Band II, Serie A. Hg. von Meyer Weisgal London: Oxford University Press 1971, S. 468.
[9] David Tidhar: Enziklopedia lechaluzei ha-jischuw uwonaw: demujot utemunot. Tel Aviv: Sifrijat Rischonim 1947-1971, S. 2166.
[10] David Tidhar: Enziklopedia lechaluzei ha-jischuw uwonaw: demujot utemunot (Tel Aviv: Sifrijat Rischonim 1947-1971, sv „Schuham".
[11] Jacob Scholem Hertz (Hg.): Doires Bundistn. New York: Unser Zajt 1956-1968, Bd. 3, S. 189-191.
[12] Angelica Balabanoff: Erinnerungen und Erlebnisse. Berlin: Laubsche Verlagsbuchhandlung, 1927; dies.: My Life as a Rebel. New York: Harper and Brothers 1938.
[13] Johanna Bleker / Sabine Schleiermacher: Ärztinnen aus dem Kaiserreich: Lebensläufe einer Generation. Weinheim: Deutscher Studienverlag, 2000, S. 69-74.

[14] Paul U. Unschuld: Die Ärztin und der Maler: Carl Jung-Dörfler und Hedwig Danielewicz. Düsseldorf: Triltsch 1994).
[15] Rahel Straus: Wir lebten in Deutschland (Stuttgart: DVA 1961.

Angelika Brimmer-Brebeck

Frauen im jüdischen Milieu*

Essener Jüdinnen von 1850 bis 1932

Im Jahre 1901 wurde auf dem jüdischen Friedhof Hiltrupskamp in Essen-Steele die fast achtzigjährige Rosa Stern begraben. Während ihres Lebens – einer Zeitspanne von zwei bis drei Generationen – haben die Juden die rechtliche Gleichstellung erreicht; es war ihnen auch in Essen der soziale Aufstieg aus der Unterschicht ins Bürgertum gelungen. Der Grabstein von Rosa Stern trägt auf der einen Seite eine hebräische und auf der anderen Seite eine deutsche Inschrift. Er versinnbildlicht die Situation der Essener Juden um die Jahrhundertwende im Spannungsfeld zwischen Tradition und Assimilation. Inhaltlich unterscheiden sich die beiden Grabsteinseiten gravierend. Der deutsche Text lässt sich so oder ähnlich auf christlichen Friedhöfen, der hebräische auf jüdischen finden. Die Texte stellen keine individuelle Würdigung dar, sondern spiegeln die jeweiligen Leitbilder. In dem deutschen Text sprechen die Kinder:

„Hier ruht uns. innigst geliebte Mutter
Rosa Stern geb. Israel
geb. 13. Sept. 1821 gest. 19. Februar 1901
Mächtiger als der Tod ist die Liebe."

Wir erfahren über Rosa Stern neben Namen und Lebensdaten nur, dass ihre Kinder sie liebten. Rosa Stern wird auf ihre Funktion als Mutter reduziert, es wird jedoch nicht gewürdigt, wie sie diese Aufgabe erfüllte. Wir erfahren nichts über die Person.
Ganz anders die hebräische Inschrift:

„Hier ruht eine gerade und liebliche Frau
ging einen geraden Weg
hat ihr Leben lang Gerechtigkeit gewirkt
und führte ihre Kinder zur Thora
Frau Rös'che Tochter des Elijahn
gestorben am 30 Schwat
5640 der Zählung
Möge ihre Seele eingebunden sein
im Bunde des Lebens."[1]

Das in der Inschrift formulierte Leitbild einer jüdischen Frau weist dieser eine Eigenwertigkeit zu. Die Frau steht im Mittelpunkt, ihr Verhalten – „geradlinig und gerecht" – die Erfüllung ihrer Aufgabe als jüdische Mutter, die für die religiöse Erziehung ihrer Kinder sorgte, und ihre Einbindung als Tochter über den Vater in die Generationenkette. Die jüdische Zeitrechnung beim Sterbedatum und der abschließende Segensspruch zeigen die Eingebundenheit in die jüdische religiöse Tradition. Zeugen die beiden Texte von einer unterschiedlichen Stellung von Jüdinnen und Nichtjüdinnen?

Im traditionellen jüdischen Leben haben Männer und Frauen sehr unterschiedliche, aber sich gegenseitig bedingende Positionen inne. Die Männer dominieren in der Gemeinde und in der Synagoge. Für einen Gottesdienst ist die Anwesenheit von zehn religiös volljährigen Männern – Minjan – notwendig, nur Männer werden aufgerufen, aus der Thora vorzulesen, nur Männer können das Totengebet für die Eltern sprechen. Traditionelle Zeremonien nur für Männer sind auch die Beschneidung des Neugeborenen und die Bar Mitzwah des Dreizehnjährigen als Fest der religiösen Volljährigkeit. Zwar existiert in liberalen Gemeinden für Mädchen die Bat Mitzwah, in Essen schon in der zweiten Hälfte des 19. Jahrhunderts, die aber nicht die gleiche Bedeutung wie die Bar Mitzwah gewinnt.

In der Regel lernten nur Männer Hebräisch, um Thora und Talmud im Original studieren zu können. Für Frauen gab es spezielle Andachtsbücher in Jiddisch bzw. Deutsch, Techinne genannt. Früher als den Männern, für die es zunächst verpönt war, nichthebräische Literatur zu lesen, stand Frauen der Zugang zur säkularen Bildung offen. Ihre literarische Bildung übertraf oft die der Männer, besonders wenn junge Frauen aus der Stadt aufs Land heirateten.

Den Frauen obliegt die Führung des jüdischen Hauses. Dazu zählen neben der Sorge für die Erziehung der Kinder die Küche mit den rituellen Speisegesetzen, die Vorbereitung der Festtage und des Sabbats. Zur Sabbatfeier gehört neben dem Besuch der Synagoge wesentlich ein zeremonielles Essen in der Familie.

Obwohl es sich um eine patriarchalische Familienstruktur handelt, hatte die jüdische Frau eine zentrale Stellung innerhalb der Familie. Im Vergleich zur nichtjüdischen Frau hält Monika Richarz die Stellung der jüdischen ihrem Mann gegenüber für besser. Zur relativ guten Position innerhalb der Familie trug die Bedeutung der Frauen für das ökonomische Überleben bei. Die ursprünglich durch gesetzliche Schranken erzwungene Konzentration der Juden auf den Handel verlangte eine Mitarbeit der Frauen. Bei der häufigen beruflichen Abwesenheit der Männer zu An- und Verkaufsreisen führten die Frauen den Betrieb oft alleine.

Wirtschaftlicher Aufstieg und Erwerbstätigkeit der Frauen

Bis 1807 waren die Essener Juden – etwa 19 Familien – noch Schutzjuden, die sich den Schutzbrief immer wieder erkaufen mussten und die auf wenige Erwerbsmöglichkeiten beschränkt waren, vor allem auf Hausierhandel und Metzgerei. So verwundert es nicht, dass die Essener Juden in dieser Zeit meist ein kümmerliches Auskommen hatten. Etwa 60 Jahre später hatte sich das Bild grundlegend gewandelt. Die jüdische Gemeinde war vor allem durch Zuzug auf 600 Personen angewachsen und „rechnete sich bald zu den größeren und einigermaßen wohlhabenden. Von drückender Armut hören wir selten".[2] Um

1900 umfasste die Gemeinde etwa 1 100 Menschen, die überwiegend zum wohlsituierten Bürgertum gehörten. Neben die selbstständigen Kaufleute traten Akademiker, die vor allem in den freien Berufen als Ärzte und Rechtsanwälte tätig waren. 1913, am Vorabend des Ersten Weltkrieges, weihte die Essener Gemeinde, nun angewachsen auf über 3 500 Köpfe, ihre neue Synagoge[3] ein, deren Bau Zeugnis von der Wohlhabenheit, den positiven Zukunftserwartungen und dem Selbstbewusstsein der Gemeinde ablegt.

Der wirtschaftliche Aufstieg – durch das Fallen gesetzlicher Schranken ermöglicht – basierte wesentlich auf dem Ausbau der Handelstätigkeit und damit auch auf der Arbeit der Frauen. In Essen sind mehrere jüdische Frauen bezeugt, die selbstständig Geschäfte führten. So gründeten die Schwestern Selma und Henriette Kaufmann 1902 eine Manufakturwarenhandlung. Das Kapital hatten sie sich durch ihre Arbeit in anderen Geschäften zusammengespart. In den Worten der Tochter scheint die starke Position der Mutter auf: „Im Jahre 1905 heiratete meine Mutter meinen Vater Alex Steinberg." Der Vater stieg, als er im Ersten Weltkrieg nicht mehr seinen Getreidegroßhandel betreiben konnte, in das Geschäft der Schwestern mit ein, allerdings behielten die beiden Frauen die Führung. Die drei Kinder, zwei Töchter und ein Sohn, machten Abitur, studierten und promovierten.[4] Auch die Mutter von Ruth Tennenhaus führte ein eigenes Putzmachergeschäft, obwohl sie selbst den Beruf nicht gelernt hatte und deshalb eine Meisterin anstellen musste. Der Vater war nicht aus der Branche.[5] Auch wenn die Frauen im gemeinsamen Geschäft zusammen mit ihren Ehemännern arbeiteten, ging ihre Tätigkeit oft über die einfache Mitarbeit hinaus. „Meine Großmutter war eine sehr selbstständige Frau, sie war Einkäuferin für das Haus Rosenberg und ist in alle Länder gefahren. Ich habe immer englische Kleider und italienische Hüte und holländische Gürtel gehabt, was immer viel Spaß gemacht hat. Sie war eine sehr, sehr lebendige und selbstständige Frau."[6]

In Essen scheint die Erwerbstätigkeit der jüdischen Frauen schon im Kaiserreich relativ ausgeprägt gewesen zu sein. Das bürgerliche Ideal, das Frauen die Arbeitsmöglichkeiten außer Haus als nicht standesgemäß abspricht, zeigte offensichtlich bei den jüdischen Familien mit kaufmännischen Geschäften wenig Wirksamkeit. Anders war es bei den Akademikern und den sehr reichen Familien, deren Frauen auf das Haus und auf ehrenamtliche Tätigkeiten beschränkt waren.[7] In Essen scheint das Fehlen einer traditionellen bürgerlichen Schicht in Verbindung mit dem außergewöhnlichen Wachstum der Stadt, die sich innerhalb weniger Jahrzehnte von einem unbedeutenden Landstädtchen zur großen Industriestadt entwickelte, den jüdischen Frauen mehr Gestaltungsmöglichkeiten geboten zu haben, als sie gemeinhin bürgerlichen Frauen zugestanden wurden.

Zwar lag der Anteil der erwerbstätigen Jüdinnen deutlich unter dem der weiblichen Gesamtbevölkerung, dies ist jedoch wesentlich ihrer Zugehörigkeit zum Bürgertum geschuldet und erlaubt keine Aussage zur Berufstätigkeit im Vergleich mit der nichtjüdischen Bevölkerung insgesamt. In den vorherrschenden Arbeitsfeldern der Frauen – Landarbeit, Fabrikarbeit und im Haushalt als Dienstmädchen – fanden sich sehr wenige Jüdinnen.

In der Berufswahl unterschieden sich bürgerliche jüdische und nichtjüdische Frauen deutlich. Nichtjüdischen Frauen boten die Berufe der sozialen Mütterlichkeit den Einstieg in die Erwerbstätigkeit. Den höheren Mädchenschulen war jeweils ein berufsorientierter Zweig angegliedert, der eine Lehrerinnenausbildung ermöglichte. Dieser Weg wurde von vielen bürgerlichen Mädchen beschritten, jedoch kaum von jüdischen. In Essen finden sich ganze Jahrgänge ohne eine einzige Jüdin auf dem Lehrerinnenseminar oder der Präparandinnenanstalt. Da Juden im Kaiserreich weitgehend von Berufsfeldern, in denen Funktionen erzieherischer und obrigkeitsstaatlicher Art ausgeübt wurden, ausgeschlossen waren, d. h. aus Schule, Universität, Verwaltung und Militär, erklärt sich das Fehlen jüdischer Mädchen bei der Lehrerinnen-

ausbildung durch die mangelnde Berufsperspektive. Auch in der Weimarer Republik hatten jüdische Lehrerinnen nur auf jüdischen und den wenigen freien Schulen Anstellungschancen.
Ähnlich sah es in den sozialen Berufen der Kindergärtnerin, Krankenschwester und Sozialarbeiterin aus. Nur in den jüdischen und den wenigen nicht konfessionellen Einrichtungen hatten Jüdinnen eine Chance, eine Stelle zu finden. Im einzigen Kindergarten der Essener jüdischen Gemeinde arbeiteten zwei Frauen. Dort fand Mathilde Kehrmann 1931 eine Stelle, nachdem sie die Kindergärtnerinnenausbildung gegen den Willen der Eltern, die eine kaufmännische Lehre vorgezogen hatten, durchgesetzt hatte.[8] Zusätzlich existierte in den 20er-Jahren in Essen noch ein privater jüdischer Kindergarten, der von einer jungen Frau in Eigenregie geführt wurde.[9] Auch Thea Wolf musste ihren Berufswunsch „Krankenschwester" gegen den Widerstand der Eltern durchsetzten, den diese erst nach abgeschlossener Handelsschule und zweijähriger Berufstätigkeit von Thea aufgaben. In den Essener konfessionellen Krankenhäusern hatte sie keine Anstellungschancen. Jüdische Krankenhäuser gab es nur in Köln, Frankfurt, Berlin und Breslau. Die meisten Mädchen erhielten eine kaufmännische Ausbildung auf der Handelsschule oder durch eine Lehre in einem meist jüdisch geführten Betrieb.
Junge jüdische Frauen, die in Essen nach dem Ersten Weltkrieg das Abitur ablegten, strebten ähnlich wie ihre Brüder akademische Berufe an, in denen sie sich selbstständig machen konnten. Sie studierten Medizin und Jura und unterschieden sich damit von nichtjüdischen Frauen.

Die Schulbildung der Mädchen

Der Berufsausbildung ging in der Regel eine acht- bis zehnjährige Schulausbildung voraus, die viele jüdische Mädchen seit 1866 auf der einzigen höheren Mädchenschule, einem zehnklassigen Lyzeum mit angeschlossenem Lehrerinnenseminar, der späteren Luisenschule, absolvierten. Unter Direktor Dr. Kluge herrschte religiöse Toleranz an der Schule. Für die jüdischen Mädchen wurde „allmorgendlich ein Klassenraum zur Verfügung gestellt, wo selbst sich ein Harmonium befand und Andacht mit Gesang, Gebet, Bibelvorlesung (oder Lektüre aus einem Erbauungsbuche) abgehalten wurde"[10]. Auch der Religionsunterricht wurde in der Schule erteilt und zwar von jüdischen Lehrern und Rabbinern, die zu diesem Zweck in die Schule kamen. Ab 1927 erhielten die meisten jüdischen Mädchen der höheren Schulen die religiöse Unterweisung am Nachmittag im Gemeindehaus neben der Synagoge.[11]

Die Bildungschancen jüdischer Mädchen waren im 19. Jahrhundert wie die aller Mädchen deutlich schlechter als die ihrer Brüder, da die Mädchenschulen nicht zum Abitur führten, während den Jungen das Gymnasium offenstand und schon 1833 der erste jüdische Schüler das Abitur in Essen ablegte.[12] Nicht zufällig war es die zur bürgerlichen Frauenbewegung gehörende Jüdin Berta Marcus, die um 1904 mit Unterstützung ihres Mannes dafür sorgte, dass in Essen Mädchengymnasialklassen eingerichtet wurden. Zur gleichen Zeit waren auch in anderen Städten Angehörige der bürgerlichen Frauenbewegung aktiv bei der Gründung „Realgymnasialer Kurse", die Mädchen auf das Abitur vorbereiten sollten.[13]

1912 wurde die Viktoriaschule als Lyzeum mit angegliederter Studienanstalt, die bis zum Abitur führte, eingerichtet. Die Schule hatte von Anfang an einen großen Anteil jüdischer Schülerinnen. Schon im ersten Jahrgang betrug er 9 Prozent. Knapp zehn Jahre später lag er bei 8,4 Prozent. Die Viktoriaschule blieb, gefolgt von der Luisenschule, bis 1933 die von jüdischen Schülerinnen bevorzugte Schule. Doch führte der typische Bildungsgang nicht zum Abitur. Der weit überwiegende Teil der Schülerinnen verließ die Schule im Alter von etwa 16 bis 17 Jahren. Von den 1924 eingetretenen Schülerinnen, dem Jahrgang, der vor 1933 die Reifeprüfung machen konnte, schloss etwa jede siebte mit dem Abitur ab.[14]

Auch für Essen galt der allgemeine Trend, dass jüdische Mädchen gegenüber nichtjüdischen deutlich höhere Bildungschancen besaßen. Der Anteil jüdischer Mädchen an den höheren Mädchenschulen in Essen betrug 1917/18 4,4 Prozent und 1920/21 4,0 Prozent. Jüdische Mädchen hatten in Essen eine etwa fünf- bis siebenmal höhere Chance als ihre nichtjüdischen Mitschülerinnen, eine bessere Schulausbildung zu erhalten. Bei den Mittelschulen waren jüdische Mädchen – gemessen am jüdischen Bevölkerungsanteil – etwa dreimal so häufig vertreten wie nichtjüdische Schülerinnen.[15] In welchem Maße dieses Bildungsverhalten auf schichtspezifische Faktoren[16] zurückzuführen ist oder auf einer speziell jüdischen kulturellen Einstellung beruht, ist nicht mit letzter Sicherheit zu bestimmen. Doch erlaubt die Gegenüberstellung der Bildungschancen, die nichtjüdischen Mädchen im Vergleich zu ihren Brüdern besaßen, sich der Frage anzunähern. Wegen des hohen Schulgeldes konnten nur bürgerliche Familien ihren Kindern den Schulbesuch ermöglichen. Denn In der Viktoriaschule lagen die jährlichen Kosten 1915 für Schülerinnen abhängig von der Schulstufe zwischen 120 und 200 Mark, während die meisten Angestellten zur gleichen Zeit bis 250 Mark monatlich verdienten, nur in der höchsten Verdienstgruppe lag das Gehalt über 460 Mark.[17] Ein Hilfsarbeiter bei Krupp erhielt nur um die 150 Mark im Monat.[18]

Welche Chance hatten bürgerliche nichtjüdische Mädchen im Vergleich mit ihren Brüdern? Die höheren Schulen zählten im Schuljahr 1918/19 über 15 Prozent weniger Mädchen als Jungen. Mädchen erhielten dafür häufiger ihre Ausbildung auf der Mittelschule. Nichtjüdische Mädchen hatten nach dem Ersten Weltkrieg mithin spürbar schlechtere Ausbildungschancen als ihre Brüder. Bei den jüdischen Kindern hingegen fällt auf, dass die Chancen fast gleich groß waren. 163 Jungen standen hier 167 Mädchen gegenüber.[19] Anders als nichtjüdische Mädchen waren jüdische nicht nur nicht benachteiligt, sondern scheinen sogar bevorzugte Bildungschancen genossen zu haben. Auch für Bielefeld wird schon seit Mitte des

19. Jahrhunderts ein Vorsprung der Mädchen hinsichtlich der Frequenz auf höheren Schulen registriert.

In mehreren jüdischen Familien erhielten die Töchter eine bessere Schulbildung als ihre Brüder. Grete Sultan besuchte erst ein Lyzeum und dann eine Mittelschule. Auf die Frage, warum sie nicht die jüdische Volksschule besuchte, antwortete sie:

> „Mein älterer Bruder besuchte sie, aber meine Eltern dachten, ich sei ein sehr gescheites kleines Mädchen [„a smart little girl", übersetzt] und glaubten, ich sollte eine bessere Erziehung erhalten, so gaben sie mich in diese Privatschule."[20]

Auch bei Ehepaaren war es nicht ungewöhnlich, dass die Frauen eine deutlich bessere formale Ausbildung genossen hatten als ihre Männer. Für Letztere war eine solide kaufmännische Ausbildung der Berufskarriere oft förderlicher als eine lange Schulbildung. Hanna Sternberg etwa war Apothekerin; ihr Mann hatte nach der mittleren Reife eine kaufmännische Ausbildung gemacht. In keiner Weise galt diese Verbindung als Mesalliance, denn eine gute kaufmännische Ausbildung bei Männern hatte hohes Prestige. Auch Gabriele Grünebaum hatte eine abgeschlossene akademische Ausbildung einschließlich des juristischen Referendariats, ehe sie ihren Mann heiratete, der nach dem Abitur eine Banklehre mit verschiedenen Auslandsaufenthalten absolviert hatte.[21]

Der hohe Stellenwert, der der Ausbildung jüdischer Mädchen zugemessen wurde, war auch Stefan Zweig aufgefallen, der eine einseitige, wenn nicht bösartige Erklärung dafür nannte: „Jüdische Mädchen werden in der Schule und zu Hause überausgebildet, damit sie keine Zeit haben, auf dumme, vermutlich sexuelle Gedanken zu kommen."[22] Jüdische Frauen wurden für ihre Rolle in der Familie ausgebildet. Einerseits bot eine gute Ausbildung die Chance des sozialen Aufstiegs durch Heirat. Andererseits wurde die junge jüdische Frau ausgebildet, um die neuen Aufgaben einer jüdischen Mutter zu erfüllen als „Hüterin des neuen Systems sozialer Normen und Wünsche, das sie wesentlich mit prägte, indem sie zu der Entstehung einer neuen jüdisch-häuslichen Kultur beitrug".[23] Ihrer vierzehnjährigen Tochter Hanna, für die die gebildete, künstlerisch und gesellschaftspolitisch engagierte Frida Levy Abitur und Studium selbstverständlich fand, widmete sie einen Spruch, der auch als ihr Geleitwort diente:

> *„Gut sein will ich*
> *und will glücklich machen,*
> *will verwandeln Leid*
> *in Dank und Lachen.*
> *Laß mich Sonnenschein sein,*
> *vielen Menschen sein,*
> *daß ein Segen walte,*
> *wo ich geh und schalte!"*[24]

Dieser Satz formuliert als Aufgabe die Sorge für das psychische Wohlergehen anderer, also die Anforderungen an eine moderne Frau und Mutter, der neben der physischen wesentlich die psychische Reproduktion der Familie obliegt, und die in allen ihren Tätigkeitsfeldern die Verantwortung für eine angenehme Atmosphäre trägt.

Überspitzt kann man formulieren: Nichtjüdische Mädchen bekamen eine geringere Schulbildung als ihre Brüder, „weil sie ja doch heiraten" und sich deshalb die Investition in Ausbildung nicht zu lohnen schien. Jüdische Mädchen erhielten eine ihren Brüdern gleichwertige Ausbildung, „weil sie ja heiraten" und gerade dies als eine lohnende Investition in die künftige Mutter einer jüdischen Familie gewertet wurde.

Der Stellenwert der Kinder in der Familie

Die Arbeit der nichtberufstätigen, gebildeten, kulturell interessierten bürgerlichen jüdischen Frauen, die durch

Dienstmädchen von der harten körperlichen Hausarbeit entlastet waren, bestand in der Regel aus der unsichtbaren, vor allem geistigen und psychischen Arbeit der Erziehung der Kinder und der Schaffung einer „jüdisch-häuslichen Kultur". Die Orientierung auf die Ausbildungschancen der Kinder hat in der Familie Ruben maßgeblich zu der Entscheidung beigetragen, von Velbert, wo der Vater ein Konfektionsgeschäft führte, nach Essen zu ziehen. Die Familie war auf die Kinder zentriert, die Freunde der beiden Geschwister kamen selbstverständlich ins Haus. In Ellen Rubens Erinnerung hatten „wir Kinder (...) viel zu sagen (...) Manchmal hatten wir mehr Rechte, glaube ich, (...) als die Eltern."[25] Der Erziehung der Kinder kam ein hoher Stellenwert zu. Dies schlug sich nicht nur im schulischen Bildungsverhalten nieder, sondern spiegelte sich auch in der kulturellen Atmosphäre des Hauses, wozu Besuche von Theateraufführungen, Opern, Lesungen und Vorträgen gehörten. „Meine Eltern hatten ein ewiges Theater- und Opernabonnement (...) und Librettos von allen Opern."[26]

Die musikalische Ausbildung der Kinder war nicht nur für wohlsituierte Familien selbstverständlich, sondern ist auch für finanziell schwächer gestellte Familien belegt. Anna Schwarz erhielt Klavierunterricht und besuchte als junges Mädchen das Robert-Schumann-Konservatorium in Düsseldorf. In der eigenen Bäckerei musste die Familie ohne Personal auskommen, sodass sie auf die Mithilfe der beiden Töchter angewiesen war, schon als diese noch schulpflichtig waren.[27]

Die Selbstverständlichkeit, mit der Otta Cosmann, Tochter eines Rechtsanwalts, nach ihrem Abitur 1930 ohne konkrete Ausbildungsabsicht und ohne finanzielle Absicherung ins Ausland ging, wirft ein Licht auf den Stellenwert eines uns heute sehr vertraut erscheinenden erweiterten Bildungsbegriffs und der Erfahrung von Weltläufigkeit: Otta ging ins Ausland, „um Sprachen zu studieren. Madrid, Paris, London – überall je ein Jahr. Natürlich konnten meine Eltern mich nicht geldlich unterstützen, und ich arbeitete als Sekretärin in Madrid bei der Lufthansa, in London, bis ich endlich eine Arbeitserlaubnis bekam, ‚schwarz'."²⁸

Nicht in allen Familien wird den Bedürfnissen der Kinder ein so hoher Stellenwert eingeräumt worden sein wie in der Familie Herzfeld. Doch ist dieses Beispiel nicht untypisch für die bildungsbürgerlichen jüdischen Familien der freien Berufe: Klara Herzfeld hatte 1917 drei Kinder; ihr Mann war im Krieg, die Ernährungslage schwierig, als ihre Jüngste, Hanna, mit fünf Jahren den Wunsch äußerte, mit ihrer ein Jahr älteren Freundin zusammen zur Schule gehen zu wollen. Wegen ihres Alters wurde sie an der Vorschule der Viktoriaschule nicht aufgenommen. Ihre Freundin kam jeden Tag vorbei und zeigte der Mutter, was sie in der Schule durchgenommen hatten. Hannas Mutter setzte sich nun mit dem Kind hin und unterrichtete ihre Tochter ein ganzes Jahr lang. Mit sechs Jahren kam Hanna dann in die zweite Klasse und saß bis zum Abitur neben ihrer Freundin.²⁹

Ihre Mutter Klara hatte eine Ausbildung als Malerin in der Karlsruher Akademie erhalten und malte während ihres ganzen Lebens. Sie war eine von mehreren jüdischen Frauen in Essen, die künstlerisch tätig waren. Zu diesen sind auch die Rabbinerfrau Anna Samuel und ihre Töchter Eva und Edith zu rechnen ebenso wie Frida Levy. Frida Levy, 1881 geboren, war die Frau des Rechtsanwalts Dr. Fritz Levy und Mutter von vier Kindern. Sie hatte einen großen Freundeskreis, hielt in den Zwanzigerjahren jeden ersten Samstag im Monat einen „jour fixe", zu dem sich viele Essener und Düsseldorfer Künstler und Intellektuelle trafen. So waren die Maler Schmidt-Rottluff, Wollheim, Urbach gern gesehene Gäste des Hauses, in dem musikalische und literarische Vorträge und Diskussionen stattfanden. Frida Levy besuchte die Folkwangschule, nahm vor allem Kurse im Zeichnen und förderte junge Künstler. Neben ihren künstlerischen Aktivitäten nahm sie selbstgewählte soziale Aufgaben wahr, war aktiv in der Friedensbewegung – im Internationalen Frauenverband für Frieden und Freiheit –, in der Arbeiterwohlfahrt, hielt Vorträge und unterstützte die

Arbeiterjugend- und Abstinenzlerbewegung. Sie förderte ihre Kinder und ließ ihnen viele Freiheiten. Jedes Jahr an ihrem eigenen Geburtstag richtete sie für ihre und die Kinder befreundeter Familien ein großes Kinderfest aus. Ihrem Lebensmotto gemäß, für andere segensreich zu wirken, lebte sie bis zum Schluss. Sie sorgte für andere, die unter den Nazis eingesperrt waren, zuletzt noch für ihren Schwiegersohn Walter Herz. Sie lehnte es ab zu emigrieren, ehe er nicht frei war, und sie lehnte es 1940 ab unterzutauchen, um andere nicht zu gefährden.[30] Ein Leben für andere getreu ihrem Geleitwort und so, wie es viele Frauen führten. Und doch scheint im Rückblick auf ihr Leben, ein Jahr vor ihrer Deportation, der Zweifel auf, ob die Ausrichtung nur auf andere richtig war, ob nicht auch sie die Verpflichtung gehabt hätte, ihre eigene Begabung zu entwickeln. In einem Brief an ihre Kinder im Januar 1941 stellt sie sich und ihrer Familie die Frage:

„... ob ich mich bei meinen geringen Kräften zu meinen eigensten Interessen wenden darf? Wenn ich mein Leben zurückdenke, habe ich entweder nie genug Glauben an meine Begabung gehabt oder nicht die manchmal nötige Rücksichtslosigkeit, andere Verpflichtungen zurückzustellen. Vaters Interessen zu teilen und zu pflegen schien mir wichtiger. An meinen Gesang, der auch ihm Freude bereitete, verlor ich den Glauben und gönnte mir nicht teuren Unterricht. Dann lohnte es sich auch nicht mehr, Klavier zu spielen. Auf mein Zeichnen habe ich nie die volle Kraft verwandt und bin Dilettant geblieben. Es gab ja immer so viele Menschen, Aufgaben und Interessen! Aber seit ich allein leben muss, schäme ich mich oft und begreife selbst kaum, warum ich so wenig leiste."[31]

In diesem Konflikt stand Frida Levy nicht allein, sondern exemplarisch für eine ganze Generation bürgerlicher Frauen.

Jüdisches Milieu und die Organisation der Frauen

Das gesellschaftliche Leben der Essener Juden war stark geprägt durch die Orientierung auf die Familie und das jüdische Milieu. Zu diesem gehörten nicht nur diejenigen, die sich der Religion zugehörig fühlten, sondern auch jene, die sich dem Judentum historisch und kulturell zurechneten. Der Zusammenhalt innerhalb des Milieus wurde durch die Synagoge als gesellschaftlichem Treffpunkt und Ort gemeindlicher Organisation, die jüdische Volksschule, die 21 jüdischen Vereine, die zum Teil einen hohen Organisationsgrad unter den möglichen Mitgliedern erreichten, hergestellt und gewährleistet. Erna Samuel zum Beispiel gehörte 1924 gleichzeitig dem Israelitischen Frauenverein, dem Centralverein deutscher Staatsbürger jüdischen Glaubens (CV), dem Synagogenchor und als Kriegerwitwe dem Reichsbund jüdischer Frontsoldaten an. Ihr dreizehnjähriger Sohn war Mitglied der zur Jugendbewegung zählenden „Kameraden".[32] Geprägt war das Milieu durch Binnenheirat, hohes Bildungsbewusstsein, starken Familienzusammenhalt und räumliche Konzentration in bestimmten Stadtvierteln. Die räumliche Abgrenzung erfolgte auch als Reaktion auf den weit verbreiteten Antisemitismus, um die Pflege einer eigenen jüdisch-bürgerlichen Kultur und Geselligkeit zu erleichtern. Denn das Wohnen in fußläufiger Entfernung zueinander stellte in Anbetracht des noch nicht sehr entwickelten Individualverkehrs eine wesentliche Erleichterung für persönliche Kontakte dar.
Die Binnenheiratsrate ging im Reichsdurchschnitt tendenziell von 92 Prozent um 1900 auf 80 Prozent dreißig Jahre später zurück. In Essen wurden zwischen 1913 und 1919 sogar 30 Prozent Mischehen geschlossen, doch sank die Rate 1920/21 wieder auf etwa 14 Prozent.[33] Die jüdischen Zeitgenossen entwickelten durchaus ein Krisenbewusstsein hinsichtlich der Mischehe. Wenn man jedoch bedenkt, wie klein der Kreis der möglichen Ehepartner bei einer Gemeindegröße von 3 600 (1919) war, ist ein 70- bis 90-prozentiger Anteil von Binnenheiraten

beachtlich. Die Endogamie zeugte, so Monika Richarz, von einem „kollektiven Überlebenswillen".[34]
Die deutschen Juden waren vor Protestanten und Katholiken die erste Gruppe, die Geburtenplanung praktizierte. Die Zahl der Kinder in jüdischen Ehen sank ab 1880 kontinuierlich auf knapp zwei herab und entsprach damit der des städtischen Bürgertums in Handel und Wirtschaft.[35]
In Essen haben die vor und nach dem Ersten Weltkrieg zuwandernden Ostjuden wie auch die wohlhabenden Arzt- und Rechtsanwaltsfamilien oft mehr Kinder gehabt, was bei Letzteren eine Geburtenplanung allerdings nicht ausschließt.
Hilde Herzfeld, deren drei Geschwister 10 bis 15 Jahre älter sind, berichtet, dass ihr Vater, ein angesehener Rechtsanwalt, Mitte 1919 aus dem Krieg zurückkam. Da hätten die „Eltern beschlossen, dass sie noch ein zusätzliches Kind haben wollen, und so wurde ich Anfang 1921 geboren".[36] Interessant an dieser Aussage ist nicht der Kinderwunsch der Eltern als solcher, sondern dass darüber offensichtlich als Planung und nicht als naturwüchsiger Prozess gesprochen wurde.
Die Eingebundenheit ins Milieu war ausgeprägt, auch wenn sie bei vielen nicht mehr so stark über die Synagoge vermittelt wurde wie in Thea Levinsohns Familie:

> „Die Synagoge war wirklich unser Zentrum. Unser ganzes Privatleben spielte sich hier in der Synagoge ab (...). Wir gingen zu jedem Gottesdienst, Freitagabend auf jeden Fall und meine Eltern hatten selbstverständlich ihre festen Plätze. Frauen saßen so, dass sie die Männer sehen konnten. Und wir hatten einen koscheren Haushalt, selbstverständlich. Und meine Mutter war Mitglied des Jüdischen Frauenvereins. Mein Vater war im CV und nach dem Krieg im Reichsbund jüdischer Frontsoldaten. Alles spielte sich hier [in der Synagoge] ab. Im ersten Stock, (...) da war der jüdische Jugendverein (...) Wir schwärmten für den Rabbiner Dr. Hahn, ein Teil, und der andere schwärmte für den Herrn Ogutsch [Kantor], wir Mäd-

chen. Und wenn wir freitagabends in den Gottesdienst gingen, dann setzte sich die Partei, die für den Dr. Hahn schwärmte, so, dass sie den Rabbiner sah, und die andere Partei von Mädchen setzte sich so, dass sie den Ogutsch sah. (...) Unser ganzes Leben spielte sich in der Synagoge ab und drehte sich um die Synagoge, das war unser Leben."[37]

Ähnlich sah es bei Margarete Hirtz aus, die bei ihrer Tante aufwuchs. „Wir hatten nur jüdische Freunde und ich war im I.P.D., dem jüdischen Pfadfinderbund, und auch im Synagogenchor."[38]
Zentrale Treffpunkte waren nach 1913 die neue Synagoge mit den Gemeinderäumen und die Räumlichkeiten der Loge.[39] Nach dem Bau des jüdischen Jugendheims diente dieses von 1932 an neben der Synagoge als wichtigster Treffpunkt. In Essen existierten einige jüdische Vereine, die sich speziell an Frauen wandten, der Israelitische Frauenverein mit dem Frauenbund, die Frauenabteilung der Loge und die Mädchen- und Frauenabteilung des Sportvereins Hakoah. Am wichtigsten war der 1854 gegründete Israelitische Frauenverein. Er hatte vor allem karitative Aufgaben, die er in Zusammenarbeit mit dem Wohlfahrtsausschuss der jüdischen Gemeinde und der Gemeindeschwester wahrnahm. Die Fürsorgetätigkeit des Frauenvereins war nicht speziell auf Frauen ausgerichtet, sondern kam allen bedürftigen Gemeindemitgliedern zugute. Angebote des Frauenvereins waren Sammlungen zur Unterstützung der Armen, Krankenbesuche, Kleiderstube, regelmäßige Sprechstunden und Arbeitsnachweis. Die karitative Arbeit des Frauenvereins hatte den traditionellen Charakter „fraulicher Hilfstätigkeit". Es ging um „ein mitfühlendes, tröstendes Wort, eine liebevolle Handreichung" neben der materiellen Gabe, wie es der Bericht über das Wohlfahrtsamt formuliert.[40] Dass sich die aktiven Frauen durch die Anforderungen der ehrenamtlichen Sozialarbeit manchmal auch über Gebühr belastet fühlten, schimmert durch, wenn in dem genannten Bericht die normalen Bedingungen von Haus-

besuchen, wie „Wiederholung, weite Wege und Unbilden der Witterung etc." als besondere Erschwernisse hervorgehoben werden.
Aus den Ankündigungen und Berichten in den Hakoah-Blättern und aus Interviews formt sich das Bild einer Gruppe von 10 bis 15 aktiven Frauen, die die Organisation des Frauenvereins und des assoziierten Frauenbundes in der Weimarer Republik trugen. Daneben existierte eine größere Zahl von Interessierten, die in „Ermangelung einer genauen Mitgliederliste" nicht einzeln zu Veranstaltungen eingeladen wurde und nur sporadisch an Veranstaltungen teilnahm, wobei sich vor allem die geselligen Teile großer Beliebtheit erfreuten. Neben den karitativen Aufgabenbereich trat der allgemeinbildende, der von dem 1926 als Abteilung des Frauenvereins gegründeten Frauenbund übernommen wurde. Seine Aufgabe sollte die „geistig-kulturelle Arbeit" sein, die er durch Kurse, Vorträge und Kurzreferate bei „gemütlicher Zusammenkunft" leisten wollte. Das Themenspektrum umfasste allgemeinbildende, religiöse und „Frauenthemen" wie etwa die Hygiene der Frau. Erklärtes Ziel war, dass „durch intensives Zusammenarbeiten der Gemeinschaftsgedanke geweckt und der Gemeinschaftssinn gepflegt werden sollen. Die Frauen müssen aus ihrem Indifferentismus speziell jüdischen Dingen gegenüber aufgerüttelt werden."[41]
Der religiösen Bildung diente auch eine Reihe von drei Vorträgen des Rabbiners Samuel über „Sinn und Bedeutung der hohen Feste", dem Neujahrsfest und Jom Kippur, dem Versöhnungstag[42], oder ein Referat über „Die Feiertage und das Haus". Eine von den Rabbinern als krisenhaft empfundene Entfremdung vom religiösen Judentum sollte durch die „Wiedereroberung des jüdischen Hauses durch die jüdische Frau" überwunden werden. Der Rabbiner Hahn sah die „Rettung Israels" vor allem in die Hand der Frauen gelegt. „Der Einsicht unserer Mädchen und Frauen in die verzweifelte Lage unseres heutigen Judentums ist es anheimgegeben, ob wir einer neuen Frühlingszeit unserer Gemeinschaft entgegengehen

dürfen."[43] Die drei in Essen bestehenden westjüdischen Vereine speziell für Frauen – Frauenverein, Frauenbund und Frauenloge – arbeiteten zusammen und organisierten vielfach gemeinsame Veranstaltungen. Sie haben sich spezieller Frauenforderungen, z. B. des Wahlrechts für Frauen in der jüdischen Gemeinde, nicht angenommen. Die Essener Zweigstelle des Frauenbundes ist wohl zu den Mitgliedern dieses Verbandes zu rechnen, die „noch traditionellere Auffassungen" von Sozialarbeit und Frauenaktivitäten vertraten.[44]

Bei den namentlich bekannten in den Essener Frauenvereinen aktiven Frauen handelt es sich vor allem um unverheiratete Frauen und Witwen, die nicht berufstätig waren. Nur so ist auch zu erklären, dass die in Essen stattfindende Delegiertenkonferenz des „Verbandes jüdischer Frauenvereine in Rheinland und Westfalen" einen ganzen Wochentag von 9:30 bis 18:00 Uhr dauerte, eine Zeit, in der berufstätige Frauen mit Sicherheit verhindert waren. Die von Marion Kaplan für den Jüdischen Frauenbund konstatierte Mitgliederstruktur – Mittelschichtfrauen, ohne eigene Berufstätigkeit, religiös liberal – hat offensichtlich auch die Struktur der Essener Frauenvereine bestimmt. Jüngere, unverheiratete Frauen tauchten namentlich nur bei der Darbietung künstlerischer Programmpunkte auf.

Die Erfahrung von Antisemitismus im Kaiserreich

Der Zusammenhalt des Milieus bezog seine wesentliche Kraft einerseits aus der aus einer gemeinsamen Kultur entwickelten neuen Bindung,[45] andererseits verstärkte er sich durch die Erfahrung des Antisemitismus. Auch für diejenigen Frauen, die sich niemals persönlich betroffen fühlten, war eine antisemitische Kränkung potentiell immer möglich. Die Aussagen zur Vorkriegszeit zeigen jedoch auch die verbreitete Erwartung, den Antisemitismus negieren oder ihn überwinden bzw. gegen ihn erfolgreich vorgehen zu können. In Thea Wolfs Familie hat man „eigentlich niemals über Antisemitismus gesprochen, sondern hat allerhöchstens gesagt: Der kann die Juden nicht leiden."[46] Die Tochter der Frauenrechtlerin Berta Marcus, Dore, reagierte als Kind offensiv auf den Antisemitismus an der evangelischen Mädchenschule:

„Auf andere Weise hat mich diese Schule dann doch in furchtbare Auseinandersetzung mit der Wirklichkeit gebracht – durch den Antisemitismus. Es war ein ‚harmloser' unprinzipieller, aber er genügte. Eine Lehrerin machte den Anfang, und dann kam eine Zeit häufiger Spötteleien und mehr oder minder bösartiger Neckereien. Da gaben mir die Eltern den besten Rat: mich mit den Fäusten meiner Haut zu wehren, und wo das nicht ging, den Angreifer mit Verachtung zu strafen. Das habe ich gründlich gelernt, und es hat mir manchen guten Augenblick des Triumphes geschafft; denn mein Prinzip war: der andere muss Haue kriegen, gleichgültig, was mir dabei passiert; und so wurde ich nicht selten Sieger, wo ich der Schwächere war. Und selbst wenn ich unterlag (woran ich bezeichnenderweise nur wenig Erinnerung habe), kam doch ein Gefühl der Befriedigung dabei heraus; es war das Rechte geschehen. – (...) Dennoch: wie verletzlich ist ein Kind! Trotz reichlicher Siege blieb mir das Wort ‚Jude', das eben als Schimpfwort gemeint war, aufregend im Ohr. Unzählige Male meinte ich es aus dem harmlosen Gespräch Vorübergehender herauszuhören. Erst als ich – im Gymnasium – in eine völlig andere Welt der Achtung und vollen Gleichberechtigung versetzt wurde, klang diese Überempfindlichkeit langsam ab. Zu wie viel Stolz muß ein Volk sich und seine Kinder erziehen, um von solch schleichendem Gift nicht zerstört zu werden!"[47]

Wilhelmine Spielmanns Aussage: „In der Mittelschule hatte ich Mitschüler, die Antisemiten waren. Ich selbst habe nicht darunter gelitten, da man mir nichts sagte"[48] unterstreicht die Allgegenwart des Antisemitismus und

belegt das verbreitete Bewusstsein, jederzeit diskriminiert werden zu können.
Das jüdische Bürgertum unterschied sich in seinem Selbstverständnis, deutsch zu sein, und in der Intensität seiner patriotischen Gefühle nicht vom nichtjüdischen Bürgertum. Als Kaiser Wilhelm II. 1913 die Krupp'sche Fabrik besuchte, hatten auch jüdische Häuser schwarz-weiß-rot geflaggt; die Töchter waren mit schwarz-weiß-roten Schleifen im Haar geschmückt. Auch der Text aus „Wilhelm Tell", den eine jüdische Freundin im Januar 1918 in Klara Schumers Poesiealbum schrieb, könnte in jedem Poesiealbum der Zeit stehen:

„Ans Vaterland, ans teure, schließ dich an,
das halte fest mit deinem ganzen Herzen;
hier sind die starken Wurzeln deiner Kraft,
dort in der fremden Welt stehst du allein,
ein schwaches Rohr, das jeder Sturm zerbricht."[49]

Die deutschen Juden fühlten sich in ihrem Selbstverständnis als Deutsche, waren aber in das nichtjüdische Bürgertum nicht integriert. Denn in das Nationalgefühl des nichtjüdischen Bürgertums gingen in weiten Teilen antisemitische Denkhaltungen ein, sodass Friedrich Naumann von „antisemitischer Gesellschaftsstimmung" sprach.[50] Der Antisemitismus wurde im Kaiserreich „allmählich zum Inbegriff der übergreifenden Weltanschauung und des Stils der Rechten", d. h. zu einem beträchtlichen Teil des Bürgertums.[51] Die deutschen Juden waren eine moderne, durch Berufsstruktur, Verstädterungsgrad, Bildungsbewusstsein und generatives Verhalten spezifisch geprägte Sozialgruppe mit ausgeprägten Binnenbeziehungen. Ich teile die These von Micha Brumlik, dass die „deutschen Juden in genau dem Ausmaß, in dem sie versuchten, eine *deutsch*-jüdische Identität aufzubauen, sich von der deutsch-deutschen bzw. christlich-deutschen Mehrheit der Bevölkerung des Kaiserreichs sowie der Vor- und Zwischenkriegszeit sukzessive entfernt sowie eine eigene jüdische Subkultur entwickelt haben, die mit dem vermeintlichen Idealbild des assimilierten deutschen Juden vergleichsweise wenig zu tun hatte".[52]

Ostjüdische Frauen

Nach dem Ersten Weltkrieg wuchs die Essener jüdische Gemeinde durch eine Wanderungsbewegung, die vor allem aus Juden aus Galizien bestand, den sogenannten Ostjuden, die in der Regel dem traditionellen jüdischen Leben wesentlich stärker verbunden waren als die meisten Westjuden und die 1933 ungefähr ein Drittel der Gemeinde ausmachten.[53]
Die Ostjuden bildeten in Essen zunächst ein jüdisches Proletariat, relativ häufig gelang ihnen der Aufstieg über den Kleinhandel ins Kleinbürgertum. Viele ostjüdische Frauen waren in den meist kleineren Geschäften unentbehrlich. Die selbstverständliche Mitarbeit der ostjüdischen Frauen im Familienbetrieb hatte nicht nur ökonomische Gründe; sie war auch bei wohlhabenden Familien verbreitet, die sich mehrere Hausangestellte leisten konnten. Diese Mitarbeit erwuchs auch aus in ostjüdischen orthodoxen Kreisen verbreiteten Traditionen, in denen die ökonomische Sicherung der Familie wesentlich eine Aufgabe der Frau war.
Ohne diesen Hintergrund wäre das Verhalten Gustav Reisenstadts, der 1919 mit seiner Frau nach Essen kam, nicht zu verstehen. Er arbeitete zunächst in seinem erlernten Beruf als Gerber, dann auf einer Zeche. Seine 1920 geborene Tochter Miriam Altberger berichtet:

> „Aber auch diese Tätigkeit entsprach wohl nicht seinen Wünschen und, nachdem mein älterer Bruder im Jahre 1922 geboren wurde, beschloss er, da er viel über Palästina gehört hatte, dort sein Glück zu versuchen. 1923 fuhr er also hierher [= nach Palästina/Israel], fand aber auch hier nicht, was er erwartete, und kehrte nach fast zwei Jahren wieder nach Es-

sen zurück. In der Zeit war meine Mutter mit uns Kindern alleine in Essen und schlug sich mühselig durch."[54]

Engere Kontakte zwischen West- und Ostjuden ergaben sich in der Regel nur unter Jugendlichen, besonders wenn diese zionistisch eingestellt waren. Thea Wolf war nach dem Krieg zionistisch „gekeilt" worden, was ihre Eltern schockierte. Als Jugendliche erlebte sie, wie die polnischen Juden nach dem Krieg nach Essen kamen:

„Sie alle brauchten Hilfe, und wir jungen Menschen besuchten die Familien, die zum Teil kümmerlich untergebracht waren. Wir nahmen ganz besonders die Kinder unter unsere Fittiche, luden sie zu Heimatnachmittagen ein, nahmen sie zu Ausflügen an Sonntagen mit und organisierten für sie Ferienaufenthalte. Als meine Eltern von dieser Freizeitbeschäftigung, der ich mich widmete, erfuhren, waren sie außer sich. Jedes Mal, wenn ich von einem Besuch bei diesen Familien heimkam, musste ich zuerst hinaus in den dritten Stock zu ‚unserem Trautchen‘, mich dort gründlich waschen und umziehen, bevor ich zu meinen Eltern ging, denn sie befürchteten, dass ich die Wohnung mit Ungeziefer verseuchen würde."[55]

Die Ostjuden bauten in Essen ein eigenes Vereinsnetz auf, zu dem auch der Ostjüdische Frauenverein gehörte. Wie auch der Israelitische Frauenverein bot er Hilfe im Krankheitsfall an und entsandte eine Vertreterin in den Wohlfahrtsausschuss der jüdischen Gemeinde. Wie sein westjüdischer Schwesternverband scheint auch der ostjüdische Frauenverein wesentlich eine gesellige Funktion gehabt zu haben. Bei den Treffen konnten sich die Frauen ihrer Zusammengehörigkeit vergewissern und die Erfahrungen mit den veränderten Lebensbedingungen und die Akkulturation sowohl an die dominierende westjüdische Gemeinde wie an die nichtjüdische Umwelt besprechen und bearbeiten. Neben das angebotene Programm trat die Gelegenheit zum Gespräch. So folgten bei einer Nachmittagsveranstaltung 1928 nach einer kurzen Ansprache künstlerisches Ballett, ein Kinderchor, Deklamation und Tanzvorstellungen von Kindern aus der jüdischen Gemeinde aufeinander. „Beim heimischen Kaffee und Kuchen hörte man sich ungestört Klaviervorträge, Kindergezwitscher und ‚heimischen Schmus' an." Doch scheint dieses Angebot nicht von allzu vielen Frauen genutzt worden zu sein, denn die Veranstalterinnen sahen sich bemüßigt zu appellieren, „diesen Veranstaltungen größeres Interesse entgegen zu bringen"[56], was für viele der stark in den Familienbetrieb eingebundenen Frauen sicher schwierig zu realisieren war.

In vielen ostjüdischen Familien herrschte eine Hochschätzung deutscher Kultur, und diese war auch mitbestimmend für ihre Auswanderung nach Deutschland gewesen. Die meisten in Essen lebenden Ostjuden sprachen Deutsch, entweder weil sie aus Galizien stammten, das bis 1918 zur österreichisch-ungarischen Doppelmonarchie gehört hatte und wo sie deshalb eher Deutsch als Polnisch gelernt hatten, oder sie sprachen wegen ihres Akkulturationsbestrebens Deutsch.[57] In einigen Familien unterhielten sich die Eltern untereinander auf Jiddisch oder Polnisch, mit ihren Kindern jedoch generell auf Deutsch, sodass die Kinder das Jiddische und Polnische zwar passiv, aber nicht aktiv beherrschten.

Dies spricht für ein ausgeprägtes Bestreben der ostjüdischen Zuwanderer nach Akkulturation und gesellschaftlichem Aufstieg; dies galt besonders für die Frauen. „Meine Mutter sowie alle ihre Brüder und Schwestern", erinnert sich Frances Ferencz, geborene Reiss, „waren mit großer Bewunderung der deutschen Kultur aufgewachsen. Meine Mutter sprach und schrieb deutsch besser als mancher geborene Deutsche. Sie las Schiller und Goethe und Lessing und Heine etc. Meine Mutter und ihre jüngere Schwester Bertha besuchten das Theater und das Opernhaus. Sie kauften ein gebrauchtes Klavier und meine Schwester Minna und ich hatten lange Klavierstunden bei einem Fräulein Stoltefuß."[58]

Es ist nicht erstaunlich, dass die beiden Töchter der Familie eine höhere Schulbildung erhielten. Aber auch in ärmeren ostjüdischen Familien, in denen die Eltern zum Teil nicht perfekt Deutsch sprachen, wurde oft eine höhere Schulbildung angestrebt. Miriam Altbergers Vater begann nach seiner Rückkehr aus Palästina 1925 verschiedene Geschäfte zu eröffnen, mit denen er auch einige Jahre reussierte. In der Wirtschaftskrise 1929/30 erlitt er jedoch schwere Rückschläge. Miriam besuchte damals die Viktoriaschule; und obwohl sie einen halben Freiplatz erhielt, bedeutete der noch zu zahlende monatliche Beitrag von 10 Mark eine gravierende Einschränkung für die inzwischen fünfköpfige Familie.[59]

Auch die verwitwete Mutter von Hanni und Hertha Satori, die selbst mit zehn Jahren von Polen nach Deutschland gekommen war, ermöglichte ihren Töchtern eine bessere Schulbildung:

> „Meine Mutter war eine tüchtige und tapfere Frau. Nach dem Tod meines Vaters arbeitete sie für ein Wäsche-Versandgeschäft, das Waren in der Umgebung verkaufte. Sie arbeitete sehr schwer, was ich erst viel später begriff. Meine Schwester und mir fehlte es an nichts. Nach der jüdischen Volksschule besuchte ich ein Jahr das Luisen-Lyzeum; da es meiner Mutter zu teuer war, kam ich dann in die Mittelschule."[60]

Auch die Zukunft ihrer Töchter suchte die Mutter zu garantieren, indem sie unter Mühen eine Ausbildungs- bzw. Aussteuerversicherung bezahlte.[61]

Auf der Viktoriaschule kam mindestens ein Achtel der jüdischen Schülerinnen, die während der Weimarer Republik in die Schule eintraten, aus ostjüdischen Familien.[62] Dieser Anteil zeugt – in Anbetracht der sehr hohen Übergangsrate westjüdischer Mädchen auf weiterführende Schulen und der ökonomischen deutlich schwächeren Position ostjüdischer Familien – von einem hohen Bildungsbewusstsein in dieser Sozialgruppe, durch das auch den Mädchen Aufstiegschancen eröffnet wurden.

Antisemitismus in der Weimarer Republik und die Beziehung zu Nichtjuden

In der krisenhaften Entwicklung des Ersten Weltkrieges und der Weimarer Republik wurde die schon im Kaiserreich herrschende „antisemitische Grundstimmung" virulent und militant.
Über das Verhältnis jüdischer Frauen zu ihrer nichtjüdischen Umgebung liegen sehr unterschiedliche Erinnerungen vor.[63] In den Rückblick fließt immer auch das Wissen um die Shoah ein, wobei sowohl die positiven Aspekte des Verhältnisses zur nichtjüdischen Umwelt vor 1933 als Kontrast betont werden können, als auch andererseits jede Äußerung von Antisemitismus als Vorgeschichte der Vernichtung interpretiert werden kann.
Ein Erlebnis, das Wilhelmine Spielmann, die in ihrer Schulzeit vor dem Ersten Weltkrieg nie persönlich angegriffen worden war, zu Anfang der Weimarer Republik auf ihrer Arbeitsstelle im Büro hatte, ist in verschiedener Hinsicht aufschlussreich:

> „Für einen jüdischen Feiertag hatte ich Urlaub genommen. Ein Mitarbeiter fragte mich, warum ich abwesend war. Ich sagte ihm, dass ich Jüdin sei und in die Synagoge gegangen sei; der Direktor, selbst Jude, hatte es mir erlaubt. Am Tage darauf klebte dieser Mitarbeiter Zettel an die Wand, die antisemitischer Art waren! Eine Kollegin, die neben mir saß, sagte nur: ‚Ich bleibe hier nicht', trotzdem sie Christin war. Sie ist mit mir fortgegangen, nachdem wir den Direktor informiert hatten."[64]

Bemerkenswert sind drei Punkte dieser Erzählung: Erstens wagte der Mitarbeiter, obwohl der Direktor selbst Jude war, massiv antisemitisch zu agieren. Ein solches Verhalten war nur denkbar auf dem Hintergrund eines allgemeinen militanten Antisemitismus. Zweitens zeigte sich die nichtjüdische Kollegin solidarisch. Drittens reagierte Wilhelmine Spielmann auf den Angriff, indem sie mit ihrer Kollegin den Raum verließ. Aber sie reagierte nicht offensiv; sie riss weder die Zettel von der Wand, noch griff sie ihrerseits den Mitarbeiter an, obwohl sie sich vermutlich der Sympathie des Direktors und der Kollegin hätte sicher sein können.

Das defensive Verhalten bei Angriffen war verbreitet, nicht nur bei Mädchen, an die geschlechtsspezifische Verhaltensanforderungen gerichtet wurden, sondern auch bei den Jungen. Kam es doch zu Raufereien, wie zwischen jüdischen und evangelischen Kindern auf dem gemeinsamen Schulhof an der Sachsenstraße, rieten die jüdischen Lehrer ihren Schülern, sich nicht provozieren zu lassen, d. h., sich gegen Beleidigungen nicht zu wehren.[65]

Das allgemeine Klima ließ den Gedanken an eine direkte, individuelle Gegenwehr nicht leicht aufkommen. Auch die Familie Stern konnte sich nicht gegen die Schikanen wehren oder verhindern, dass „man jahrelang am höchsten Feiertag, dem Jom Kippur, die Schornsteine gefegt hat, und zwar ohne vorherige Ankündigung". Sterns versuchten nicht, die Kaminreinigung am Feiertag zu verhindern, sondern milderten nur die Auswirkungen. „Aber wir wussten nach dem ersten Mal Bescheid, und da am Feiertag weder Herd noch Öfen an waren, wurden die Ofenrohre gut verpackt, damit kein Ruß in die besonders für den Feiertag hergerichtete Wohnung kam."[66]

Als besonders gravierend wurde erlebt, wenn Lehrer, denen die Schülerinnen nicht ausweichen konnten, antisemitisch waren. An der Viktoriaschule verhielten sich die meisten Lehrer den jüdischen Schülerinnen gegenüber korrekt, z. T. ausgesprochen wohlwollend. Doch konnte die Wirkung einzelner antisemitischer Lehrer so stark sein, dass ihretwegen die Schule gewechselt wurde. Ilse Olsberg verließ die Viktoriaschule nach der Obertertia wegen ihres antisemitischen Lateinlehrers und besuchte anschließend ein Pensionat.[67] Starken Demütigungen war Miriam Reisenstadt ausgesetzt, die ihre Jahre an der Viktoriaschule als keineswegs glücklich erlebt hat:

> „Wir waren nur zwei jüdische Schülerinnen in der Klasse und unser Klassenlehrer, Herr Müller, tat alles dazu, uns das Leben bitter zu machen. Da meine Eltern Ausländer waren und nicht so gut Deutsch sprachen oder schrieben, nutzte er jede Gelegenheit, sie vor der Klasse zu beschämen, sei es, wenn er einen Entschuldigungsbrief meines Vaters vor der gesamten Klasse vorlas oder wenn es zu einer Aussprache mit ihm kam, ihn nachher vor der Klasse zu zitieren, höhnisch selbstverständlich."[68]

Wesentlich häufiger waren sublimere Diskriminierungen wie Ungerechtigkeit bei der Beurteilung von Leistungen und herabsetzende Bemerkungen. Ihre durchweg positive Erinnerung an die Viktoriaschule, an der sie 1930 Abitur machte, werden bei Hanna Marcus dadurch getrübt, „dass wir zwei Lehrer hatten, die antisemitisch eingestellt waren und das auch dann und wann zu unserer Kenntnis brachten, was mich, die ich als deutsche Jüdin aufgewachsen war, doch sehr zum Nachdenken brachte".[69]

Vom freundschaftlichen Umgang mit nichtjüdischen Mitschülerinnen, Kolleginnen, Nachbarinnen, Haushaltshilfen wird immer wieder berichtet. Aber auch bei diesen Kontakten war eine Kränkung jederzeit möglich. Fanni Reiss hatte fast nur christliche Freundinnen:

> „Hedda hat oft bei uns geschlafen. Ihre Mutter war eine Witwe, eine sehr schöne Frau mit dem Titel ‚Frau Zechendirektor' ... Sie hatte auch einen Sohn, der war schon damals sehr antisemitisch. Hat mich sogar einmal, während ich dort war – wir haben unsere Schularbeiten zusammen gemacht – ‚schmutziger Jude' oder so was gerufen. Aber das hat mich gar nicht gestört."[70]

Die Freundschaften zu den christlichen Mädchen endeten oft nach der Schulzeit, und noch vor dem Nationalsozialismus entwickelten sich die Wege auseinander. Die früheren Freundinnen gingen meist nicht zusammen in die Tanzschule. Ob Antisemitismus eine Rolle gespielt hat, ist nicht mit Sicherheit festzustellen. Doch ist auffällig, dass die langjährigen nichtjüdischen Schulfreundinnen sich nach 1933 nicht einmal gemeldet haben, zumindest wurde dies in den Interviews und Briefen nicht berichtet. Es gibt auch von Antisemitismus ungetrübte Erinnerungen an die Zeit der Weimarer Republik. Aber ein so fester Freundeskreis, wie ihn Charlotte Frohmann aus ihrer Jugend erinnert, ist eher ungewöhnlich:

> „Unsere Jugendfreunde waren Freunde meines Bruders auch aus der Schule, ihre Schwestern und noch einige andere dazu. Und als wir dann so fünfzehn waren, haben wir auf der Insel im Kaiserpark, wo ein Tennisplatz war, einmal in der Woche einen ganzen Nachmittag lang zusammen Tennis gespielt. Später sind wir alle geschlossen in die Tanzstunde zu Herrn Winkler und später Herrn Tiedemann gegangen. Am Sonnabendnachmittag waren gewöhnlich Tanztees auf dem Ruhrstein oder auch im Kaiserhof. Sehr schön. Und am Sonntag wurde immer getanzt in einem Haus unserer Freunde. Sodass wir dreimal in der Woche getanzt haben. Und das war eine sehr lustige und sehr schöne Zeit."[71]

Die Beziehungen bzw. Nichtbeziehungen, die Ellen Ruben und ihre Familie mit den Nachbarn gehabt haben, scheinen typischer gewesen zu sein. Ellen erinnert sich, dass sie nie eine böse Bemerkung von Leuten aus dem modernen Mietshaus, in dem sie wohnten, gehört hat, und doch hat sie keinerlei Kontakt zu den Nachbarn gehabt. Ellen hatte zwei nichtjüdische Schulfreundinnen; aber weder sie selbst noch ihre Brüder sind je zu Kindergeburtstagen christlicher Freunde eingeladen worden, noch haben sie ihrerseits diese Kinder eingeladen. Kleine Feste begingen sie ausschließlich in jüdischen Kreisen. „So weit ist es nie gekommen, dass man so mit Nachbarn befreundet war."[72] Es bestand eine weitgehende Trennung der Lebensbereiche von jüdischen und nichtjüdischen Familien trotz vielfältiger Kontakte im beruflichen, schulischen und täglichen Leben.

Die jüdische Jugendbewegung

Orte, die sicher von Antisemitismus frei waren, bot nur das eigene jüdische Milieu. Für Jugendliche gewann die jüdische Jugendbewegung zentrale Bedeutung. In Essen existierten, entsprechend den Tendenzen in der Gemeinde, verschiedene Bünde – westjüdische, ostjüdische, assimilatorische, zionistische und religiös geprägte, koedukative und solche mit getrennten Jungen- und Mädchengruppen. Die nach 1900 Geborenen wurden durch die jüdische Jugendbewegung wesentlich geprägt, die ihrerseits von der deutschen Jugendbewegung beeinflusst war. In allen Bünden wurde gewandert und gesungen.
Dore Jacobs, die Mitbegründerin des zionistischen Jugend-Wanderbundes Blau-Weiß in Essen, rief 1919 die erste koedukative Gruppe ins Leben, was damals einem revolutionären Akt gleichkam:

> „Meine Gruppe war die einzige, in der Mädchen und Jungen zusammen wanderten. Wir waren unbegrenzt einsatzwillig. Schliefen wir im Hause, so wurden die Kleinen in die Betten gepackt und die Großen lagen auf dem Boden. Und wenn wir, wie meist, im Wald schliefen, wurden ein Großer und ein Kleiner zusammen in einen Schlafsack gepackt. Wir waren in jeder Hinsicht radikal in unserem Wanderleben."[73]

Auf den Essener Blau-Weiß hatte Dore Jacobs einen prägenden Einfluss. Treffpunkt der Gruppe war jahrelang ihr Haus, in dessen Keller ein Gruppenraum eingerichtet worden war.[74]
Die einzelnen Bünde betrieben eine aktive Werbung, kamen zum Teil sogar in die jüdische Schule, um Kinder zu „keilen". Das Zusammengehörigkeitsgefühl, die re-

gelmäßigen Treffen, die Fahrten und Unternehmungen gehören zu den positivsten Erinnerungen, die ehemalige Essener wie Miriam Reisenstadt an ihre Jugendzeit bewahrt haben:

> „Meine Jugendzeit war nicht erfreulich. Nur in der Jugendbewegung habe ich mich gut gefühlt. Ab 1931 war ich im Habonim. In der Synagoge fing das an. Paula Katz hat mich, damals hat man gesagt, ‚gekeilt‘, hat mich in den Bund geholt. Unsere Zusammenkünfte bestanden aus zweimal in der Woche Treffen, mit Sing- oder Lehrabenden, sonntags oder feiertags auf Fahrt gehen und hin und wieder ein Gautreffen mit Gruppen aus den in der Nähe liegenden Städten. Unsere Treffen fanden alle im neugebauten Jugendheim statt. Da habe ich die schönsten Stunden verbracht. Da bin ich fast jeden Abend nach der Arbeitszeit um sieben Uhr ins Jugendheim gefahren, und da war immer irgendwas los. Im Turnverein war ich auch, auch ich habe viel geturnt. Und dieses sind meine einzigen Lichtblicke aus jener Zeit."[75]

> „Die Leute sagen, dass wir aus Zwang zum Zionismus gekommen sind. Ich kann behaupten, obwohl ich erst zehn Jahre alt war, als ich in die Jugendbewegung kam, dass das nicht der Zwang von Hitler war, sondern der Zwang der Deutschen, der Antisemitismus, den ich als ganz kleines Kind empfand."[76]

Insbesondere für Mädchen aus traditionell religiösen Familien bot die Jugendbewegung eine Chance, ihren Bewegungsraum zu erweitern. Die Anziehungskraft der Gruppen war so groß, dass die orthodoxen Eltern, die die gemeinsamen Ausflüge und Fahrten von Jungen und Mädchen nicht gerne sahen, nicht umhin kamen, sie zu dulden, wenn sie einen massiven Generationskonflikt vermeiden wollten. Obwohl seine Kinder in der Regel sehr folgsam waren, war dem Vater von Miriam Feldmann doch klar, dass sich die Kinder auch bei einem Verbot von ihm einer Jugendgruppe anschließen würden.

„Da sage ich lieber gar nichts", war seine Haltung dazu.[77] Neben den westjüdisch-assimilatorisch geprägten Bünden wie den „Kameraden" gewannen zionistische schon im Laufe der Weimarer Republik und besonders nach 1933 auch unter westjüdischen Jugendlichen an Einfluss. In den zionistischen Bünden war die Ausrichtung auf einen bewussten jüdischen Zusammenhang sehr ausgeprägt. Die Verbindung zwischen den Gruppenmitgliedern wurde über längere räumliche Trennung wegen Arbeit oder Berufsausbildung aufrechterhalten. Die Orientierung auf die „jüdische Welt" war bei diesen Jugendlichen charakteristisch. Paula Katz arbeitete im Sommer 1931 in einem Heim für schwererziehbare Kinder. Von dort schrieb sie einen Brief, der sich an alle Gruppenmitglieder des Essener Kadimah richtete:

„Das Heim ist in einem Seebad, das sehr antisemitisch eingestellt ist. Also Juden gibt es keine. Aber vorigen Monat war ich mal mit einem Fischer zum Fischfang auf der Ostsee. In einem anderen Boot waren drei Kameraden, Jungen aus Berlin. Sie hatten ihr Pfingstlager hier. Ich habe es am Nachmittag gesucht, aber nicht gefunden. Also von jüdischen Leben keine Spur hier. Wenn ich nicht ‚Die Rundschau', ‚Den jungen Juden' etc. hierher bekäme, wüßte ich nicht, was in der jüdischen Welt vor sich geht. Ich wäre Euch aber sehr dankbar, wenn einige Jungens mit mir in den Briefwechsel treten würden. Vor allen Dingen möchte ich über den Essener Bund informiert werden. Außerdem, wer von Euch ist so gut und schickt mir ab und zu einen Bericht und sorgt dafür, dass ich die ‚Rundschau' auch bekomme."[78]

Das Interesse für das Verbandsleben und die internen Diskussionen war sehr ausgeprägt. Hanna Auerbach bat ihre Kameraden 1930, ihr Protokolle der Bundestagung zuzuschicken und über die Debatte zu berichten, da sie selbst nicht teilnehmen konnte. Sie befand sich nach dem Abitur auf einem landwirtschaftlichen Vorbereitungslager für eine spätere Auswanderung nach Palästina, wohin sie 1933 emigrierte:

„... es ist sehr schön hier. Die Leute: zum Teil fein, zum Teil mäßig. Völliges Gemeinschaftsleben, viel Arbeit, weil der Hechaluz statt zehn fünf Leute geschickt hat (...) Wir haben 70 Morgen Land, viel Blumen, Vieh, usw. (...) Wir haben uns alle fabelhaft hier eingelebt. Ich merke erst jetzt, wie ungeheuer befreiend physische Arbeit für einen sein kann. Man wird so allen Dreck und unnützen Gedankenkram los, weil man nicht mehr so viel Zeit hat, nachzudenken über nutzlose Dinge, und man kommt zu dem wirklich Wesentlichen, das umso tiefer geht, weil man sich eben nur *darauf* konzentriert."[79]

Die jüdische Jugendbewegung konnte nach 1933 in physischer und psychischer Hinsicht für viele Jugendliche eine lebensrettende Funktion erfüllen. Sie tat dies, indem sie einerseits die gruppenweise Auswanderung, vor allem nach Palästina, vorbereitete und durchführte und indem sie andererseits einen Zusammenhalt und eine ideologische Orientierung bot, die die Bewahrung von Selbstwertgefühl in einer Situation der Diskriminierung und Ausgrenzung erleichterte. Diese Funktion konnte die Jugendbewegung auch deshalb wahrnehmen, weil sie im Jahre 1933 auf lange bestehende Organisationen und Erfahrungen zurückgreifen konnte.

Die starke Beschneidung der Bildungschancen jüdischer Kinder und Jugendlicher nach 1933 ließ in den jüdischen Familien wegen des ausgeprägten Bildungsstrebens schon recht früh den Gedanken an eine Auswanderung der Jugendlichen aufkommen. Gerade die starke Orientierung auf ihre Kinder hat viele jüdische Mütter bewogen, die Emigration der Kinder zu fördern und damit wesentlich dazu beigetragen, dass diese ihr Leben retten konnten, während sie selbst oft zurückblieben und später deportiert wurden.

Anmerkungen

* Es handelt sich um einen gekürzten und leicht überarbeiteten Aufsatz, der in dem von Michael Zimmermann und Claudia Konieczek redigierten Sammelband Jüdisches Leben in Essen 1800-1933, Hg. ALTE SYNAGOGE. Essen 1993, erstmals erschienen ist. Dort sind auch ausführlichere Nachweise zu finden.

[1] Übersetzung: Edna Brocke.
[2] Salomon Samuel: Geschichte der Juden in Stadt und Synagogenbezirk Essen. Von der Einverleibung Essens in Preußen (1802) bis zur Errichtung der Synagoge am Steeler Tor (1913). Festschrift zur Weihe der Synagoge. Essen 1913, S. 51.
[3] Jetzt als ALTE SYNAGOGE Mahn- und Gedenkstätte sowie historisch-politisches Dokumentationsforum der Stadt Essen, in der seit ihrer Gründung als Gedenkstätte 1980 Zeugnisse zur Geschichte der Essener Juden gesammelt werden.
[4] Charlotte Frohmann, geb. Steinberg (geb. 1908), Brief v. 11. 5. 1984, Interview vom 2. 11. 1988, Archiv der ALTEN SYNAGOGE Essen.
[5] Ruth Tennenhaus, geb. Neumark (geb. 1919), Interview vom 16. 10. 1984.
[6] Miriam Cohn, geb. Hahn (geb. 1926), Interview vom 6. 11. 1988.
[7] Marion Kaplan: Die jüdische Frauenbewegung in Deutschland. Organisation und Ziele des Jüdischen Frauenbundes 1904-1938. Hamburg 1981, S. 277 ff.
[8] Mathilde Sensel, geb. Kermann (geb. 1914), Interview vom 25. 9. 1986.
[9] Hakoah-Blätter 1925, Nr. 31, S. 24; die Hakoah-Blätter waren das Mitteilungsblatt des jüdischen Sportvereins und dienten auch als Gemeindeblatt, Vintus-Blätter 1925, Nr. 40-41, S. 38.
[10] Hakoah-Blätter 1926, Nr. 13, S. 20.
[11] Hakoah-Blätter 1927, Nr. 10, S. 24 f.
[12] Hermann Schröter: Die Ärzte Dr. med. Moses und sein Sohn Dr. med. Fritz Hirschland, in: ders.: Geschichte und Schicksal der Essener Juden. Essen 1980, S. 180-185, hier S. 180 f.
[13] Siehe Erinnerungen von Dore Jacobs, geb. Marcus, in: H. Schröter: Geschichte und Schicksal, S. 186-192, hier S. 188 und 186; Dietrich Heither / Wolfgang Matthäus / Bernd Pieper: Als jüdische Schülerin entlassen. Erinnerungen und Dokumente zur Geschichte der Heinrich-Schütz-Schule in Kassel. Kassel 1984, S. 13.
[14] 75 Jahre Viktoriaschule Essen 1912-1987. Essen 1987, S. 9 und Stadtarchiv Essen, Rep 102, Abt. I, Nr. 268a, Blatt 126-127, 271 und 260-261; statistische Unterlagen über die

jüdischen Schülerinnen der Viktoriaschule, Archiv der Viktoriaschule.

[15] Statistisches Jahrbuch der Stadt Essen, 1920/21. Essen 1922, S. 6. Der Anteil der jüdischen Bevölkerung im Stadtkreis Essen lag 1919 bis 1921 zwischen 0,75 und 0,79 Prozent; im Stadt- und Landkreis Essen lag er 1921 bei nur 0,62 Prozent.

[16] Von 214 Vätern jüdischer Viktoriaschülerinnen waren mindestens 23 (10,7 Prozent) Akademiker; 153 (71,4 Prozent) waren Kaufmann; nur 38 (17,7 Prozent) hatten andere Berufe. Die Zahlen sind aus den statistischen Unterlagen der Viktoriaschule errechnet.

[17] Stadtarchiv Essen, Rep 120, Abt. I, Nr. 1079.

[18] Charlotte Lorenz: Die gewerbliche Frauenarbeit während des Krieges. Berlin 1928.

[19] Ein Jahr später hat sich das Verhältnis eher noch zugunsten der Mädchen verschoben – 162 Jungen: 177 Mädchen auf höheren Schulen; 8 : 29 bei den Mittelschulen.

[20] Grete Sacol, geb. Sultan (geb. 1920), Brief vom 12. 9. 1983 (übersetzt aus dem Englischen), Archiv der ALTEN SYNAGOGE Essen.

[21] Gabriele und Ernst Grünbaum, heute Grunebaum, Interview vom 10. 8. 1985, Archiv der ALTEN SYNAGOGE Essen.

[22] Zitiert nach Shulamit Volkov: Jüdische Assimilation und jüdische Eigenart im deutschen Kaiserreich. Ein Versuch, in: Geschichte und Gesellschaft 1983, Heft 3, S. 331-348 , S. 346.

[23] S. Volkov: Jüdische Assimilation, S. 346 f.

[24] Hanna Herz, geb. Levy (geb. 1911), Archiv der ALTEN SYNAGOGE Essen.

[25] Ilana Funk, geb. Ellen Ruben (geb. 1919), Interview vom 28. 10. 1988, Archiv der ALTEN SYNAGOGE Essen.

[26] Ebd.

[27] Anna Hadra, geb. Schwarz (geb. 1911), Brief vom 1. 2. 1986, Archiv der ALTEN SYNAGOGE Essen.

[28] Otta Herzfeld, geb. Cosmann, verw. Auerbach (geb. 1912), Brief vom 2. 5. 1987, Archiv der ALTEN SYNAGOGE Essen.

[29] Hanna Herz, geb. Levy (geb. 15. 1. 1911), Interview vom 18. 10. 1985; Hanna Marcus, geb. Herzfeld (geb. 18. 11. 1911), Interview vom 23. 6. 1983, Archiv der ALTEN SYNAGOGE Essen.

[30] Hanna Herz, Interview; Shoshana Emanuel, geb. Levy (geb. 1918), Interview vom 22. 8. 1984; Max Fürst: Talisman Scheherezade. Die schwierigen zwanziger Jahre, München/Wien 1976, S. 107-109.

[31] Hanna Herz, geb. Levy, Archiv der ALTEN SYNAGOGE Essen.

[32] Anzeige in den Vintus-Blättern 1925, Nr. 45, S. 30. Der „Centralverein deutscher Staatsbürger jüdischen Glaubens" (CV) organisierte einen großen Teil der deutschen Juden. Zum Essener CV siehe Michael Zimmermann: Die Assimilation und ihre

Relativierung. Zur Geschichte der Essener jüdischen Gemeinde vor 1933, in: Dirk Blasius / Dan Diner (Hg.): Zerbrochene Geschichte. Leben und Selbstverständnis der Juden in Deutschland. Frankfurt/M. 1991, S. 172-186, hier S. 176.
[33] M. Zimmermann: Die Assimilation, S. 238 (Anmerkung 40); S. Volkov: Jüdische Assimilation, S. 346; Monika Richarz (Hg.): Bürger auf Widerruf. Lebenszeugnisse deutscher Juden 1780-1945. München 1989, S. 15.
[34] Monika Richarz: Vom Kramladen an die Universität. Jüdische Bürgerfamilien des späten 19. Jahrhunderts. In: Journal für Geschichte 3/1985, S. 42-49, hier S. 49.
[35] Siehe M. Kaplan: Die jüdische Frauenbewegung, S. 50.
[36] Chava Weinberg, geb. Hilde Herzfeld (geb. 1921), Interview vom 22. 10. 1982, Archiv der ALTEN SYNAGOGE Essen.
[37] Thea Levinsohn, Interview.
[38] Margarethe Eckstein, geb. Hirtz (geb. 1914), Brief vom 9. 10. 1981, Archiv der ALTEN SYNAGOGE Essen.
[39] Gemeint ist die B'nai-B'rith-Loge, die sich vor allem der Geselligkeit, der Wohlfahrtspflege und der Bildung widmete. Die Aufnahmegebühren waren beträchtlich, sodass es sich um einen recht exklusiven Kreis handelte. Frauen konnten in die Bne-Briss-Schwesternverbände nur aufgenommen werden, wenn ihre Männer Mitglieder der Loge waren. Vgl. M. Kaplan: Die jüdische Frauenbewegung, S. 71 ff.
[40] Hakoah-Blätter 1927, Nr. 4, S. 15.
[41] Hakoah-Blätter 1926, Nr. 13, S. 18.
[42] Hakoah-Blätter 1928, Nr. 15, S. 13.
[43] Hugo Hahn, Rabbiner: Der Frauen Weisheit, in: Frankfurter Israelit. Gemeindeblatt 1918/19, S. 238.
[44] M. Kaplan: Die jüdische Frauenbewegung, S. 56. Der Jüdische Frauenbund, JFB, war bereits 1904 von Bertha Pappenheim gegründet worden, in Essen allerdings erst 22 Jahre später als Abteilung des Frauenvereins.
[45] S. Volkov: Die Dynamik der Dissimilation: Deutsche Juden und die ostjüdischen Einwanderer, in: Blasius/Diner (Hg.): Zerbrochene Geschichte, S. 64-78, hier S. 67.
[46] Thea Levinsohn, Interview.
[47] Dore Jacobs, geb. Marcus (geb. 1894), unveröffentlichtes Manuskript, Archiv der ALTEN SYNAGOGE Essen.
[48] Wilhelmine Salinger, geb. Spielmann (geb. 1902), Brief vom 12. 4. 1987, Archiv der ALTEN SYNAGOGE Essen; vgl. auch Chaim Schatzker: Jüdische Jugend im zweiten Kaiserreich. Sozialisations- und Erziehungsprozesse der jüdischen Jugend in Deutschland 1870-1917. Frankfurt/M. u. a. 1988, S. 83 und 87.
[49] Klara Landau, geb. Schumer (geb. 1903), Archiv der ALTEN SYNAGOGE Essen, Text aus Friedrich Schiller: Wilhelm Tell.
[50] Zitiert nach Reinhard Rürup: Jüdische Geschichte in Deutsch-

land. Von der Emanzipation bis zur nationalsozialistischen Gewaltherrschaft, in: Blasius/Diner (Hg.), S. 79-101, hier S. 94; vgl. auch Reinhard Rürup: Die „Judenfrage" der bürgerlichen Gesellschaft und die Entstehung des modernen Antisemitismus, in: ders. Emanzipation und Antisemitismus. Studien zur „Judenfrage" der bürgerlichen Gesellschaft. Frankfurt/M. 1987, S. 93-119.

[51] Shulamit Volkov: Kontinuität und Diskontinuität im Deutschen Antisemitismus 1878-1945, in: Vierteljahrshefte für Zeitgeschichte 1985, Heft 2, S. 221-243, hier: S. 232.

[52] Micha Brumlik: Zur Identität der zweiten Generation deutscher Juden nach der Shoah in der Bundesrepublik, in: ders. / Doron Kiesel / Cilly Kugelmann / Julius H. Schoeps (Hg.): Jüdisches Leben in Deutschland seit 1945. Frankfurt/M. 1987, S. 39-119.

[53] Statistik des Deutschen Reiches, Bd. 4515, Heft 5: Die Glaubensjuden im Deutschen Reich, Berlin 1936. Von 4 506 Juden in Essen 1933 waren 1 423 in Essen geboren.

[54] Miriam Altberger, geb. Reisenstadt (geb. 1920), Brief vom 30. 7. 1983.

[55] Thea Levinsohn, Manuskript, Archiv der ALTEN SYNAGOGE Essen, ähnlich auch im Interview.

[56] Ebd.

[57] Miriam Paldi, geb. Feldmann (geb. 1910), Interview vom 2. 11. 1988.

[58] Frances Ferencz, geb. Fanni Reiss (geb. 1913), Brief vom 26. 6. 1984, Archiv der ALTEN SYNAGOGE Essen.

[59] Miriam Altberger, Brief vom 9. 10. 1981, Interview vom 16. 6. 1983.

[60] Shulamit Offer, geb. Hanni Sartori (geb. 1922), Brief vom 31. 7. 1984, Archiv der ALTEN SYNAGOGE Essen.

[61] Hertha Fastag, geb. Sartori (geb. 1925), Brief vom 1. 8. 1984, Archiv der ALTEN SYNAGOGE Essen.

[62] Bei mindestens 15 von 123 Schülerinnen ist die ostjüdische Familienherkunft zweifelsfrei erwiesen, wahrscheinlich liegt die Zahl höher; Unterlagen der Viktoriaschule.

[63] Durch die zahlreichen Kontakte der ALTEN SYNAGOGE Essen zu ehemaligen Essener Juden konnten vielfältige zeitgenössische Dokumente wie Tagebücher, Briefe, Poesiealben, Fotos, Schulzeugnisse, Ausweise und Bescheinigungen zusammengetragen werden. Neben diesen Primärquellen bieten die Berichte der Briefpartner sowie die mit ehemaligen Essenern geführten lebensgeschichtlichen Interviews durch die Binnensicht, die sie gewähren, Erkenntnismöglichkeiten zum Leben der Essener Juden, die sonst kaum zu erlangen wären. Da es sich um Erinnerungen an eine Zeit handelt, die 40 bis 60 Jahre zurückliegt, fließt in die Erzählungen immer auch die Interpretation durch jahrzehntelange Lebenserfahrung ein.

[64] Wilhelmine Salinger.
[65] Mathilde Sensel, geb. Kermann (geb. 1914), Interview vom 25. 9. 1986, Archiv der ALTEN SYNAGOGE Essen. Die jüdische Volksschule war von 1927 bis etwa 1925 in einem Gebäude an der Sachsenstraße 33 untergebracht. Das Gebäude nutzten sie gemeinsam mit der evangelischen Volksschule.
[66] Beate Stern de Neumann, geb. Stern (geb. 1913), Briefe vom 7. 9. 1986 und 24. 12. 1986, Archiv der ALTEN SYNAGOGE Essen.
[67] Ilse Gamper, geb. Ostberg (geb. 1912), Brief vom 12. 12. 1985, Archiv der ALTEN SYNAGOGE Essen.
[68] Miriam Altberger, Brief vom 9. 10. 1981, Archiv der ALTEN SYNAGOGE Essen.
[69] Hanna Marcus, geb. Herzfeld (geb. 1911), Brief vom 16. 7. 1985, Archiv der ALTEN SYNAGOGE Essen.
[70] Frances Ferncz, Interview.
[71] Charlotte Frohmann, geb. Steinberg (geb. 1908), Interview vom 2. 11. 1988, Archiv der ALTEN SYNAGOGE Essen.
[72] Ilana Funk, geb. Ellen Ruben (geb. 1919), Interview vom 28. 10. 1988, Archiv der ALTEN SYNAGOGE Essen.
[73] Dore Jacobs, in: H. Schröter: Geschichte und Schicksal, S. 190.
[74] Dore Jacobs war damals schon verheiratet, was untypisch für Führerinnen von Jugendgruppen war. Vgl. Benno Krycler: Meine Erinnerungen an die jüdische Jugendbewegung „Blau-Weiß" in Essen, in: Das Münster am Hellweg, 1983, S. 129-139, hier 129 und 131.
[75] Miriam Altberger, Brief vom 9. 10. 1981.
[76] Dies., Interview vom 16. 6. 1983.
[77] Miriam Paldi, geb. Feldmann, Interview.
[78] Paula Katz, Brief vom 21. 6. 1931 an Nathan Günzberg, Archiv der ALTEN SYNAGOGE Essen.
[79] Hanna Auerbach (geb. 1910), Brief vom 29. 4. 1930 an Nathan Günzberg, Archiv der ALTEN SYNAGOGE Essen.

Monika Richarz

Überlebensstrategien jüdischer Frauen im Nationalsozialismus

Die Geschichte ist niemals dieselbe für Männer und für Frauen, auch wenn sie gleichzeitig am selben Ort leben. Jedes politische Geschehen und jedes Gesetz betrifft Männer und Frauen unterschiedlich, denn sie befinden sich in unterschiedlichen sozialen Situationen. Auch nehmen sie historische Ereignisse unterschiedlich wahr und reagieren verschieden darauf. Es ist daher sinnvoll und wichtig, auch wenn es um die Situation und die Haltung der Juden während der nationalsozialistischen Verfolgung geht, nach der geschlechtsspezifischen Perspektive der jüdischen Frauen zu fragen. Liest man nur einige der Tausenden von jüdischen Lebensberichten über die Zeit der Verfolgung, zeigt sich schnell, dass auch Verfolgung, Vertreibung und Exil von den betroffenen Männern und Frauen sehr unterschiedlich erfahren wurden. Das Geschlecht beeinflusste gerade in Extremsituationen Reaktionen und Entscheidungen. Dies soll hier im Vordergrund stehen und nicht die nationalsozialistische Judenpolitik, deren Grundzüge als bekannt vorausgesetzt werden.[1]
Thematisiert werden Selbstbehauptung und Überlebensstrategien jüdischer Frauen in Bezug auf die Rettung ihrer Familien und auf ihr Wirken für die jüdische Gemeinschaft in Not. Frauen mussten vor allem im November 1938, als etwa 30 000 jüdische Männer verhaftet worden waren, allein das Überleben der Familie sichern und gleichzeitig um Papiere zur Auswanderung kämpfen, um damit die Freilassung ihrer Männer zu ermöglichen. Entgegen den traditionellen Geschlechterrollen wurden so Frauen oft zu Rettern der Männer und auch im Exil zu ihren Ernährern. Es geht hier nicht darum, die oft verzweifelten jüdischen Frauen zu heroisieren, sondern um

eine Darstellung ihres Überlebenskampfes als Teil der jüdischen Geschichte angesichts des Nationalsozialismus.

Jüdische Frauen in der Weimarer Republik

Um die Lage der jüdischen Frauen im Nationalsozialismus zu verstehen, ist es notwendig, kurz ihre Situation vor 1933 zu skizzieren. In der Weimarer Republik lebten gut eine halbe Million Juden in Deutschland, die aber nur 0,8 Prozent der deutschen Bevölkerung ausmachten. Von dieser jüdischen Minorität waren 52 Prozent Frauen. Die meisten jüdischen Frauen führten als Angehörige der Mittelschicht ein bürgerliches Leben als Hausfrauen und Mütter. Jedoch hatte sich ihre Lage durch Inflation und Weltwirtschaftskrise deutlich verschlechtert, was sich auch darin zeigt, dass die Berufstätigkeit jüdischer Frauen von 1907 bis 1933 von 18 auf 27 Prozent gestiegen war.[2] Damit lag die Erwerbstätigkeit jüdischer Frauen jedoch weiter unter der allgemeinen Frauenerwerbstätigkeit, die 34 Prozent betrug, und spiegelte so ihren Mittelklassestatus wider. Allerdings gehörten viele junge Jüdinnen jetzt zur Gruppe der „Neuen Frauen", für die es normal war, vor der Ehe einen Beruf zu erlernen, zu arbeiten und wirtschaftliche Selbstständigkeit zu erlangen. Begünstigt wurde dies durch die Tatsache, dass schon im Kaiserreich jüdische Töchter eine überdurchschnittliche Bildung erhalten hatten und im Vergleich zu ihrem Bevölkerungsanteil an Gymnasium und Universität weit überrepräsentiert waren.[3] Entsprechend gab es in der Weimarer Zeit nicht wenige jüdische Akademikerinnen, vor allem Ärztinnen. In Preußen waren 1925 gut 21 Prozent aller Ärztinnen jüdischer Konfession, in Berlin sogar 40 Prozent.[4]

Man darf jedoch nicht vergessen, dass etwa ein Fünftel der jüdischen Bevölkerung in Deutschland Migranten aus Osteuropa mit ausländischer Staatsangehörigkeit waren. Diese gehörten vor allem der kleinbürgerlichen und der proletarischen Schicht an, sodass ostjüdische Frauen öfter erwerbstätig wurden als Frauen der jüdischen Mittelschicht. Von allen berufstätigen jüdischen Frauen waren ein Drittel Angestellte in Büros und im Einzelhandel, ein Fünftel arbeitete im Familienbetrieb mit und ein weiteres Fünftel war selbstständig, z. B. als Schneiderin, Putzmacherin oder Ladenbesitzerin.[5]

Was, so kann man fragen, war an diesen Frauen eigentlich jüdisch – abgesehen von ihrem spezifischen Sozialprofil? Nach Herkunft und Familientradition verstanden sie sich als Juden – doch wie lebten sie das im 20. Jahrhundert? Die große Mehrheit führte keineswegs mehr ein orthodoxes Leben, sondern folgte in unterschiedlichem Maße einem liberalen Judentum, war religiös indifferent oder hatte eine säkulare jüdische Identität entwickelt, die sich z. B. durch Mitgliedschaft in jüdischen Vereinen zeigte. Doch auch nicht religiöse Juden bestanden bei der Eheschließung überwiegend weiter auf Endogamie, d. h. auf der Binnenheirat mit einem Juden. Allerdings nahm die Mischehe mit Nichtjuden kontinuierlich zu, sodass 1930 schon 17,6 Prozent aller jüdischen Frauen Christen heirateten und sogar 26,6 Prozent der Männer eine Mischehe eingingen.[6] Die Kinder dieser Ehen wuchsen mehrheitlich nicht mehr als Juden auf. Die Mischehe war Ausdruck einer wachsenden Säkularisierung, doch zeigt sie auch, dass die Partnerwahl von Juden nicht mehr, wie noch im 19. Jahrhundert, weitgehend durch die Eltern bestimmt wurde. In religiöser Hinsicht dürften die meisten jüdischen Familien „Dreitagejuden" gewesen sein, die nur noch an den hohen Feiertagen die Synagoge besuchten und den Schabbat meist nicht mehr als Ruhetag einhielten. Zwar gab es auch Familien, die ihr Judentum so sorgfältig verdrängten, dass selbst ihre Kinder erst nach 1933 schockartig erfuhren, dass sie Juden sind, doch bildeten solche Fälle Ausnahmen. Generell kann man sagen, dass die jüdische Minorität ein sehr divergentes Erscheinungsbild bot in Bezug auf Religion und jüdische Identität. Kulturell aber waren die Juden der deutschen Kultur tief verbunden und gehörten in der Weimarer Zeit mit zu ihren bedeutendsten Schöpfern.

Der Antisemitismus trug dazu bei, dass sich Juden stark selbst organisierten, so im „Centralverein deutscher Staatsbürger jüdischen Glaubens", einer Interessenvertretung der deutschen Juden, die alle Formen des Antisemitismus bekämpfte. Jüdische Frauen hatten 1904 den Jüdischen Frauenbund gegründet, der in der Weimarer Republik etwa 50 000 Mitglieder hatte.[7] Der Frauenbund schuf Bildungs- und Fürsorgeeinrichtungen für Frauen, wollte das jüdische Gemeinschaftsgefühl stärken und verstand sich als Teil der bürgerlichen Frauenbewegung. Auch einzelne Frauen traten in der Weimarer Republik politisch hervor und wurden Parlamentarierinnen der von Juden bevorzugten liberalen Parteien und mit dem Dahinschwinden der Liberalen vor allem Abgeordnete der Sozialdemokratie.[8]

Verfolgung und soziale Isolierung

Wie reagierten jüdische Frauen ab 1933 auf die nationalsozialistische Bedrohung? Um diese Frage zu beantworten, verfügen wir über einzigartige Quellen – die gedruckten und ungedruckten Lebensberichte von Hunderten von Frauen, die sie zumeist nach ihrer Flucht aus Nazideutschland verfasst haben. Diese autobiografischen Texte sind in vielen Büchern publiziert oder liegen ungedruckt in den Archiven von New York, Jerusalem und Berlin. Sie zeigen, wie die Frauen die Verfolgung erlebten, welche Erwartungen, Ängste und Hoffnungen sie antrieben, wie sie die Familie zu retten versuchten, welche Möglichkeiten sie dazu hatten und wie sie den Existenzkampf im Exil fortsetzten. Diese Erlebnisberichte sind die wichtigsten Quellen zum Thema und werden ergänzt durch die Autobiografien von Männern, die die Leistungen dieser Frauen anerkennen oder zumindest implizieren. Eine weitere Quelle bildet die jüdische Presse, die bis 1938 noch erscheinen konnte, wenn auch unter den Bedingungen von Zensur und vorbeugender Selbstzensur. Hier sind vor allem das Israelitische Familienblatt und die Blätter des Jüdischen Frauenbundes wichtig, die die veränderte Arbeit des Frauenbundes nach 1933 spiegeln.

Als die Nationalsozialisten 1933 legal die Regierung übernahmen, waren gerade die qualifiziertesten jüdischen Frauen zuerst von antijüdischen Maßnahmen bedroht und betroffen. So flohen die beiden ehemaligen SPD-Abgeordneten im Preußischen Landtag, Hedwig Wachenheim und Käte Frankenthal, 1933 ins Ausland. Als Jüdinnen und Sozialistinnen waren sie besonders gefährdet – ebenso wie entsprechende männliche Abgeordnete.[9]

Viele Frauen verloren schon im April 1933 ihre Stellung als Beamtin, als Angestellte, als Lehrerin, Ärztin, Journalistin oder Künstlerin. All diese erst in der Weimarer Republik errungenen Positionen wurden ihnen über Nacht genommen und sie ihrer Existenz beraubt. Unter den Ärztinnen waren 1933 allein 587 jüdische Medizinerinnen.[10] Ihnen wurde sofort ihre Kassenzulassung entzogen, während diese gut der Hälfte der männlichen Kollegen als Frontkämpfern des Ersten Weltkrieges zunächst erhalten blieb. Bei der Gleichschaltung der Organisationen schlossen diese alle jüdischen Mitglieder aus, so auch der deutsche Ärztinnenbund. Die Ärztin Dr. Herta Nathorff beschrieb in ihrem Tagebuch die Szene:

> „Schweigend stehen wir jüdischen Ärztinnen und ‚halbjüdischen' Ärztinnen auf und mit uns einige ‚deutsche' Ärztinnen – schweigend verlassen wir den Raum – blass, bis ins Innerste empört ... Ich bin so erregt, so traurig und verzweifelt und ich schäme mich für meine ‚deutschen Kolleginnen'."[11]

Hatte so ein Teil der am besten ausgebildeten Frauen bereits seine berufliche Existenz verloren, so wurde für alle jüdischen Frauen die schnell wachsende Isolierung der Juden und die Angst vor Übergriffen auf ihre Männer und Kinder zu einer täglichen Erfahrung. Überall begannen Verbotsschilder, Juden den Zugang zu sperren – zu

Hotels, Geschäften, Plätzen, Bädern und schließlich sogar zu Parkbänken. Besonders schmerzte die Abwendung der Nachbarn und ehemaliger christlicher Freunde, die bis auf wenige die jüdischen Familien im Stich ließen. Marta Appel, die Frau des Dortmunder Rabbiners, schrieb:

„Mit jedem Tag der Naziherrschaft wurde die Kluft zwischen uns und unseren Mitbürgern weiter. Freunde, mit denen wir lange Jahre hindurch freundschaftlich verbunden waren, kannten uns nicht mehr. Plötzlich stellten sie fest, dass wir eben doch anders waren als sie. Natürlich waren wir anders, denn wir trugen schließlich das Stigma des Nazihasses, wir wurden verfolgt und gejagt wie Wild. Durch die prominente Stellung meines Mannes waren wir ständig gefährdet. Oft ließ man uns Warnungen zukommen, dass wir nicht nach Hause gehen sollten. Aber wohin wir auch immer gingen, es gab für uns keine Sicherheit mehr ... Oft glaubte ich, es nicht mehr länger ertragen zu können, aber dann dachte ich an meine Kinder und ich wusste, dass wir uns stark zeigen mussten, um dieses Leben für sie erträglicher zu machen."[12]

Marta Appel drückt aus, was alle Juden empfanden: den totalen Ausschluss aus der menschlichen Gemeinschaft bei völliger Vogelfreiheit und zugleich das persönliche Bedürfnis, die eigene Familie davor zu schützen. Sie vermied es, so weit wie möglich, überhaupt noch auf die Straße zu gehen, und fügte hinzu: „Schon lange, bevor es uns von den Nazis verboten worden war, hatte ich darauf verzichtet, ein Theater oder ein Kino zu besuchen, weil ich es einfach nicht ertragen konnte, zwischen Menschen zu sitzen, die uns hassten."[13] In dieser Bemerkung zeigt sie, wie Hass fast physisch empfunden werden konnte.

Liebesbeziehungen zu Nichtjuden wurden durch die Nürnberger Gesetze kriminalisiert. Sie konnten nur in großer Heimlichkeit fortgesetzt werden und führten oft zu Anklagen wegen „Rassenschande"[14]. Dieses „Delikt" öffnete Denunzianten Tür und Tor. Es gab zwischen Juden und Nichtjuden überhaupt keine unbefangenen Beziehungen mehr. Juden selbst warnten manchmal ihre christlichen Freunde davor, sie weiter zu besuchen oder überhaupt nur auf der Straße zu grüßen. Gerade das zeigt, wie das Bewusstsein des möglichen Terrors jede Sekunde des jüdischen Lebens prägte und jede Spontanität im menschlichen Umgang erstickte. Der Abbruch der Beziehung wurde sozusagen zum letzten Liebesdienst.

Besonders stark wirkte sich das Anwachsen der sozialen Mauern auf die jüdischen Kinder in der Schule aus. Schon 1933 war der Unterricht in sogenannter „Rassenkunde" eingeführt worden, der den Antisemitismus systematisch schürte. Jüdische Kinder wurden in den öffentlichen Schulen zunehmend diskriminiert, isoliert und erniedrigt – durch Lehrer ebenso wie durch Mitschüler. Dies verstörte die Kinder und ließ besonders die Mütter in hilflosen Zorn verfallen. Marta Appel berichtet aus Dortmund, dass ihre Kinder nicht einmal am Muttertag mit im Chor singen durften, weil sie nicht „arisch" waren:

> „‚Ich weiß, dass ihr auch eine Mutter habt', sagte die Lehrerin, ‚aber sie ist nur eine jüdische Mutter'. Darauf wussten die Kinder keine Antwort, es hatte auch keinen Zweck, mit dieser Lehrerin zu sprechen. An diesem Tage kamen sie noch trauriger und verstörter nach Hause als sonst, weil die Lehrerin so verächtlich über ihre Mutter gesprochen hatte ... Fast jede Unterrichtsstunde wurde für die jüdischen Kinder zu einer Quälerei. Es gab eigentlich kein Thema mehr, bei dem der Lehrer nicht über die ‚Judenfrage' gesprochen hätte. Die jüdischen Kinder mussten mit anhören, wie die Lehrer ausnahmslos alle Juden als Verbrecher bezeichneten und als zersetzende Kraft in allen Ländern, in denen sie lebten. Während solcher Reden durften meine Kinder das Klassenzimmer nicht verlassen, sie wurden gezwungen dabeizusitzen und zuzuhören, und sie mussten fühlen und erleben, wie die anderen Kin-

der sie als die Musterexemplare einer verachteten Rasse anstarrten."[15]

Die Mütter waren es, die täglich mit diesen traumatischen Erfahrungen ihrer Kinder direkt konfrontiert waren und zuerst die Unerträglichkeit dieser Situation begriffen. Es gab nur zwei Möglichkeiten, die Kinder vor solchen Erfahrungen zu schützen – entweder die Emigration oder wenigstens der Wechsel in eine jüdische Schule. Die jüdischen Gemeinden schufen Dutzende von neuen jüdischen Schulen, die 1937 von etwa 60 Prozent der jüdischen Schulpflichtigen besucht wurden.[16] Doch schwanden die beruflichen Ausbildungsmöglichkeiten für die jüdische Jugend schnell dahin, sodass die Zukunft der Kinder völlig ungewiss wurde.
Offensichtlich war es diese Situation ihrer Kinder, die jüdische Frauen nicht selten eher an Auswanderung denken ließ als jüdische Ehemänner, die trotz des wirtschaftlichen Boykotts oft noch einen reduzierten Lebensunterhalt für die Familie erwerben konnten. Männer orientierten sich in ihren Entschlüssen an ihrer beruflichen Situation und sahen im Exil keine wirtschaftliche Chance, zumal sie kaum Vermögen hätten transferieren können. Frauen reagierten stärker auf den unerträglichen psychischen Druck, den das Leben in Deutschland erzeugte, und wollten diesem mit der Familie entkommen.[17]

Doppelte Anforderungen an Frauen

Auf die jüdischen Frauen kam immer mehr eine doppelte Aufgabe zu. Einerseits mussten sie wegen der wachsenden wirtschaftlichen Notlage der Juden häufig erwerbstätig werden, andererseits sollten sie der Familie psychischen Halt geben. Ihre Aufgabe sei es „das jüdische Haus gegen alle die feindlichen Angriffe von außen zu verteidigen", wie es das Israelitische Familienblatt 1935 ausdrückte. Die Erwartungen an die selbst so bedrängten Frauen war groß: „Wenn man den jüdischen Kindern ein

Minderwertigkeitsgefühl anzuerziehen sucht – die Mutter kann es in den rechten Stolz umwandeln", postulierte das Familienblatt.[18] Das war kaum möglich ohne einen Rückgriff auf jüdische Kultur und jüdische Werte, wie sie gerade auch im Curriculum der jüdischen Schulen und im Programm der jüdischen Verlage eine zunehmende Bedeutung erlangten. „Es war eine ganz natürliche Sache", sagte eine spätere Emigrantin, „wenn sie dir verbieten, dich zu assimilieren, wenn sie sagen: Du bist ein Fremder – dann versuchst du natürlich, soviel Positives wie möglich aus deinem Judentum herauszuholen".[19] Verstärkt wurde diese Haltung, weil soziales und kulturelles Leben, soweit es nicht nur auf die Familie begrenzt war, jetzt nur noch in jüdischen Zusammenhängen stattfand – in jüdischen Gemeinden, im Jüdischen Kulturbund, in Schulen und Synagogen oder in Vereinen wie dem Jüdischen Frauenbund. Dieser versuchte, die Frauen psychisch zu unterstützen, sie zu sozialer Arbeit in den Gemeinden zu organisieren und ihre Kenntnis der jüdischen Kultur zu vertiefen. Als immer mehr Juden ihre Arbeitsplätze verloren oder ihre Läden schließen mussten, wuchs die Armut schnell an. Der Frauenbund, der sich traditionell der jüdischen Sozialarbeit für Frauen und Kinder gewidmet hatte, beteiligte sich an der 1935 gegründeten jüdischen Winterhilfe, sammelte Geld, Kleidung und Brennstoff und verschickte jeden Monat 30 000 Hilfspakete an bedürftige Familien.[20]

Die zunehmenden wirtschaftlichen Probleme zeigten sich vor allem in der wachsenden Arbeitslosigkeit jüdischer Männer. Zahlreiche jüdische Frauen, die früher nicht berufstätig waren, mussten daher jetzt mitverdienen oder die Familie allein ernähren. Sie ersetzten als Sekretärinnen und Verkäuferinnen nichtjüdische Arbeitskräfte, die früher in den Läden und Büros jüdischer Betriebe tätig gewesen waren. Viele arbeiteten auch im Familiengeschäft mit oder in jüdischen Wohlfahrtseinrichtungen. Als 1935 durch die Nürnberger Gesetze alle sogenannten arischen Dienstmädchen unter 45 Jahren in jüdischen Haushalten entlassen werden mussten, ergab sich ein großer Bedarf an jüdischen Haushaltshilfen, wie deutlich an Stellenanzeigen abzulesen ist. Im Israelitischen Familienblatt wurden 1937 mehr als dreimal soviel offene Stellen für Frauen als für Männer annonciert.[21] Dabei handelte es sich allerdings meist um niedrig bezahlte typische Frauenberufe, für die im innerjüdischen Arbeitsmarkt noch Chancen bestanden. Der jüdische Arbeitsmarkt war inzwischen fast völlig separiert und zwang Frauen, aber auch Männer in Niedriglohnbereiche. In Berlin vermittelte der jüdische Arbeitsnachweis ebenfalls sehr viel mehr jüdische Frauen als Männer.

Während Ehefrauen, der Notwendigkeit folgend, die Arbeit für ihre Familie auf sich nahmen, war für junge Frauen die Lage bedrückend, weil sie nur noch wenig Ausbildungschancen hatten. Jüdische Mädchen mit Abitur, die früher studiert hätten, wurden jetzt Schneiderinnen oder Hausangestellte. Entlassene Lehrerinnen konnten dagegen noch Stellen an den zahlreichen jüdischen Schulen finden. Eine ehemalige Studentin der Zahnmedizin, die aufgeben musste und im Haushalt arbeitete, sagte verbittert über die Zurückdrängung der jüdischen Frauen in traditionelle Frauenberufe: „Ich war also mehr oder weniger eine Gouvernante, wieder zurück in die Profession, die man damals Frauen zudachte ... Was ist eine Frau? Entweder sie kocht oder sie unterrichtet Kinder ..."[22] So wurden die Zukunftspläne gerade der begabtesten jüdischen Frauen vernichtet.

Frauen und Auswanderung

In der Situation der wachsenden wirtschaftlichen Ausplünderung durch den Zwang zur „Arisierung" oder zur Auflösung der jüdischen Geschäfte wuchs der Wille zur Auswanderung ab 1937 deutlich an. Im April 1938 waren 60 Prozent aller jüdischen Unternehmen bereits arisiert oder liquidiert und 60 000 Juden waren arbeitslos. Doch es gab keine Auswanderung ohne Einwanderungsmöglichkeit. Es zeigte sich, dass vorwiegend nur jüngere und gesunde Menschen mit für die Aufnahmeländer geeigneten Berufen oder mit einem gewissen Vermögen überhaupt noch eine Chance hatten, ein Aufnahmeland zu finden. Daher hatte die berufliche Ausbildung für die Auswanderung Konjunktur, die viele jüdische Gemeinden und Organisationen anboten. Jugendliche erlernten praktische Berufe, Ehefrauen ließen sich umschulen und erwarben für die Emigration nützliche Fähigkeiten. Es gab Sprachkurse für Englisch, Hebräisch und Spanisch und Umschulungsgruppen für Landwirtschaft, Handwerk, Hauswirtschaft und Krankenpflege. Auch hier wurden Frauen vor allem in traditionellen Frauenberufen ausgebildet, weil sie damit in der Emigration die besten Aussichten hatten. Sie lernten Kochen und Backen, Schneidern und Pelznähen, die Herstellung von Hüten, Handschuhen oder Pralinen. Die Frau des Dortmunder Rabbiners berichtete:

> „Solange ich mich erinnern kann, war in unserem Gemeindehaus nie so viel Leben und Treiben gewesen wie jetzt. In jedem Winkel vom Keller bis zum Dachboden fand irgendein Kursus statt ... Damen die früher in ihrem eigenen Haushalt nichts angefasst hatten, lernten nun kochen oder nähen, lernten Putzmacherin oder Friseuse oder irgend etwas anderes, womit sie im Ausland ihren Lebensunterhalt verdienen konnten."[23]

Obgleich sich Frauen also bemühten, sich auf die Auswanderung vorzubereiten, und im Ausland in den typischen Frauenberufen leichter Stellen fanden als Männer, haben sie doch in deutlich geringerer Zahl Deutschland verlassen. Dies erklärt sich einmal aus ihrer anderen altersmäßigen Zusammensetzung, denn unter den über 60-Jährigen waren sie als Witwen traditionell weit überrepräsentiert, und diese Gruppe hatte die geringsten Auswanderungschancen, weil sie oft zu lange zögerte und viele Länder sie gar nicht aufnahmen. Es war fast immer die junge und mittlere Generation, die zuerst auswanderte und die Eltern nachholen wollte, was dann oft nicht mehr möglich war. Zuerst reisten nicht selten junge Männer allein aus, um für die Familie einen Platz zu finden – ein typisches Phänomen der Kettenauswanderung vergangener Epochen.

Die Zionistische Vereinigung für Deutschland hat in ihren Hachschara-Zentren im In- und Ausland etwa 23 000 Jugendliche auf das Leben in Palästina vorbereitet, darunter nur etwa ein Drittel Mädchen. Diese wurden in Landwirtschaft ausgebildet, aber auch in Haushaltstätigkeit und Kinderkrankenpflege. Die jungen Zionistinnen konnten so in den meisten Fällen mit Arbeiterzertifikaten nach Palästina einwandern.

Dies bedeutete für ihre Eltern eine höchst schmerzliche Trennung von den minderjährigen Töchtern, die sie wesentlich weniger bereitwillig ziehen ließen als ihre Söhne. Unter den mindestens 18 000 Kindern, die durch die Jugendaliya aus Deutschland nach Palästina und durch die Kindertransporte nach England gerettet wurden, überwogen die Jungen leicht, weil für den Aufbau in Palästina Jungen bevorzugt wurden und Eltern mehr zögerten, Mädchen allein in die Fremde gehen zu lassen als Jungen.

Eine weitere Gruppe von Frauen, die verhältnismäßig oft zurückblieb, waren unverheiratete Töchter betagter Eltern, da sie diese nicht hilflos allein lassen wollten. Wie die Schriftstellerin Gertrud Kolmar bezahlten sie diese Fürsorge später mit ihrem Leben. Emotionale Bindungen und traditionelle Geschlechtsrollen führten also bei Mädchen und Frauen eher zu einer Begrenzung der Auswanderung. Der Soziologe Max Birnbaum schätzte 1937, dass 20 Prozent weniger weibliche als männliche Auswanderer emigriert waren. Der Jüdische Frauenbund hatte schon Ende 1936 eine Förderung der Frauenauswanderung gefordert. Im Januar 1938 erschien in der Zeitung des Centralvereins ein programmatischer Artikel mit der Überschrift: „Mehr Frauen für die Auswanderung!". Der Anlass war nicht zuletzt der, dass unter den Emigranten jetzt Frauen fehlten, diese also nicht nur

weiterhin in Deutschland, sondern auch in der Emigration gebraucht wurden.[24]
Wie schon angedeutet, ergibt sich aus der Lektüre der Erinnerungen, dass der Wille zur Auswanderung bei Ehefrauen oft eher entstand als bei ihren Männern, da Frauen mehr an das psychische Wohlergehen und die Zukunft der Kinder dachten, ihre Ehemänner, sofern sie noch eine Stellung hatten, sich dagegen weiter an diese klammerten und den Verlust ihrer Ernährerrolle im Ausland fürchteten. Marta Appel berichtet von einem Arzt, der 1935 unter Zurücklassung aller Habe aus Dortmund floh, worüber ihr Freundeskreis bei einer Abendeinladung unterschiedlich urteilte:

> „Die Unterhaltung kreiste verständlicherweise vor allem um die Flucht des Arztes, und die Diskussion wurde sehr erregt. Die meisten Männer verurteilten die Flucht. ‚Das ist ein Mangel an Mut, jetzt zu diesem Zeitpunkt das Land zu verlassen, da wir alle fest gegen Unterdrückung und Hass zusammenstehen sollten.' Die Frauen protestierten heftig. Sie fanden, dass es mehr Mut erforderte wegzugehen als zu bleiben. ‚Wozu sollen wir hier bleiben und auf unseren allmählichen Ruin warten? Ist es nicht besser zu gehen und sich eine neue Existenz woanders aufzubauen, bevor unsere Kräfte durch den dauernden physischen und psychischen Druck hier erschöpft sind? Ist die Zukunft unserer Kinder nicht viel wichtiger als ein völlig sinnloses Durchhalten …?'"[25]

Solche Fragen und solche Diskussionen sollten sich spätestens durch den Novemberpogrom von 1938 vollständig erübrigen. Schon 1937 mussten die Appels selbst Deutschland Hals über Kopf verlassen, da beide als Vorsitzende der B'nai-B'rith-Loge bei deren Schließung bedroht und vorübergehend verhaftet wurden. Rabbiner Appel fand eine neue Rabbinerstelle in den USA.

Novemberpogrom

Der Novemberpogrom wurde zur wichtigsten Stunde der Bewährung für jüdische Frauen in Deutschland. Erstmals drangen SS und SA in Tausende von jüdischen Wohnungen, zerschmetterten die Einrichtung und verhafteten die jüdischen Männer. Frauen haben alles versucht, ihre Männer zu verstecken, ihnen zur Flucht zu verhelfen und die Kinder vor den schlimmsten Erlebnissen zu bewahren. Etwa 30 000 jüdische Männer wurden in Konzentrationslager verschleppt und dort auf das Schwerste misshandelt. Manche Ehefrauen drangen bis zu den Lagertoren vor. In den Büros der Gestapo wurde ihnen gesagt, ihre Männer kämen frei, wenn sie sofort auswanderten und entsprechende Papiere vorlägen. Der Druck war enorm. Die Ehefrauen belagerten die Büros der Konsulate und Schifffahrtslinien. Die Berliner Ärztin Helga Nathorff schrieb in ihr Tagebuch:

> „Unzählige Menschen standen mit mir an dem kalten dunklen Novembermorgen in dem feuchten Vorgarten des amerikanischen Konsulats. Frauen, blass, vergrämt, Frauen aus Berlin, Leipzig, Breslau – alle tragen dasselbe Leid, und sie schweigen, handeln schweigend für ihre Männer und weinen im Herzen – Frauenkreuzzug!"[26]

Die Frauen besuchten endlos Ämter, denn selbst wenn sie ein Einwanderungsvisum in ein obskures Land erhalten konnten, waren noch von überall Unbedenklichkeitsbescheinigungen für die Ausreise zu erbringen, um überhaupt den Reisepass zu bekommen. Manche Frauen mussten dafür ihre Habe verkaufen oder brachten ihre Kinder mit einem der Transporte nach England in Sicherheit, ohne das mit ihrem Mann besprechen zu können. Als er aus der Haft kam, sagte eine Frau ihrem Mann, sie habe eben das Haus verkauft und für die Familie Fahrkarten nach Shanghai erworben. Er bemerkt dazu in seinen Erinnerungen: „Mir war alles recht, nur nicht länger in einem Lande bleiben, in dem wir nur noch Freiwild waren für jedermann."[27] Viele der Männer waren schwer vom KZ gezeichnet und nicht mehr fähig, selbst um Auswanderungsmöglichkeiten zu kämpfen. Ein Gemeindevorsitzender schrieb anerkennend:

> „Das größte Lob während dieser Tage gebührt unseren jüdischen Frauen, die ohne eine Träne zu vergießen, den Horden Respekt einflößten, die teilweise ihre Männer blutig geschlagen hatten. Ungebrochen erledigten die Frauen alles und taten alles, um ihre Männer so bald wie möglich wieder frei zu bekommen."[28]

Nach dem Novemberpogrom war wirklich jeder Jude in Deutschland von der Notwendigkeit der Auswanderung überzeugt. Die neuen Verfolgungsmaßnahmen schlossen Juden von jeder Sozialunterstützung aus, während jetzt zwei Drittel von ihnen arbeitslos waren. Es setzte eine Massenauswanderung ein, die jedoch durch die hohe Hürde begrenzt war, überhaupt noch Aufnahmeländer zu finden. 1939 verließen 78 000 Juden Deutschland, obgleich sie jetzt ganz mittellos fliehen mussten und der Beginn des Krieges die Auswanderung weiter erschwerte. In ihrer Bedrängnis versuchten mehr und mehr Frauen noch vor Kriegsbeginn von einer besonders an sie gerichteten Einwanderungsmöglichkeit Gebrauch zu machen, die in England für Hausangestellte bestand. Eine Frau, die sich verpflichtete, in einem britischen Haushalt zu leben und wie üblich zwölf Stunden täglich zu arbeiten, konnte, wenn sie Glück hatte, bis Kriegsbeginn eine Einwanderungserlaubnis als „Domestic" erhalten. Insgesamt sind 14 000 jüdische Frauen aus Deutschland und Österreich als Domestics nach England eingewandert.[29] Manche von ihnen konnten kaum kochen, da sie selbst früher Dienstmädchen beschäftigt hatten. Es gelang auch einigen Männern, sich als Butler oder Gärtner zu verdingen, unter ihnen Dr. Fred Grubel aus Leipzig, der spätere Direktor des Leo-Baeck-Institutes in New York. Für die zumeist aus dem Bürgertum stammenden Frauen

war es nicht einfach, sich dem englischen Klassensystem zu fügen und strikt als Dienstboten behandelt zu werden. Manche von ihnen ernährten von dem kargen Lohn auch mitreisende Familienangehörige oder kämpften um Visa und Bürgen für Angehörige in Deutschland.
Eltern, die nicht mehr auswandern konnten, trafen jetzt immer öfter die schwere Entscheidung, sich von ihren Kindern zu trennen, um wenigstens diese in Sicherheit zu wissen. Nach dem Novemberpogrom hat England, wie erwähnt, zwischen 8 000 und 10 000 jüdische Kinder aus Deutschland aufgenommen und 3 400 wurden noch durch die Jugendaliya nach Palästina gerettet, wo sie in Kinderheimen und Kibbuzim aufwuchsen. Besonders die Mütter litten schrecklich beim Abschied von ihren Kindern, ahnend, dass er für immer war. Eine Frau schrieb: „Die Trennung von meinem einzigen Kind zerriss mir das Herz. Viele Tage und Nächte lag ich in meinem Bett, weinte und wollte nicht mehr weiterleben."[30] Sie hatte ihren 15-jährigen Sohn nach Palästina fahren lassen, um ihn vor der drohenden Zwangsarbeit für Juden zu bewahren. „Aus Kindern werden Briefe" war ein viel zitierter Satz unter den zurückbleibenden Eltern.
Nach dem Novemberpogrom wurde die jüdische Presse verboten und der Jüdische Frauenbund wie die meisten jüdischen Organisationen zwangsweise aufgelöst. Im Jahr 1939 betrug der Anteil der Frauen unter der verbliebenen jüdischen Bevölkerung bereits 57,5 Prozent, und ein Drittel aller Juden war jetzt über 60 Jahre alt. Mit Beginn des Zweiten Weltkrieges am 1. September 1939 wurde die Emigration sehr viel schwieriger und ging stark zurück. Gleichzeitig belasteten neue Maßnahmen gerade das Leben der Frauen. Juden konnten nur noch ein oder zwei Stunden am Tage einkaufen und zwar mit Lebensmittelkarten, die reduzierte Rationen vorsahen. Hunger und die neu eingeführte Zwangsarbeit – zuerst nur für Männer, 1940 auch für Frauen – prägten das Alltagsleben. Im September 1940 gab es in Berlin noch etwa 73 000 Juden (d. h. „Rassejuden"), davon 44 000 Frauen, sodass deren Anteil bei über 60 Prozent lag.[31]

Letzter Dienst an der Gemeinschaft

Trotz der Auflösung des Frauenbundes wurden gerade dessen führende Mitglieder weiter dringend gebraucht. Die Gemeinden beschäftigten wegen ihrer umfangreichen Sozialaufgaben zahlreiche Mitarbeiter, von denen immer mehr Männer auswanderten und durch Frauen ersetzt wurden. In Berlin hatten die jüdische Gemeinde und die im Februar 1939 zwangsweise geschaffene Reichsvereinigung der Juden zusammen über 1 000 Mitarbeiter. In ihrem letzten Rundbrief schrieb die Vorsitzende des Jüdischen Frauenbundes, Ottilie Schönewald:

> „Wir wissen, was die letzten Monate von jeder jüdischen Frau gefordert haben, was jeder Tag von ihr verlangt, um nur den Anforderungen im engsten Kreise gerecht zu werden. Und doch kann die Gemeinde und die Gemeinschaft weniger denn je auf sie verzichten."[32]

Und in der Tat haben in den Jahren 1939 bis 1943 jüdische Frauen in der Reichsvereinigung immer mehr Aufgaben übernommen. Im Februar 1941 arbeiteten noch 218 Mitarbeiter in der Berliner Zentrale, davon 137 Frauen und 81 Männer.[33] Unter ihnen gab es besonders drei starke weibliche Persönlichkeiten, die Führungsaufgaben wahrnahmen: Cora Berliner, Paula Fürst und Hanna Karminski. Alle drei Frauen sahen es als ihre Aufgabe an, ohne Rücksicht auf die wachsende Gefahr weiter zu arbeiten für die jüdischen Schulen, für die Auswanderung und für die Sozialfürsorge.[34] Sie haben dafür mit ihrem Leben bezahlt.

Cora Berliner, nach der heute in Berlin eine Straße am Holocaust-Denkmal benannt ist, wurde 1890 in Hannover geboren. Als eine der ersten Frauen promovierte sie 1916 in Volkswirtschaft und war zunächst Vorsitzende des Verbandes Jüdischer Jugendvereine. Sie trat 1919 als Regierungsrätin ins Reichswirtschaftsministerium ein, wo ihre Intelligenz und ihr Ideenreichtum hohe Anerkennung fanden. Cora Berliner erhielt 1930 einen Ruf als Professorin für Wirtschaftswissenschaften an das Berufspädagogische Institut in Berlin, von dem sie jedoch 1933 als Jüdin sofort wieder entlassen wurde. Seitdem arbeitete sie in der Reichsvertretung der Juden und wurde 1934 gleichzeitig zweite Vorsitzende des Jüdischen Frauenbundes. Nach 1939 leitete sie in der Reichsvereinigung die Abteilung Information, Statistik und Frauenauswanderung. Wiederholt begleitete Cora Berliner Kindertransporte nach England, kehrte aber immer wieder nach Deutschland zurück. Sie wurde 1942 verhaftet und deportiert. Im Gepäck hatte sie Goethes „Faust".

Hanna Karminski, geboren 1897 in Berlin, war als Kindergärtnerin und Sozialpädagogin ausgebildet, als sie Bertha Pappenheim, der Gründerin des Jüdischen Frauenbundes, begegnete. Mit ihr verband sie eine enge Freundschaft. Fortan widmete sie ihr ganzes Leben dem Frauenbund, war die Herausgeberin seiner Zeitschrift und seit 1933 seine Geschäftsführerin. Sie wurde 1939 in die Reichsvereinigung übernommen, leitete die Abteilung allgemeine Wohlfahrtspflege und unterrichtete am Seminar für jüdische Kindergärtnerinnen. Mehrfach lehnte sie die Auswanderung in die Schweiz ab, wo ihre Eltern lebten. Zwei Wochen nach ihrer Verhaftung im Oktober 1942 schrieb Leo Baeck, mit dem sie täglich zusammengearbeitet hatte:

> „Unsere gemeinsame liebe Freundin Hannah ist seit Tagen nicht mehr in ihrer Wohnung, sie steht vor der Abwanderung ... Dass sie in aufrechter, vornehmer Haltung ist, brauche ich nicht zu sagen. Wo immer sie ist, wird sie den Menschen um sie Haltung geben."[35]

Paula Fürst, geboren 1894 in Glogau, war mit Leib und Seele Lehrerin. Ab 1934 leitete sie die zionistische Theodor-Herzl-Schule in Berlin. Als diese 1939 schließen musste, übernahm sie die Schulabteilung der Reichsvereinigung. Ihr Ziel war es, die Kinder auf die Auswanderung vorzubereiten. „Mit Ernst und Verantwortungsbewusstsein muss versucht werden, die Kinder zu lebenstüchtigen, arbeitsamen und bewussten jüdischen Menschen zu erziehen."[36] Noch im August 1939 brachte auch sie einen Kindertransport nach England, und ihre Freunde dort versuchten sie zum Dableiben zu überreden. Doch auch sie lehnte ab mit der Begründung, sie habe in Berlin noch wichtige Aufgaben zu erfüllen. Im Juni 1942 wurde Paula Fürst zusammen mit Cora Berliner deportiert und ermordet.

Alle drei genannten Frauen waren unverheiratet und einander nicht nur bei der Arbeit, sondern auch im Privatleben eng verbunden. Hanna Karminski, die zuletzt deportiert wurde, schrieb über den Abschied von den Freundinnen einige bezeichnende Worte:

> „Lebewohl zu sagen war unendlich schwer. Wir müssen nun versuchen, getrennt, an dem Platz, an den jeder gestellt ist, weiter unsere Pflicht zu tun. Gemeinsam hätten wir alles mit Freuden bewältigt. Möge uns nun die Kraft bleiben, zu arbeiten und auf ein Wiedersehen zu hoffen."[37]

Die drei Frauen hatten in den Jahren der schwersten Verfolgung nicht nur voller Mut weiter ihre Arbeit als Aufgabe und Verpflichtung gesehen, sie hatten auch durch die Verbindung von Arbeit und Freundschaft eine Überlebensstrategie entwickelt, die ihnen zwar nicht zum Überleben, aber zum Bestehen der Gegenwart verholfen hatte.

Aufgaben im Exil

Etwa 280 000 bis 300 000 deutsche Juden konnten zwischen 1933 und dem Verbot der Auswanderung Ende Oktober 1941 Deutschland verlassen. Ich möchte deshalb zum Abschluss wenigstens einen Blick werfen auf die deutsch-jüdischen Frauen im Exil, denn die Emigration forderte von ihnen erneut Überlebensstrategien, wenn auch jetzt in einem neuen Land. Ich ziehe dazu das Beispiel der USA heran, weil für dieses Land die besten Forschungen zur Einwanderung vorliegen. Die USA nahmen die meisten flüchtenden Juden aus Deutschland und Österreich auf, insgesamt etwa 132 000. Das Land war zunächst überwältigend für die Flüchtlinge, und das Gefühl von Freiheit und Sicherheit half über vieles hinweg.

Die Auswanderung bedeutete die völlige Entwurzelung der Flüchtenden. Sie mussten ihr Vermögen zurücklassen und ebenso, was härter war, die deutsche Sprache und Kultur. Meist mittellos, kamen sie in eine ihnen unbekannte Welt, gezwungen, sofort Arbeit in einer fremden Sprache zu finden. Sie waren ohne Wohnung, ohne Erfahrung in der neuen Umgebung und ohne Kontakte. Jedoch erleichterten jüdische Hilfsorganisationen und jüdische Gemeinden ihnen die ersten Schritte. Unter diesen Bedingungen war die Familie, wie schon in der Zeit des Nationalsozialismus, der wichtigste Halt. Sie allein war noch ein Stück Heimat. Doch die Vergangenheit zählte nur noch wenig, alle Kraft musste auf den Aufbau einer neuen Existenz gerichtet werden. Die Ehefrauen, die in Deutschland überwiegend nicht berufstätig gewesen waren, spielten dabei psychisch und materiell eine tragende Rolle. Im Frühjahr 1940 hieß es im „Aufbau", der führenden Zeitschrift der deutsch-jüdischen Einwanderung:

> „Das Schicksal einer Familie in der Emigration hängt sehr häufig mehr von der Frau und ihrer seelischen Spannkraft ab als vom Mann. Gelingt es ihr, die Hindernisse zu überwinden, so wird die Familie wieder vorwärts kommen, stürzt sie, so wird sie die übrige Familie mit sich reißen."[38]

Die Ehefrau sollte gleichzeitig deutsche Traditionen bewahren und sich an das amerikanische Leben anpassen. Sie sollte ruhender Pol sein und der Familie über Isolation und sozialen Abstieg psychisch hinweghelfen. Dies war zweifellos eine hohe Anforderung, und doch haben viele Frauen sie gemeistert. Die Situation der Ehemänner war oft schwierig, da sie vielfach während der Depression auf dem amerikanischen Arbeitsmarkt und zumal ohne Sprachkenntnisse keine Anstellung finden konnten. Akademiker hatten es hier nicht besser, denn Ärzte mussten – je nach Zeitpunkt ihrer Ankunft – oft erneut die amerikanischen Examina ablegen, und Juristen waren chancenlos, da nur im deutschen Recht bewandert. Während Frauen sich oft sofort in ungelernte Berufe begaben, um den Lebensunterhalt zu sichern, zögerten Männer dies oft hinaus, zu verletzt über den sozialen Abstieg. Der Beruf hatte immer den wichtigsten Teil ihrer Identität gebildet und sein Verlust traf sie psychisch tief. Die Ehefrauen konnten ihnen in dieser Situation Halt geben, denn sie verkörperten die Kontinuität zwischen dem früheren Leben und dem jetzigen. Durch die Geborgenheit in der gemeinsamen Sprache, Geschichte und Kultur boten sie Hilfe und Verständnis. Emigranten haben diese starke psychische Rolle der Frau in ihren Erinnerungen gewürdigt. Ernst Bornemann etwa schrieb:

> „Für den im Exil Arbeitenden, politisch Tätigen, von Armut und Hoffnungslosigkeit täglich Bedrohten, hat die liebende und geliebte Partnerin eine unvergleichlich größere Bedeutung als für den gesicherten Bürger. Die Liebe im Exil ist die täglich wiederholte Entdeckung der Heimat im geliebten Menschen."[39]

Für Frauen war es leichter, eine Anstellung zu finden als für Männer. Im Jahr 1940 war daher die Hälfte aller Emigrantinnen berufstätig. Was für Arbeiten übernahmen sie in den ersten Jahren nach der Einwanderung? Die Berliner Ärztin Hertha Nathorff arbeitete in New York, um das erneute Medizinstudium ihres Mannes zu finanzieren, als Hausgehilfin, als Pflegerin, als Nachtschwester und Küchenmädchen. Das war der übliche Radius weiblicher Erwerbstätigkeit unter Emigrantinnen. Käte Frankenthal, ebenfalls Ärztin, aber auch SPD-Abgeordnete aus Berlin, verkaufte in ihrer Not sogar Eiscreme auf den Straßen von New York. Karola Bloch, Architektin und Ehefrau des Philosophen Ernst Bloch, arbeitete als Kellnerin und verkaufte Versicherungen. Manche Frauen vermieteten Zimmer mit Vollpension an andere Emigranten, arbeiteten als Näherinnen oder als ungelernte Fabrikarbeiterinnen. Damit verdienten sie damals etwa 20 Dollar die Woche, was zum bescheidenen Lebensunterhalt ausreichte. Andere Frauen nutzten ihre praktischen Fähigkeiten, um sich selbstständig zu machen. Sie nähten Handschuhe oder stellten Konfekt zum Verkauf her. In der Nähe der Bostoner Harvard Universität gab es ein Geschäft, das von Emigrantinnen gefertigte Textilien, Hüte, Schmuck und Backwaren anbot. Als diesem Geschäft 1940 ein Restaurant und eine Konditorei angeschlossen wurden, ernährte das Emigrantenunternehmen zeitweise 150 Familien. Eine besondere Spezialität des Ladens wurde die Anfertigung von Dirndlkleidern.[40]

Während In dieser ersten Phase des Fußfassens viele Frauen manuellen Tätigkeiten nachgingen, gab es auch Männer, die Beschäftigungen annahmen als Hausmeister, Fahrstuhlführer, Gärtner oder Fabrikarbeiter. Bei Männern wie Frauen galten diese Beschäftigungen aber nur als vorübergehend, denn sie entsprachen nicht dem Selbstbild des deutsch-jüdischen Bürgertums und dem sozialen Status, den man früher gehabt hatte. Der starke Wille zum erneuten sozialen Aufstieg führte in den meisten Fällen dann später auch zum Erfolg. Von ihren Frauen ernährt, besuchten viele Männer Sprachkurse, Abendschulen und Universitäten, um höhere berufliche Qualifikationen zu erlangen. Die Arbeit der Frauen legte so nicht selten die Basis für den sozialen Wiederaufstieg der Familie. Sobald es finanziell nicht mehr notwendig war, gaben die Ehefrauen ihre Arbeit in niedrigen Stellungen auf. Doch viele hatten gelernt, was es bedeutet, Geld und Anerkennung verdienen zu können. Auch sie bildeten sich beruflich weiter, suchten sich bessere Stellungen und entwickelten eigene Karrieren. Was ursprünglich aus der Not der ersten Einwanderungsjahre geboren war, die stärkere Berufstätigkeit der Frauen, bauten diese zu einer Form der Selbstverwirklichung durch qualifizierte Arbeit aus.

Die Stellung der Frau in und außerhalb der Familie war nach der Emigration nie mehr dieselbe wie in Deutschland. Hierzu trugen nicht nur die Erfahrungen der Verfolgungszeit und des Neuanfangs in den USA bei, sondern zunehmend auch der Einfluss der amerikanischen Kultur. In der Anfangsphase hatten die eingewanderten Frauen eine Erweiterung ihrer Rolle erfahren, während Männer größere Probleme damit hatten, sich sozial und beruflich nicht degradiert zu fühlen und neu zu beginnen. In dieser Situation des Autoritätsverfalls standen ihnen die Ehefrauen bei, erkennend, dass eine zu starke Rollenverschiebung die Ehe gefährden könnte. Die Kraft der Frauen in der Phase des neuen Existenzaufbaus *und* die soziale Kultur des Einwandererlandes brachten es schließlich jedoch dahin, dass die patriarchalische Familie und ihre Rollenverteilung zumindest infrage gestellt wurde und gewisse, wenn auch nur begrenzte Veränderungen der Geschlechtsrollen sichtbar wurden. Elisabeth Weichmann, die bis zu ihrer Rückkehr nach Hamburg als Emigrantin in den USA lebte, formulierte das wesentlich optimistischer: „Diese Frauen waren in der Mehrzahl bürgerliche Frauen, die ein ganz zufriedenes Leben als ‚und Frau' geführt hatten. Diese Frauen kamen auf einmal aus Verantwortungsgefühl für den Nächsten in die Aufgabe, etwas zu leisten – und nicht nur, sie zu füttern, sondern sie zu tragen. Und diese Wärme hat sie zur Anpassung leichter befähigt als die Männer. Sie haben in der Not ihre eigenen Kräfte kennengelernt und eingesetzt. Sie sind in eine echte partnerschaftliche Beziehung zu ihren Männern gewachsen."

Anmerkungen

[1] Uwe Dietrich Adam: Judenpolitik im Dritten Reich. Düsseldorf 1979. Eine Liste der wichtigsten antijüdischen Erlasse und Maßnahmen befindet sich in: Wolfgang Benz (Hg.): Die Juden in Deutschland 1933-1945. Leben unter nationalsozialistischer Herrschaft. München 1988, S. 739-753.

[2] Heinrich Silbergleit: Die Bevölkerungs- und Berufsverhältnisse der Juden im Deutschen Reich. Berlin 1930, S. 108 (Angabe für Preußen).

[3] Im Jahr 1924/25 waren an preußischen Universitäten 12,2 Prozent aller studierenden Frauen jüdisch (ohne ausländische Studierende). Harriet Pass Freidenreich: Female, Jewish, Educated. The Lives of Central European University Women. Bloomington 2002, Tabelle S. 207.

[4] Claudia Huerkamp: Jüdische Akademikerinnen in Deutschland 1900-1938, in: Geschichte und Gesellschaft 1993, 19. Jg., Heft 3, S. 319.

[5] Silbergleit, S.108.

[6] Kerstin Meiring: Die christlich-jüdische Mischehe in Deutschland 1840-1933. (Studien zur Jüdischen Geschichte 4). Hamburg 1998, Tabelle S. 95.

[7] Marion Kaplan: Der Jüdische Frauenbund in Deutschland. Organisation und Ziele des Jüdischen Frauenbundes 1904-1938. (Hamburger Beiträge zur Geschichte der deutschen Juden 7). Hamburg 1981, S. 23.

[8] Als Beispiel seien einige Berliner Stadtverordnete der Weimarer Republik genannt, die alle nach 1933 verfolgt und in vier Fällen auch ermordet wurden: Frieda Wunderlich, Martha Henschke und Regina Deutsch (alle DDP), Luise Kautsky (USPD), Käte Frankenthal, Martha Wygodzinski, Dorothea Hirschfeld, Hedwig Wachenheim, Röschen Wollstein (alle SPD). Aus: Verein Aktives Museum (Hg.), Vor die Tür gesetzt. Im Nationalsozialismus verfolgte Berliner Abgeordnete und Magistratsmitglieder 1933-1945. Ausstellungskatalog Berlin 2005. Vgl. Anm. 9.

[9] Käte Frankenthal: Der dreifache Fluch: Jüdin, Intellektuelle Sozialistin. Lebenserinnerungen einer Ärztin in Deutschland und im Exil. Frankfurt/M. 1981. Hedwig Wachenheim: Vom Großbürgertum zur Sozialdemokratie. Memoiren einer Reformistin. Berlin 1973.

[10] Huerkamp, S. 319.

[11] Wolfgang Benz (Hg.): Das Tagebuch der Hertha Nathorff. Aufzeichnungen 1933-1945. Berlin / New York / Frankfurt/M. 1988, S. 40.

[12] Monika Richarz (Hg.): Jüdisches Leben in Deutschland. Selbstzeugnisse zur Sozialgeschichte 1918-1945. Stuttgart 1982, S. 232.

[13] Ebd.
[14] Alexandra Przyrembel: „Rassenschande", Reinheitsmythos und Vernichtungslegitimation im Nationalsozialismus. (Veröffentlichungen des Max-Planck-Instituts für Geschichte 190). Göttingen 2003.
[15] Richarz, S. 234.
[16] Benz, S. 354.
[17] Marion Kaplan: Der Mut zum Überleben. Jüdische Frauen und ihre Familien in Nazideutschland. Berlin 2003, S. 97-106.
[18] Zitiert nach Sibylle Quack: Zuflucht Amerika. Zur Sozialgeschichte der Emigration deutsch-jüdischer Frauen in die USA 1933-1945. Bonn 1995, S. 45.
[19] Ebd., S. 46.
[20] Kaplan: Mut zum Überleben, S. 75-78.
[21] Quack, S. 48.
[22] Ebd., S. 54.
[23] Richarz, S. 240.
[24] Zur geschlechtsspezifischen Auswanderung s. Quack, S. 62-67.
[25] Richarz, S. 237.
[26] Benz, Nathorff, S. 127. Zu jüdischen Frauen im Novemberpogrom s. Kaplan, Mut zum Überleben, S. 182-187, und Quack, S. 67-72.
[27] Zitiert nach Kaplan: Mut zum Überleben, S. 186.
[28] Ebd.
[29] Tony Kushner: Fremde Arbeit. Jüdische Flüchtlinge als Hausangestellte in Großbritannien, in: Jüdisches Museum Berlin und Haus der Geschichte der Bundesrepublik Deutschland (Hg.): Heimat und Exil. Emigration der deutschen Juden nach 1933. Frankfurt/M. 2006, S. 72-82.
[30] Zitiert nach Kaplan: Mut zum Überleben, S. 172.
[31] Dieter Maier: Arbeitseinsatz und Deportationen. Die Mitwirkung der Arbeitsverwaltung bei der nationalsozialistischen Judenverfolgung in den Jahren 1938-1945. Berlin 1994, S. 85.
[32] Zitiert nach Gudrun Maierhof: Selbstbehauptung im Chaos. Frauen in der Jüdischen Selbsthilfe 1933-1943. Frankfurt / New York 2002, S. 132.
[33] Ebd, S. 180.
[34] Zu ihren Biografien s. Maierhof, S. 71-87, 190-199.
[35] Zitiert nach Maierhof, S. 195.
[36] Ebd., S. 197.
[37] Ebd., S. 199.
[38] Zitiert nach Quack, S. 162.
[39] Zitiert nach Christine Backhaus-Lautenschläger: Und standen ihre Frau. Das Schicksal deutschsprachiger Emigrantinnen in den USA nach 1933. Pfaffenweiler 1991, S. 146.
[40] Ebd., S. 81.

Lydia Koelle

Ohne Aussicht

Charlotte Salomons Bilderflucht
„Leben oder Theater?"

Du hast das Haus der Welt nicht bewohnt ...
Zur Erinnerung an T. (* 12. 2. 2007)

Der Krieg tobte weiter, und ich saß da am Meer
und sah tief hinein
in die Herzen der Menschen ...
Charlotte Salomon[1]

Intro

Diesmal war es anders: Als ich vor zwei Jahren zu einer Tagung nach Berlin eingeladen wurde, fiel meine Entscheidung, hinzufahren, zum größten Teil wegen Charlotte Salomon. Als hätte ich nur auf einen guten Grund gewartet, mich in ihrer früheren Wohnung unweit des Kurfürstendamms einquartieren zu können, die, so hatte ich vier Jahre zuvor entdeckt, als eines der vielen Charlottenburger Etagenhotels genutzt wurde. Bot es sich nicht an, die geräumigen Gründerzeitwohnungen in begehrter Lage zimmerweise zu vermieten?
Es war Oktober, als ich am neuen Berliner Hauptbahnhof ankam. Eine S-Bahn brachte mich zum Savignyplatz. Dann noch ein kurzer Spaziergang durch das Charlottenburger Gründerzeitviertel – und ich bin da.
Schwer zu sagen, was mich an Charlotte Salomon, die 1943 mit sechsundzwanzig Jahren in Auschwitz ermordet wurde, *nicht* fasziniert. So vieles erregt meine Bewunderung, mein Erstaunen. Hannelore Schäfers frühen Dokumentarfilm „Die eigene Geschichte. Heben Sie es gut

auf, es ist mein ganzes Leben" (1987) hatte ich eher zufällig vor zwanzig Jahren im dritten Fernsehprogramm gesehen. Es blieb eine undeutliche Erinnerung zurück, ihr Name, den ich auf ein Fetzchen Papier schrieb, um ihn nicht zu vergessen. Der Gedanke blieb haften: Sie ist wichtig; bald wusste ich nicht mehr genau, warum. Was sich änderte, und dann nachhaltig zehn Jahre später: Das sonnengelbe Plakat sprang mir in die Augen, das auf eine Ausstellung ihres Werkes im Bonner Kunstverein hinwies: ihr Selbstporträt und ihr Name *Charlotte Salomon,* ein junges Mädchen mit streng zurückgekämmtem Haar, mit vollen sinnlichen, doch fest geschlossenen Lippen, die korrespondierten mit dem aus den Augenwinkeln wissenden, vorsichtigen, schmerzvollen Blick. Ich ging hin, um beides zu ergründen. Und verlor mich zwischen den kleinen Bildern ihres Gouachenzyklus – sie haben lediglich die Größe eines Schülerzeichenblocks – deren Zusammenhang ich nicht verstand. Ich fühlte mich überfordert und irritiert: Was sah ich, was beschrieben die Bilder, was war das Besondere? Ich strengte mich an, aber ich konnte es nicht erkennen.

Die Ausstellung zeigte, wie jede andere Charlotte-Salomon-Ausstellung rund um den Erdball, lediglich eine sehr kleine, eben „überschaubare" Auswahl. Unverstehend verstand ich, dass kein Betrachter umhin kommt, sich intensiver dem Leben und Werk ihrer Urheberin widmen zu müssen. Dann aber, zum Schluss, am Ende des Rundgangs, das Bild, das mich traf: „Weißt du, Großpapa, ich hab das Gefühl, als ob man die ganze Welt wieder zusammensetzen müsste", sagt dort Charlotte zu ihrem Großvater. Es verschlug mir den Atem. Da wusste ich und zögerte nicht mehr: Ich würde über die „Wiederherstellung der Welt" schreiben, *das* Projekt, das mich damals beschäftigte. Es war, als hätte das Bild zu mir gesprochen, mich aufgerufen. Ein gerettetes Kunstwerk, um die Auslöschung zu bezwingen, ein trauriger Triumph, denn auch die nahezu berstende Vitalität der Bilder, die noch Zeugnis geben von der Besessenheit, Kraft und Intensität ihrer Künstlerin, machen sie zwar unge-

mein lebendig, aber lassen sie nicht wieder auferstehen. Jede Zeile, die über sie geschrieben wird, jedes Theaterstück, jede Schule, die nach ihr benannt wird, jeder Film, jedes Symposium, jede Ausstellung überall auf der Welt machen Charlotte Salomon präsent, aber nicht mehr berührbar.
Ihre Bilder sind das Portal, das jeden Besucher im Jüdisch-Historischen Museum in Amsterdam empfängt, verstanden oder unverstanden, wird er sie im Gedächtnis behalten.
Sie sind das Zeugnis einer Untergegangen, aber vom Leben! Vom Leben, dem aus dem Fenster geworfenen, dem in der Liebe hingegebenen, dem in der Kunst des Singens, Malens, Musikmachens gefeierten, multiplizierten, erhobenen, verausgabten, wieder zurückempfangenen Leben. Vom Leben in seinen Höhen und Tiefen, ja, auch diesem „Untergang" wie in der Oper „Orpheus und Euridice", in der ihre Stiefmutter Paula Lindberg den Altpart des „Orpheus" sang, und die auch in der Theorie ihres gemeinsamen Freundes Alfred Wolfsohn über die menschliche Stimme als Ausdruck der Seele als Deutungshintergrund diente. Charlotte Salomons Gouachen sind mehr als ein Dokument ihrer Zeit. Beeindruckend schon die schwierigsten Umstände ihrer Entstehung, bewunderungswürdig schließlich die Energie und der Mut, die Charlotte Salomon aufbrachte, um in ihrer Einsamkeit, trotz dieser Einsamkeit und schließlich dank ihrer Einsamkeit das Werk ihres Lebens zu vollenden.
Das „ganze Leben", das Charlotte hineinwob, es stellt die Verbindung zum Abgebrochenen wieder her, ironisiert, fügt noch einen Kommentar hinzu, deutet, übertreibt, schwelgt und schweigt, ist nur noch purer Ausdruck.

Das ganze Leben

Charlotte Salomon wurde am 16. April 1917 in Berlin geboren und an der dortigen Hochschule für freie und angewandte Kunst ausgebildet. In den Jahren 1940 bis

1942, die zugleich die letzten Monate ihrer Fluchtexistenz bei den Großeltern an der Côte d'Azur waren, schuf sie ein außergewöhnliches, einzigartiges Werk: *Leben oder Theater?* – einen autobiografischen Bilder-Zyklus in Gouache-Technik, mit in die Bilder kalligrafisch integrierten Dialogen und Kommentaren sowie Hinweisen auf die dazugehörige Musik, Arien und Schlager – ein „Singespiel", wie Charlotte Salomon es nannte.

Nachdem sie sich von der Welt zurückgezogen hatte, um ihren Gouachen-Zyklus zu vollenden, wendete sich Charlotte Salomon ganz dem Leben zu. Gerade hatte sie sich durch das Malen von einem großen inneren Druck befreit, und zugleich damit ihre Identität als Künstlerin gefunden. Sie hatte geheiratet und erwartete ein Kind. Am 21. September 1943 werden Charlotte und ihr Mann Alexander Nagler in Villefranche-sur-Mer von der Gestapo verhaftet und über das Sammellager Drancy am 7. Oktober nach Auschwitz deportiert. Charlotte war im vierten Monat schwanger. Sie starb zu dem Zeitpunkt, als alle Zeichen ihres Lebens auf Anfang und Zukunft standen.

Leben oder Theater?, ihr analytisch und zugleich ironisch verfremdet aufgezeichnetes Leben, an dem sie besessen oder verzweifelt, jedenfalls manisch entschlossen, oftmals Tag und Nacht gearbeitet hatte, blieb unzerstört: „Heben Sie das gut auf, c'est toute ma vie." Mit diesen Worten hatte Charlotte Salomon ihr Werk dem Arzt von Villefranche-sur-Mer anvertraut.[2] Die in Packpapier eingeschlagenen Bündel – Charlottes Lebenswerk – deklarierte Alexander Nagler als Besitz von Ottilie Moore, um es so vor einer Beschlagnahme durch die Deutschen zu schützen. Ottilie Moore war jene reiche Amerikanerin, die den Großeltern seit 1934 und dann auch Charlotte und Nagler im Gartenhaus ihres weitläufigen Anwesens in Villefranche Asyl gewährt hatte. Sie übergab dem Vater Albert Salomon und seiner Frau Paula Charlottes Bilder, als sie nach dem Ende des Krieges im Jahre 1947 nach Villefranche kamen, um Spuren von Charlotte zu finden. Sie werden heute von der dem Jüdisch-

Historischen Museum angegliederten Charlotte-Salomon-Stiftung in Amsterdam betreut, und treten von dort aus ihre Reise in die Museen der Welt an.
Charlotte Salomons „Singspiel" ist kein Fragment, sondern ein abgeschlossenes und in sich geschlossenes Werk einer Exilierten. Es ist *ihr ganzes Leben*, weil es ihre eigene Biografie bis 1942 und die Geschichte ihrer Familie enthält, sofern sie Charlottes Lebenswirklichkeit eine neue Richtung gab. Ja, das Stück beginnt sogar bereits vor ihrer Geburt: Es setzt ein mit dem Selbstmord ihrer Tante Charlotte Grunwald, deren Namen sie vier Jahre später erhalten wird. Es schildert Charlotte Salomons Kindheit und Jugend, es zeigt sie beim Studium an der Berliner Akademie der Künste, wie der Entschluss in ihr reift, Malerin zu werden. Sie offenbart sich auf den Bildern in ihrer ersten, unglücklichen Liebe zu dem Gesangslehrer und Klavierbegleiter ihrer Stiefmutter Paula, Amadeus Daberlohn alias Alfred Wolfsohn, der sich wie Paula Salomon-Lindberg, einer zur damaligen Zeit berühmten Altistin, in der *Jüdischen Künstlerhilfe* engagierte. Wolfsohn hatte auf die junge Charlotte einen tiefen Eindruck hinterlassen, der Darstellung seiner eigenwilligen Theorien über die Kunst und das Leben, die er nach einer Todeserfahrung im Ersten Weltkrieg entwickelte, hat sie in *Leben oder Theater?* breiten Raum gegeben. Ernsthaft *und* ironisch hat ihm Charlotte in ihrem Lebenswerk ein Denkmal gesetzt. Aus der Erinnerung an seine Worte und sein Zutrauen zu ihr wird sie auch in den bittersten Stunden in Villefranche Kraft schöpfen. Denn Wolfsohn war der Erste, der sie ermutigte zu malen, und sich durchs Malen einen eigenen Ausdruck zu verschaffen, und der sich dabei von ihrem scheuen, abweisenden Wesen nicht irritieren ließ.
Der autobiografische Zyklus *ist* ihr *ganzes Leben,* weil die Arbeit an ihm ihr Leben ausgemacht hat: Zwei bis drei Jahre tat sie fast nichts anderes, als besessen an diesem gemalten Bericht ihres Lebens zu arbeiten. Dies zeigt, dass sich Charlotte Salomon über Zweifaches bewusst war: Zum einen, dass ihr Leben gefährdet war –

durch die Selbstmordkette in ihrer Familie und durch die Naziokkupation Frankreichs, dass sie möglicherweise nicht mehr lange leben würde. Und, offensichtlich malte sie in dem Bewusstsein, dass ihre Kunst ein Mittel sein könnte und schließlich auch war, dieser doppelten Bedrohung standzuhalten und ihr etwas entgegenzusetzen, was lebensrettend ist: was ihr jetzt ermöglichte, das Leben zu ertragen und sich nicht das Leben zu nehmen, und was etwas von ihr aufbewahren würde für eine Zukunft, die in weiter Ferne lag.

Die Einzigartigkeit dieses viel und doch noch zu wenig beachteten Werkes liegt in der Verschränkung von Kunstwerk und Holocaust-Zeugnis: Weil *Leben oder Theater?* ein suggestives, expressives Kunstwerk ist, wird das, wovon es zeugt, so nachhaltig empfunden, so unvergesslich aufgenommen. Das Besondere dieses Werkes liegt nicht darin, *dass*, sondern *wie* Charlotte Salomon ihr persönliches Schicksal und die politische Tragödie ihrer Zeit miteinander verschränkte und mit großer künstlerischer Sensibilität und ungewöhnlichen kreativen Mitteln zur Darstellung brachte. In dieser Sicht rückt Charlotte Salomon nicht als Opfer der Vernichtung in den Vordergrund, sondern als Künstlerin.

Die Unmittelbarkeit dieses historischen Zeugnisses speist sich aus einem Kraftzentrum, in dessen Mitte das Werk im Prozess seiner Entstehung selbst angesiedelt ist: Charlotte Salomon hat mit Blick auf ihren drohenden Untergang und um nicht wahnsinnig zu werden, nicht einfach nur, sich selbst Rechenschaft gebend und vergewissernd, ihr Leben gemalt, sondern, unter Aufbietung all ihrer physischen und geistigen Energien – mit den Mitteln der Kunst –, ihre Welt über den Tod hinaus *wiederhergestellt*.

Als Charlotte die Gouache malt, in der sie sich erstmals unumwunden und selbstgewiss als Künstlerin abbildet (CS/784)[3], hat sie einen weiten Weg zurückgelegt: von einem schüchternen, in ihren eigenen Bildern stets randständigen Mädchen im Berlin der Dreißigerjahre des vorigen Jahrhunderts, das sich allein im Zeichnen lebendig, wirklichkeitsnah fühlen kann, zu einer besessenen Chronistin ihrer jüdischen Familie und ihrer Zeit, der Zeit des Nationalsozialismus – mit dem Pinsel, die um ihre große, künstlerische Begabung weiß, und diese erstmals – durch das exzessive Malen an jenem Gouachenzyklus, durch den wir all dies wissen –, mit vollem Nachdruck behauptet. Die sich, mit Anfang zwanzig, ihres Familienerbes vergewissern muss, den verzweifelten Drang verspürend, den Grund zu festigen, auf dem sie steht, indem sie die Menschen malend vergegenwärtigt, die sie im Guten wie im Bösen geprägt haben.

Denn dies alles geschieht nicht ohne Not: Der Versuch der Großmutter, sich im Badezimmer zu erhängen, und schließlich ihr Todessprung aus dem Fenster, als die deutschen Truppen 1940 nach Südfrankreich vorrücken, – beides malt Charlotte in einer hastigen, expressiven und gleichzeitig reduzierten Bildsprache. „Mein Leben fing an, als meine Großmutter sich das Leben nehmen wollte – als ich zu wissen bekam, dass auch meine Mutter sich selbst das Leben nahm – ebenso wie ihre ganze Familie – als ich zu wissen bekam, dass ich selbst die einzige Überlebende bin und tief im Innern dieselbe Veranlagung, den Hang zur Verzweiflung und zum Sterben, im mir spürte"[4], schrieb sie in *Leben oder Theater?*.

Mit der Arbeit an ihrem Lebenszyklus flieht Charlotte aus ihrer bedrückenden Gegenwart in ein eigenes, durch *Leben oder Theater?* neu geschaffenes Leben (vgl. CS/ 775-783). Aber es ist auf andere Art lebendig als das tatsächlich erlebte: Es ist Erinnerung, Konstruktion, Fiktion. *Leben oder Theater?* ist ein kalkuliertes Stürzen in die Bodenlosigkeit vormaliger Gewissheiten – über die eigene Biografie, über die bürgerliche Herkunft, über die Heimat Deutschland. In *Leben oder Theater?* versenkt Charlotte sich in die Fragwürdigkeit dieser Existenz. So kennzeichnet der Titel in Wirklichkeit keine polaren Gegensätze, kein „Entweder-Oder". Er bezeichnet vielmehr das durch die Zeitumstände und durch ein persönliches Schicksal in die Frage gehobene Dasein.

„Leben oder Theater?" – das Werk

Die edierte Fassung von Charlotte Salomons dramatischer Autobiografie *Leben oder Theater?* besteht aus 769 Gouachen in der Größe 32,5 x 25 cm. Die Nummerierung der Blätter ergibt zwei Serien: I/1-211, II/1-556, dazu kommen einige hundert unnummerierte Seiten: Begleittexte, Vorstudien und nichtverwendete Kompositionen.[5]

Leben oder Theater? besteht aus einem Vorspiel, einem Hauptteil und dem Nachwort. Das Vorspiel schildert Charlotte Salomons Kindheit, den Tod der Mutter, die Heirat des Vaters Albert Salomon mit „Paulinka Bimbam" alias Paula Lindberg und ihre Gesangskarriere. Der umfangreiche Hauptteil handelt im Wesentlichen von Charlottes Begegnung mit „Amadeus Daberlohn" alias Alfred Wolfsohn und dessen Kunst- und Lebenstheorien. Die letzten vier Kapitel des Hauptteils führen eindringlich die politische Situation der antisemitischen Ausgrenzung und Verfolgung vor Augen. Der als „Nachwort" bezeichnete Teil berichtet von Charlottes Aufenthalt in Südfrankreich bei den Großeltern: Er führt dem Betrachter den Selbstmord der Großmutter, die Deportation ins Lager Gurs sowie Charlottes schwieriges Verhältnis zum Großvater vor Augen.

Trotz seines überwiegend ernsten Inhalts enthält Charlotte Salomons Stück auch witzig-ironische Inszenierungen und Kommentare. Deshalb passt der Untertitel *Ein Singespiel* sehr gut. Das „Singspiel", ein kleines, heiteres Theaterstück mit gesprochenem Dialog, Gesang und Musikeinlagen, war im ausgehenden 18. Jahrhundert besonders in Deutschland beliebt. Zwischen Oper und Lustspiel angesiedelt, bildete es die Vorform der heutigen Operette. Es ist anzunehmen, dass Charlotte viele der im Singspiel eingeflochtenen Arien und Musikstücke[6] bei Aufführungsabenden des *Jüdischen Kulturbunds,* in dem sich ihre Stiefmutter engagierte, erlebte. Weihnachtslieder, Volkslieder und zeitgenössische Schlager kommen ebenfalls vor. Charlotte zitiert außerdem aus der Bibel

sowie Gedichtzeilen von Goethe, Heine und Nietzsche und auf Französisch ein Gedicht von Verlaine, meist ohne ihre Quellen zu nennen.
Leben oder Theater? ist ein Gesamtkunstwerk. Es „verbindet visuelle Kunst, Literatur, Kino, Philosophie, nicht hörbare Musik und längst vergessene Schlager zu einem Ganzen"[7].
Albert Salomon bezeichnete das Werk seiner Tochter in einem Ausstellungsfaltblatt als ein „„aus der Erinnerung geschriebenes, analytisches Tagebuch"'[8]. Diese Charakterisierung legt den Vergleich mit dem Tagebuch der Anne Frank nahe, und zwar gerade deshalb, weil auch Anne Frank kein Tagebuch im üblichen Sinne geschrieben hatte. Wie Charlotte Salomon, so hatte sich auch Anne Frank beim Schreiben ihres Tagebuches als Künstlerin, nämlich als Schriftstellerin, verstanden. Die historisch-kritische Ausgabe ihrer Aufzeichnungen[9] macht sinnfällig, wie sie ihre eigenen Eintragungen überarbeitet und verfremdet hat, um damit die Grundlage für ein nach dem Krieg geplantes Buch, *Das Hinterhaus*, zu schaffen. Sowohl Charlotte Salomon als auch Anne Frank treten zu ihren Charakteren in eine ironische Distanz, indem sie ihnen Phantasienamen geben. Und wo Charlotte Salomon über sich als „Charlotte Kann" in der 3. Person erzählte, schuf sich Anne Frank mit der fiktiven Freundin „Kitty" ein Alter Ego. Diese „Kunstgriffe" zeigen, dass es beiden Frauen bewusst war, über das historische Zeugnis hinaus, an einem je eigenen und eigenwilligen Kunstwerk zu arbeiten. Zudem ermöglichte diese künstlerische Technik Selbstanalyse, Selbstreflexion, eine Art Verobjektivierung, ohne dass dadurch den überlieferten Werken etwas von ihrer Unmittelbarkeit und Intensität genommen wird. Charlotte Salomons Bilderzyklus ist ein *analytisches* Tagebuch, weil die erinnerte und damit reflektierte Zeit, die kurz vor der Gegenwart, vor Charlottes Ende, abbricht, seine narrative Struktur ausmacht. Interne Zeitsprünge, „die deutlich der filmischen Dramaturgie der Rückblende folgen oder der Parallelisierung von Zeit im multiperspektivischen

Erzählen"[10], unterstreichen den filmischen Charakter von Charlotte Salomons Bilderzyklus.[11]
Eine weitere Eigentümlichkeit von *Leben oder Theater?* betrifft seine unterschiedlichen Malstile. Die ersten Bilder des Singspiels muten fast mittelalterlich an. Anfangs sind alle Details sorgfältig ausgemalt, auf den späteren, in einer expressiven Maltechnik hastig hingeworfenen Blättern, auf denen Charlotte sich nur noch auf das Wesentliche zu konzentrieren scheint, wächst das Werk zu einer „exzessiven Bilder-Flut" an:

> „Das Feierliche und das Tragische, das Bedeutende und das Banale, das Erhabene und das Komische fließen in eine rhythmisch zu nennende Komposition, in der Ereignisfülle oder horror vacui sich abwechseln mit sparsamster Niederschrift. (...) Fülle und Leere sind gleichermaßen tragende Erfahrungen bei der Niederschrift der Wirklichkeit in *Leben oder Theater*. In ihren bildnerischen Partien reichert die Künstlerin hier das Blatt an durch eine nachgerade manische Entschlossenheit, auch nicht das geringfügigste Detail zu vergessen oder doch dem einmaligen Ereignis durch ständige Wiederholung zum einzig gültigen Ausdruck zu verhelfen, um dann wieder in das Gegenteil zu verfallen und dem weißen Blatt nicht mehr als die knappe, eher schemenhafte Hauptfigur des in diesem Moment zentralen Ereignisses – sei dieses Handlung oder psychische Befindlichkeit – anzuvertrauen."[12]

In der Wielandstraße 15

Kein Zufall, dass ich im September 2002 während eines einwöchigen Berlin-Aufenthalts meine Schritte zur Wielandstraße in Charlottenburg lenkte. Dass ich stehen blieb vor dem großbürgerlichen Mehrfamilienhaus Nr. 15, hier war Charlotte Salomon geboren worden, hier wuchs sie auf.

In *Leben oder Theater?* malt Charlotte Salomon den Einzug der Eltern Albert und Franziska in die noble Wielandstraße. Charlotte malt die weitläufige (etwa 180 qm große) Wohnung aus der Vogelperspektive, bunt und dicht wie eine Kinderzeichnung. Dazu schreibt sie:

> „Die Wohnung ist wirklich – man könnte fast sagen schön. Es gibt das Herrenzimmer mit anschließendem Behandlungsraum für Albert, einen Salon, ganz in Blau gehalten, wo der Flügel von Franziska steht, das große Esszimmer mit einer kleineren Nische im Hintergrund, für kleinere Mahlzeiten, Frühstück, Kaffee usw. bestimmt. Ein langer Gang führt in den hinteren Teil der Wohnung. Da ist das Schrankzimmer mit den wohlgefüllten Wäscheschränken, das Kinderzimmer für den erwarteten Nachwuchs, das Schlafzimmer, die Küche – wo schon Auguste sitzt und auf Befehle der Hausfrau wartet, das angenehme Badezimmer und Augustes Kammer" (CS /19).

Berlin ist der zentrale Schauplatz der in Charlotte Salomons Gouachenzyklus *Leben oder Theater?* gemalten und kommentierten Ereignisse. Charlotte malt die Machtergreifung der Nazis am 30. Januar 1933 und immer wieder die Wohnung in der Wielandstraße: Ort von Festen und Zusammenkünften um die glamouröse Paula Salomon-Lindberg; Hort der Verzweiflung, als Charlotte Abschied nehmen muss von den geliebten Menschen, als sie im Januar 1939 nach Südfrankreich aufbricht, wo man sie in Sicherheit glaubt. In der großzügig eingerichteten Wohnung kommt ihr das Gefühl von Geborgenheit und Zuhause-Sein sichtbar abhanden. Zwischen den wuchtigen Möbeln, die unverrückbarer wirken als sie selbst, scheint sich Charlotte in der Untiefe der Räume zu verlieren. Auf einem anderen Blatt ihres Gouachenzyklus versinnbildlichen der geschlossene Koffer, auf dem Charlotte sitzt, und ein riesiger zweiter, der mit geöffnetem Deckel auf ihrem Bett liegt, ihre Trostlosigkeit und innere Leere. Sie sitzt, wie in der gleichlautenden Redewendung, „auf gepackten Koffern", zur Flucht bereit (CS/667-670).

Am Anhalter Bahnhof – nur eine Fassadenruine erinnert heute an ihn – sieht sie Paula, Alfred Wolfsohn und ihren Vater zum letzten Mal.

Das großbürgerliche Heim in Charlottenburg wird zum erzwungenen Rückzugsort. Albert Salomon muss 1933 die Universität verlassen und beginnt seinen Dienst im Jüdischen Krankenhaus in Berlin. Paula darf nicht mehr auftreten, nur noch der Jüdische Kulturbund steht ihr und anderen jüdischen Künstlern offen. Paula engagiert sich in der *Jüdischen Künstlerhilfe*, auf diese Weise kommt Alfred Wolfsohn zu ihnen ins Haus, als „Gesangspädagoge" und Klavierbegleiter. Aber was war er wirklich? Folgt man Charlottes ausführlicher Bebilderung von Wolfsohns Denk- und Phantasiewelt, so war er beides: ein genialer, redegewandter Visionär – oder doch nur ein phantastischer Schwätzer? –, vielleicht sogar das, was man heute einen „Womanizer" nennen würde. Charlotte fühlte sich zu Ihm hingezogen, wie die Wüste sich nach dem Wasser sehnt. Er war der erste Mensch, der sie ermutigte zu malen und sich durchs Malen einen eigenen Ausdruck zu verschaffen, als hätte ihn gerade die Verschlossenheit dieses scheuen Menschenkindes gereizt, als hätte er eine Ahnung gehabt von dem leidenschaftlichen Innenleben seines Gegenübers.[13] Hatte er Charlotte verführt oder wollte Charlotte, indem sie eine wenn auch unglückliche Liebesbeziehung illustrierte, sich nur ein Stück von Wolfsohns glühender Verehrung ihrer schönen Stiefmutter, die er „Madonna" nannte, selbst zuteilen? Wunsch oder Wirklichkeit? Paula jedenfalls hat in späteren Interviews das in *Leben oder Theater?* überlieferte Liebesverhältnis von Charlotte und Wolfsohn als Einbildung einer Spätpubertierenden abgetan. Und so, auch noch nach Charlottes Tod, die Deutungs- und Kontrollmacht über deren Leben beansprucht.

Charlotte malte es anders: eine Gouache in warmen Farben: Sie sitzt auf Wolfsohns Schoß, er hat die obligatorische schwarze Nickelbrille abgelegt (das kann man sich nicht ausdenken!) und sagt, ihr tief in die Augen blickend: „Hast du denn keine Angst vor mir, ich bin doch ein wildfremder Mann für dich." Charlotte: „Ich liebe dich" (CS/495). Und dann drei – für junge Liebespaare – klassische Szenen: Charlotte sieht ihn auf sich zukommen – am Bahnhof Charlottenburg? – er liest im Gehen die Zeitung, hat sie noch nicht wahrgenommen. Charlotte schrieb dazu: „Wenn ich dich sehe / o -- / klopft mir mein Herze / ganz fürchterlich / es ist als ob die ganze Welt / die ganze Welt / in Stücke bricht." Zweite Gouache: Jetzt gehen sie nebeneinander her, haben die Gesichter im lebhaften Gespräch einander zugewandt. Charlottes in die Gouache hineingeschriebener Kommentar: „Wenn ich dich / sehe / o ---- / so glaub ich mich / im Himmelreich / ich glaub auf Erden / o ---- / kein anderer Mensch / kommt dir gleich." Dann die beiden in einem Café. Sie sitzen an einem runden Tisch mit zwei Kaffeetassen vor sich an einem hohen Flügelfenster, haben die rechten Hände über den Tisch hinweg ineinandergelegt (diesmal ohne Kommentar von Charlotte). Der Farbhintergrund, auf dem sich nur die Konturen des Paares, des Tisches und des Fensters abzeichnen, *glüht* in allen Orange- und Ockertönen. „... als ob die ganze Welt / die ganze Welt / in Stücke bricht" – warum nur diese Parallele zu einem Satz, den Charlotte sehr viel später, und dann in Frankreich, zu ihrem Großvater sagen wird, nachdem sie das Sammellager Drancy doch wieder verlassen dürfen: „Weißt du Großpapa, ich hab das Gefühl, als ob man die ganze Welt wieder zusammensetzen müßte" (CS/774)? Charlotte hat es mit ihrem Gouachenzyklus getan: die Welt wiederhergestellt, ohne sie heilen zu können.

In der Wielandstraße in Berlin hatte Charlotte mehr als zwanzig Jahre gelebt. Eine Gedenktafel des Berliner Landesjugendrings erinnert an sie. Hier hatte ich im Herbst 2002 gestanden, voller Spannung nach oben geblickt, voller Spannung auf die Klingel gedrückt, als ich das *Hotel Wieland* in Charlottes Etage entdeckte. Was hatte ich gesucht, was gefunden? Damals schrieb ich:

„Eine Handy-Nummer stand unten an der Eingangstür auf dem Klingelschild. Der Besitzer des Hotels, ein Osteuropäer dem Namen und seiner Sprachfärbung nach, war über mein Anliegen gar nicht überrascht: Es kommen manchmal Leute aus Amerika (!); ja, das ist die Wohnung, in der Charlotte Salomon gewohnt hat. Natürlich könne ich hinaufgehen und mir alles ansehen, er werde anrufen und Bescheid sagen. In der Mitte des Treppenhauses ein Fahrstuhl, darum herum geschwungene Treppen, eine noble Atmosphäre. Im ersten Stock hat sich eine Public Relations-Firma breitgemacht. Oben angekommen werde ich schon erwartet. Man weiß von Charlotte Salomon, aber man kennt sie nicht. Absurd die Vorstellung, ich würde mich zurechtfinden, als hätte Charlotte damals einen Grundriss gezeichnet. Und ich konnte mich auch nur auf meine Bilder im Kopf verlassen, denn ich hatte nichts dabei: kein Bild, kein Buch, nichts, was mein Interesse hätte legitimieren können. Ich sah mich um. Natürlich, es war umgebaut worden, die Hotelzimmer konnte ich selbstverständlich auch nicht sehen. Aber die Küche, jetzt das Frühstückszimmer, mit dem kleinen angrenzenden Balkon, wo Albert Salomon sich mit seiner halbwüchsigen Tochter hatte fotografieren lassen, das musste es doch sein!? (...) Ich gehe langsam hin und her. Ja, das ist der lange Gang, den Charlotte beschrieben hatte. Und sonst? Was erinnert hier an ihre Gegenwart außer meine eigenen Gedanken? Nichts von ihr ist in der Wielandstraße übrig geblieben, nichts zurückgelassen worden."
Diesmal war es anders: Ich würde zwei Nächte in Charlottes Wohnung verbringen. Es ist Oktober 2006. Ich klingle, ich gehe hinauf. Das Treppenhaus kommt mir diesmal gar nicht mehr nobel vor, die Farben wirken gräulich, gealtert. Der Anfang ist enttäuschend. Ich bekomme das Zimmer direkt neben der Eingangstür zugewiesen, was sich besonders nachts wegen spät heimkehrender Gäste als Manko erweist. Doch noch bin ich voller Erwartung. Fühle mich wie ein Spion, der sein eigentliches Interesse nicht preisgibt. Hätte ich mir nicht

vorher Gedanken machen sollen, wo Charlottes Zimmer liegt? Hatte ich aber nicht, und ich komme ins Grübeln, welches es sein könnte. Ich versuche, eine Zeichnung der Wohnung anzufertigen, und sie mit Charlottes verrücktem Grundriss zu vergleichen. In meiner Phantasie öffne ich verschlossene, zugestellte und zutapezierte Türen.

Ist dies eine Wohnung, in der man gerne Gäste empfängt? Zu Paulas Zeiten muss es jedenfalls wie im Taubenschlag zugegangen sein. Die Wohnung, so wird mir jetzt klar, hatte einen repräsentativen und einen privaten Teil. Der repräsentative Teil ging mit seinen Fenstern zur Wielandstraße hinaus: der Salon, das Esszimmer, das Arbeitszimmer des Vaters, zu erreichen über den geräumigen Vorplatz, durch große, flügelige Türen, einladend, offen, kommunikativ. Im Hintergrund vom Eingangsbereich dann ein sehr langer, sehr schmaler Flur, der zur Küche, zu den Schlafzimmern und dem Bad führte. Und nur so kann dieses Haus mit seinen großen Wohnungen funktionieren, dass nämlich sämtliche Etagen um einen hinteren Lichthof herum angelegt sind. Auch mein „Katzenzimmer" geht auf den Lichthof hinaus. Ich öffne die Fensterflügel, sehe tief hinunter in den Hof, schaue nach links, nach rechts, geradeaus, sehe überall Fenster zu diesem Hof, hinter denen sich morgendliches Leben abspielt, Geräusche durch offene Fenster dringen zu mir. Wenn ich den Kopf ganz weit in den Nacken lege, kann ich den Himmel sehen, einen nicht sehr blauen, eher trüben, unentschlossenen Oktoberhimmel.

Ich schaue aus meinem Fenster nach links, ja, das muss es sein: Charlottes Zimmer, aber, so wird mir jetzt klar, auch sie sah nichts anderes, wenn sie aus dem Fenster schaute, als ich, nämlich nichts. Keine Aussicht. Diese Erkenntnis geht mir lange nach. Ohne Aussicht, denke ich, ohne Aussicht …

Assimilation – Verfolgung – Vernichtung: das jüdische Thema

Die Shoah, obwohl nicht gezeigt, nur angedeutet, ist der drohende Endpunkt von *Leben oder Theater?*. Deshalb ist es „naheliegend, dass Charlotte Salomons Werk vor allem in Deutschland nicht unabhängig von dem von ihr erlebten Nazi-Terror, erst recht nicht unabhängig von ihrer Ermordung durch die Deutschen zu reflektieren ist"[14].

Assimilation, Verfolgung und Vernichtung des europäischen Judentums sind nicht nur der Zeithintergrund von *Leben oder Theater?*, sondern sie werden von Charlotte Salomon in ihrem Stück auch selbst thematisiert. Die letzte Stufe des Antisemitismus, die Vernichtung, wird – aus naheliegenden Gründen – nur indirekt erkennbar. Doch schon ihre Vorboten, die gewaltsame Ausgrenzung der Juden aus dem kulturellen und gesellschaftlichen Leben, die Charlotte in *Leben oder Theater?* zeigt – wie ihre eigene Ausgrenzung an der Kunstakademie[15] –, und deren Folgen für Leib und Seele, ließen noch weitaus Schlimmeres erahnen. Die Großmutter nimmt sich das Leben, weil, wie Charlotte es darstellt, ihr Geist zerbricht, weil sie das, was sie auf sich zukommen sieht, nicht mehr ertragen kann. „Lieber *Gott*, laß mich bloß nicht *wahnsinnig* werden", fleht Charlotte auf einer der letzten Gouachen, die sie nach dem Tod der Großmutter zeigt (CS/755).[16]

Jüdische Feiertage spielen in *Leben oder Theater?* keine Rolle. Die christliche Religion und Kultur wird als die dominante dargestellt. Zu Charlottes schönsten Kindheitserinnerungen zählten die Weihnachtsfeste im Hause Kann alias Salomon, die mit der ganzen Familie festlich begangen wurden. Die Mutter Franziska saß am Flügel und sang *Stille Nacht, heilige Nacht* oder *Am Weihnachtsbaum die Lichter brennen*. Charlotte ist begeistert vom prächtig geschmückten Weihnachtsbaum und den vielen Geschenken zum Christfest (vgl. CS/25).

Ein Aspekt des „jüdischen Themas" in Charlotte Salo-

mons gemaltem Lebenszyklus ist die Assimilation des bürgerlichen Judentums in den Zwanzigerjahren des vorigen Jahrhunderts. Anhand von Paulinka Bimbams Künstlerinnenkarriere (vgl. CS/59-83) schildert sie nüchtern-ironisch, wie die bürgerliche Anerkennung um den Preis der Selbstverleugnung der jüdischen Herkunft erkauft wird: Als Paulinkas Singen Berühmtheit erreicht, legt ihr Gesangslehrer ihr nahe, ihren leicht als jüdisch erkennbaren Familiennamen „Levi" in, so Charlotte, „Bimbam" zu „taufen" – Paulinka, die Tochter eines Rabbiners und Kantors, brillierte in christlichen Kirchen als Bachinterpretin. Tatsächlich hat Charlottes Stiefmutter ihren Geburtsnamen „Levi" in „Lindberg" aus eben diesen Gründen umgeändert. In der Kirchenmusiksängerin vermutete nun niemand mehr ihre jüdische Identität. Charlotte zitiert an einer Stelle einen Generalsuperintendenten, der nach Paulinkas Gesang zufrieden anmerkt, „daß es unter unserer christlichen Jugend noch wahre innere Frömmigkeit gibt" (CS/72). Doch Paulinkas kometenhafter Aufstieg ist schon 1933 zu Ende. Charlotte zeigt in einem Bild, wie während eines Konzerts ein Nazi mit unmissverständlicher Geste sie hinauswirft, und andere im Publikum „aus – raus" brüllen (CS/156). Die singende Paulinka steht als Lichtgestalt vor der braunen, brodelnden Masse der Zuhörer im Konzertsaal. Fast sechzig Jahre später erinnert sich Paula Salomon-Lindberg an ihr letztes öffentliches Konzert vor dem Auftrittsverbot im März 1933 in der Leipziger Thomaskirche. Sie singt die Alt-Partie in der Bach-Kantate *Sehet, wir gehen hinauf nach Jerusalem*.[17]
1933 muss auch Albert Salomon die Universität verlassen und beginnt seinen Dienst im Jüdischen Krankenhaus in Berlin. Charlotte versinnbildlicht diesen „Rauswurf", indem sie den vor einer andächtigen Studentenschar operierenden Vater im Bild durchstreicht. Im unteren Bereich des zweigeteilten Bildes sitzt der Vater allein an einem Tisch und stützt grüblerisch-schwermütig seinen Kopf auf die Hände. Auf dem nun folgenden Bild ist Professor Kann wieder an einem Operationstisch

von Medizinstudenten umringt, diesmal alle mit schwarzem Haar – wohl, um anzudeuten, dass er sich jetzt nur noch in „nicht-arischer" Gesellschaft befindet. Darüber schwebt das Jüdische Krankenhaus als ein flammendorangefarbener Gebäudekomplex, der von einem hohen Eisengitter umgeben ist. Über dem Tor prangt der Davidsstern mit dem Schild: „Israelitisches Krankenhaus" (CS/154/155).

Im selben Kapitel malt Charlotte die Machtergreifung der Nazis am 30. Januar 1933: Über den Köpfen einer gleichgeschalteten marschierenden Masse weht die Hakenkreuzfahne. Sie malt den Aufruf der Nazizeitung *Der Stürmer* zum Boykott jüdischer Geschäfte: Auf einer riesigen, überdimensionalen Anschlagtafel zitiert Charlotte antijüdische Parolen aus dem *Stürmer*. Der Fuß der Tafel wird von einer Schar dunkel gekleideter Menschen umkreist, die betroffen nach oben schauen. Im Hintergrund sieht man, wie zahlreiche Menschen mit Steinen die Schaufenster von Geschäften einwerfen. Sie gehören „Salomon", „Cohn", „Israel", „Sellg" und „Leiser". Charlotte, die bei ihren erfundenen Nachnamen jüdische Familiennamen konsequent vermieden hat, reiht sich nun mit ihrem eigenen Geburtsnamen in die Liste der Verfolgten und Drangsalierten ein. Die Gefolgschaft unter der Nazimacht wird auch in diesem Bild durch den Zug einer braunen Menschenmasse dargestellt, die hinter einer Hakenkreuzfahne herstürmt.

In dieser Situation beschließt „Dr. Singsang", so nennt Charlotte Dr. Kurt Singer, einen „Jüdischen Kulturbund" zu gründen, der Juden erlaubt, ein eigenes jüdisches Kulturleben aufzubauen.[18] Charlotte malt, wie Dr. Singsang sein Anliegen vor Goebbels bringt, der von ihr mit einem affenähnlichen Gesichtsausdruck porträtiert wird. Er denkt bei sich: „Ja, dies Projekt ist gut, das wär' vielleicht mein Mann. Nur schade, daß er ein Jud' ist – mal sehn, ob ich ihn nicht zum Ehrenarier machen kann" (CS/162).

Neben den politischen Machthabern ironisiert C. Salomon auch die Macht der Kirche in der Person von Papst Pius XI. (vgl. CS/617-623).

Im Kapitel *Der Vati* wird die Demontage des „ehemaligen Herrn Prof. Dr. med. Kann" zum drangsalierten KZ-Häftling nach dem Novemberpogrom 1938 vorgeführt. Ein übermächtiger, überlebensgroßer KZ-Aufseher zwingt ihn zum Arbeitseinsatz. Als es Paulinka gelingt, ihren Mann freizubekommen, und Prof. Kann seine Entlassungspapiere ausgehändigt bekommt, steht er mit angelegten Armen stramm vor dem Lageroberst. Charlottes Identifikation mit dem geschundenen Vater kommt dadurch zum Ausdruck, dass sie sich bei der Rückkehr des Vaters nach Hause in der gleichen, angespannten Körperhaltung malt. Während Paulinka den Vater überglücklich in die Arme schließt, steht sie erstarrt und wie betäubt daneben (CS/644-648). Jetzt redet man bei Tischgesellschaften im Hause Kann/Bimbam nur noch von den jeweiligen Ausreiseplänen (vgl. CS/650-652).

Währenddessen haben die Großeltern beschlossen, Charlotte nach Südfrankreich kommen zu lassen.

Das glücklich erreichte Asyl in Südfrankreich wird, wie schon berichtet, zur Falle. Auf dem Blatt „Die Kriegserklärung" zeichnet Charlotte Bomben abwerfende Flugzeuge (CS/763). Es ist Mai 1940. Eine Anordnung ergeht an alle Deutschen, Stadt und Land zu verlassen. Unvermittelt malt Charlotte sich und den Großvater in einem Eisenbahnwaggon auf dem Weg ins Lager Gurs. Das Lager selbst malt sie nicht – wollte sie es aus ihrer Erinnerung verdrängen oder verweigerte sie diesem Ort, an dem viele der dort inhaftierten Künstler „Bilder des Elends, der Anklage und manchmal auch einer trügerischen Idylle geschaffen haben, (...) jegliche Repräsentation"[19]? Stattdessen sieht man Bilder, auf denen sie sich an der Schönheit der Landschaft erfreut, die sie durchqueren. Doch der nörgelnde Großvater ist zunehmend eine Last, noch dazu wird Charlotte von einem deutschen Flüchtling belästigt, der nachts in ihr Zimmer vordringt.

Das vorletzte Bild von *Leben oder Theater?* ist wieder zweigeteilt. Auf der oberen Hälfte sieht man Charlotte, wie sie ihrem Großvater mitteilt, dass sie das Lager verlassen können. In der unteren Hälfte des Bildes kniet Charlotte vor einem gepackten Koffer, an dem sie die Riemen festzieht, bevor er geschlossen wird. Daneben ist Charlottes lakonische Einschätzung der Lage zu lesen:

> „Ein bißchen Liebe, ein paar Gesetze, ein kleines Mädchen, ein großes Bett. Nach so viel Leiden, nach so viel Sterben ist das das Leben und das Nette. Ein bißchen Bildung, ein paar Gesetze und innendrin ein Vakuum – das sind die Reste, die letzten Reste vom Menschen dieses Datuums [sic!]" (CS/773).

Das Zerfallene wieder zusammensetzen – Exerzitien der Wiederherstellung

Eine Reihe der expressivsten Bilder sind diejenigen, in denen Charlotte die Nacht der Krise vergegenwärtigt (CS/692ff.). Sie und der Großvater retten die Großmutter, die versucht hatte, sich im Badezimmer zu erhängen. Charlotte ist zutiefst erschüttert. Im intimen Raum des großelterlichen Schlafzimmers – in den letzten Bildern dieser Szenenfolge verflüchtigt sich auch das schemenhaft angedeutete Bettgestell, die Farbigkeit reduziert sich auf das leuchtende Orangegelb der Gestalten von Großmutter und Charlotte –, ringen beide, jede auf ihre Weise, mit den Mächten der Verzweiflung und des Todes. Charlotte versucht, ihre Lebensgeister zu wecken, die Großmutter, deren Bewusstsein getrübt bleibt, fleht darum, sterben zu dürfen.

In dieser Nacht muss Charlotte Stunden tiefster Einsamkeit und größter psychischer Erschöpfung durchlitten haben, als der Großvater sie nach all den Jahren erstmals über die wahren Umstände des Todes ihrer Mutter aufklärte.

Noch aber weiß Charlotte nichts davon, als sie am Bett der Großmutter sitzt, und geradezu beschwörend ihren linken Arm über die liegende Gestalt emporstreckt – so malt es Charlotte –, um die Halbtote zu neuem Leben zu erwecken. Indem sie Schönheit und Freude, Sonne und Licht beschwörend nennt, will Charlotte den verdunkelten Geist ihrer Großmutter aufhellen und in lichtere Regionen führen: „Und immer höher und immer reiner geht unsre Bahn. Tanzende Menschen, hörst du sie singen. Freude, Freude überall" (CS/701).

Charlottes Wiederbelebungsversuch gipfelt in dem Schlusschoral aus Beethovens Neunter Sinfonie. Sie singt am Bett der Großmutter, die sich wie hypnotisiert zum erhobenen Arm ihrer Enkelin aufrichtet, das Lied: „Freude, schöner Götterfunken, Tochter aus Elysium, wir betreten feuertrunken, Himmlische, dein Heiligtum" (CS/702-704). In der zweiten Nacht nach dem gescheiterten Selbstmordversuch der Großmutter wiederholt Charlotte ihre Rettungsbemühungen: „Freude, schöner Götterfunken. Wir betreten sonnentrunken, Himmlische, dein Heiligtum", steht dort mit blutroter Schrift. Diesmal scheint die Gouache eine Introspektion der halluzinierenden Großmutter wiederzugeben. Die Gestalt, die sich über die Großmutter beugt und sie liegend umarmt, ist die sorgende Charlotte wie auch, aus der Perspektive der Großmutter, der personifizierte Tod, der sie erwürgen will. Charlotte: „Noch eine Nacht kann ich so nicht mehr aushalten – Ich kanns nicht mehr ertragen, ich lasse sie allein. Morgen früh geh ich weg" (CS/740-41). Flächige Farben dominieren die beiden Bilder; Charlotte und ihre Großeltern sind nur noch schemenhaft zu erkennen. Die Personen befinden sich in einem Zustand der Auflösung.

„Was sollt' denn der Quatsch bedeuten? Ich hab gar nicht schlafen können." Es ist der unsensible Großvater, der zu Charlottes Rettungsbemühen einen abschätzigen, verständnislosen Kommentar abgibt. Charlotte erwidert: „Du siehst ja, dieser Quatsch hat sie beruhigt, denn sie ist jetzt eingeschlafen."

„Dieser Quatsch" – Schillers Ode *An die Freude* oder das Singen dieses Liedes in Beethovens Vertonung am Bett einer zum Sterben Bereiten, gemalt im Finale eines Bilderzyklus, der an der Wiederherstellung des bedrohten eigenen wie fremden Lebens arbeitet – nur ein Zufall oder ein merkwürdiger, nachdenkenswerter Hinweis auf den jüdischen Mythos von einer „Wiederherstellung der Welt", der, auch dies wieder eine Spekulation, in Schillers Gedicht auch nur verborgen in den Worten „Götterfunken" und „Flügel" anwesend ist?

In der Berliner Ausstellung *Jüdische Lebenswelten* waren zwar einige Blätter aus *Leben oder Theater?* als Dokumente spezifisch *jüdischer Erinnerungskultur* zu sehen[20], jedoch wurde bislang nicht erforscht, ob und inwieweit Charlotte Salomon sich mit ihrem Judentum geistig auseinandersetzte. Obwohl in einem jüdischen Elternhaus geboren, hielten jüdische Traditionen erst mit ihrer Stiefmutter Einzug im Hause Salomon. Paula Levi, so der eigentliche Name Paula Lindbergs, die Rabbinertochter, war es, die Charlotte in Berlin mit in die Synagoge nahm und sie in die jüdische Gedankenwelt einführte.[21] Kannte Charlotte Salomon beispielsweise die Schriften Martin Bubers über den Chassidismus, in denen er die Verantwortung des jüdischen Menschen für die Heilung der Welt und die Überwindung des Bösen entfaltete?[22] Nach seinem Verständnis ist die Tat des Einzelnen aufgeladen mit einer über die konkrete Stunde und den konkreten Ort hinausgehenden Verantwortung und Bedeutung:

> „Dem Chassidismus liegt das Prinzip der Verantwortung des Menschen für das Schicksal Gottes in der Welt zugrunde, seine Verantwortung für die Erlösung der Welt, für die Überwindung des Bösen. (...) Der Feuerstrom der göttlichen Gnade schüttete sich über die erstgeschaffenen Urgestaltungen, die die Kabbala Gefäße nennt, sie aber vermochten nicht der Fülle standzuhalten, sie zerbrachen in unendlicher Vielheit, der Strom zersprühte in Millionen von Funken, die von Schalen, wie die Kabbala es nennt, umwachsen werden. (...) Die Welt liegt erlösungsbedürftig zu Gottes Füßen. Aber in den Funken ist Gottes Herrlichkeit selber in die Welt eingegangen, wohnt sie ihr ein, was

der hebräische Name Schechina bedeutet, wohnt inmitten der makelbeladenen Welt, will sie erlösen."[23]

Die hebräische Wendung *Tikkun ha olam* bedeutet in diesem Zusammenhang die Wiederherstellung, die Restitution der ursprünglichen Schöpfungseinheit und Weltharmonie durch die Einsammlung oder „Erhebung" der gefallenen „Funken".[24] Arbeit am *Tikkun ha olam* ist jede noch so unscheinbare Tat des Menschen, mit der er bewusst oder unbewusst zur Verbesserung und Heilung der Welt beiträgt. *Tikkun ha olam* bedeutet nichts anderes als die menschliche Teilhabe am göttlichen Werk der Erlösung.

Die Schiller-Nationalausgabe kommentiert nicht, welche Vorstellung hinter Schillers Bezeichnung der Freude als „Götterfunken" steht. Die Wendungen „Tochter aus Elisium" und „sanfter Flügel" könnten jedoch an die himmlischen Funken und die weibliche Sicht der Gottesherrlichkeit als „Schechina" in der jüdischen Mystik des spanischen Kabbalisten Isaac Luria (1534-72) erinnern. Die beschützende Kraft der Schechina wird dabei oftmals im Bild vom „Sich-Bergen unter ihren Flügeln" gefasst.[25]

Das Gedicht *An die Freude* kommt insgesamt der Tikkun-Erwartung nahe: eine geeinte Menschheitsfamilie („Alle Menschen werden Brüder" – „Schließt den heil'gen Zirkel dichter"), die „für die beß're Welt" „duldet", und einer großen Aussöhnung entgegengeht: „Unser Schuldbuch sey vernichtet, / Ausgesöhnt die ganze Welt!"[26]

Als Charlotte Salomon Schillers Ode *An die Freude* am Bett ihrer lebensmüden Großmutter wieder und wieder sang, um sie vom Selbstmord abzuhalten, brach die Welt auseinander, war Charlotte wahrscheinlich ihrem Judentum näher, als sie es wusste.

Dieser – vielleicht – verborgene, implizite Gedanke der Wiederherstellung, der beim Singen des Lieds *An die Freude* aufscheinen mag, wird im Schlussbild von *Leben oder Theater?*, in dem kurzen Dialog zwischen Charlotte und ihrem Großvater über die Notwendigkeit, die Welt „wieder zusammenzusetzen", in aller Deutlichkeit ausgesprochen. Die Szene zeigt sie und Großvater Grunwald: Charlotte im Hintergrund mit überkreuzten Beinen und vor der Körpermitte zusammengelegten Armen sitzend; den Großvater im Halbprofil von der Seite gemalt. „Weißt du, Großpapa, ich hab das Gefühl, als ob man die ganze Welt wieder zusammensetzen müsste", sagt Charlotte zum Großvater gewandt. Der Text ist dabei zwischen den Figuren so angeordnet, dass er selbst beim Lesen aus Bruchstücken jeweils neu zusammengesetzt werden muss: „WEISST DU GROSSPAPA / ICH HAB DAS / GEFÜHL ALS / OB MAN – / DIE / GANZE / WELT / WIEDER // ZU / SAMMEN / SETZEN / MÜSSTE."

Der Großvater dagegen streckt abwehrend eine Hand Richtung Charlotte aus und entgegnet: „Nun nimm dir doch schon endlich das Leben, damit dies Geklöne endlich aufhört." Charlotte wies, indem sie die unverständige Reaktion des Großvaters in derselben Gouache malte, nicht nur auf das gespannte Verhältnis zu ihm hin – im Nachwort schrieb sie, dass ihr Geist vom Zusammensein mit dem Großvater „immer mehr zermurbt" wurde –, sondern sie malte grundsätzlich das *Nein ihrer Umwelt, die „immer mehr zerfiel"*.

Schon zu spät, um die auseinanderfallende Welt im Auseinanderbrechen zusammenzuhalten, ist Charlotte Salomons Lebensbuch der Versuch, sie *nach* dem Auseinanderbrechen wieder zusammenzufügen, und das, was gewesen ist, wieder-holbar zu machen. Dem absoluten Bruch der inneren Lebenslinie hat sich Charlotte mit ihrem Album widersetzt.

„Es ist ein so namenloses Unglück, wenn einem die Welt entzweibricht", schrieb Georg Trakl in einem Brief aus dem Jahre 1913. Dagegen ist Charlottes künstlerische Arbeit auf die Wiederherstellung der zerbrochenen Welt gerichtet.

Die Welt wiederherzustellen, im Schlussbild von *Leben oder Theater?* als Postulat ausdrücklich zum Thema erhoben, ist die eigentliche Antriebskraft des Singspiels. Die Welt wiederherzustellen ist der Motor von Charlotte Salomons autobiografischer Bildergeschichte. Sie ist Ausdruck von Charlottes Entschluss, malend etwas „ganz verrückt Besonderes zu unternehmen" (CS/777). Erinnerungen werden lebendig, Tote werden wiederbelebt, Enttäuschungen und Abschiede noch einmal durchlitten. Wiederherstellung ist dabei der andere Name für eine Neuschöpfung des Gewesenen. Das Vorwort zu ihrem Singspiel unterschrieb Charlotte Salomon mit den Worten: „Der Verfasser St. Jean August 1940/42 / Oder zwischen Himmel und Erde außerhalb unserer Zeit im Jahre 1 des neuen Heiles" (CS/6).[27] Damit rückt sie den Gedanken der Neuschöpfung und Wiederherstellung in eine religiöse Sphäre. Die Stunden des manischen Malens an ihrem Lebensbuch waren Exerzitien der Wiederherstellung.

„Erinnern auch als Versuch, aus den Brüchen und Rissen des Exils heraus Identität wieder zusammenzusetzen: ‚dann könnte ich vielleicht finden – was ich finden mußte:'", so Charlotte auf einem unveröffentlichten Textblatt, „‚nämlich einen Namen für mich'".[28]

Die Wiederherstellung als geistige Intention von Charlotte Salomons Werk ist untrennbar mit der Zäsur der Shoah verbunden. Charlotte Salomons Werk ist nicht nur ein Widerstandszeugnis gegen die Vernichtung, sondern auch ein Denk-Mal gegen das Vergessen der Vernichtung. Nachhaltig bleibt jedoch die Bitterkeit über Charlottes „Triumph", zwar die totale Vernichtung, die vollständige Auslöschung besiegt zu haben, aber selbst zugrunde gegangen zu sein. Charlotte Salomon ist untergegangen. Etwas Anderes ist an ihre unersetzliche Stelle getreten: der Wille und die Tat, über den Tod hinaus die Kräfte des Lebens und des Schöpferischen zu behaupten: an der Wiederherstellung der Welt zu arbeiten.

Anmerkungen

[1] Charlotte Salomon, unveröffentlichtes Textblatt, Jüdisch-Historisches Museum Amsterdam, Inventarnummer JHM 04931; zitiert nach Astrid Schmetterling: „... oder etwas ganz verrückt Besonderes". Zu Werk und Leben Charlotte Salomons, in: dies., Charlotte Salomon 1917-1943. Bilder eines Lebens. Frankfurt/M. 2001, S. 25-73: S. 48.

[2] Vgl. Judith Herzberg, Einleitung, in: Charlotte Salomon. Leben oder Theater? Ein autobiographisches Singspiel in 769 Bildern. Köln 1981, S. VII-XII: S. VII.

[3] Im Text werden die Bilder aus *Leben oder Theater?* nach der Ausgabe von 1981 (s. o.) zitiert als: CS/Seitenzahl.

[4] Vgl. Herzberg, S. VII.

[5] Vgl. dazu Gary Schwartz, Editorische Notiz, in: Charlotte Salomon. Leben oder Theater?, S. XIII-XVI: S. XIV.

[6] Vgl. ebd., sowie: Mark Rosinski: Zur Musik in *Leben oder Theater?* – Versuch einer Inszenierung, in: Christine Fischer-Defoy (Hg.): Charlotte Salomon – Leben oder Theater? Das „Lebensbild" einer jüdischen Malerin aus Berlin, 1917-1943. Bilder und Spuren, Notizen, Gespräche, Dokumente. Berlin 1986, S. 91-94; Mary Lowenthal Felstiner: To paint her life. Charlotte Salomon in the Nazi era. Berkeley / Los Angeles / London 1994, S. 141-144.

[7] Judith C. E. Belinfante: Leben oder Theater, die Grenze der Wirklichkeit, in: Die Welt der Anne Frank – Charlotte Salomon: Reden zu den Ausstellungen. Berlin: Akademie der Künste 1986 (Anmerkungen zur Zeit; Bd. 26), S. 20-27: S. 23.

[8] Ad Petersen: Die Geschichte der Sammlung, von 1943 bis heute, in: Charlotte Salomon. Leben? oder Theater? Life? or Theatre? Eingeleitet und bearbeitet von Judith C. E. Belinfante / Christine Fischer-Defoy / Ad Petersen. Erweiterte deutsch/englische Fassung anlässlich der Ausstellungen 1994/95 Kulturgeschichtliches Museum Osnabrück, Kulturmuseet Koge Skitse Samling, Bonner Kunstverein, Braunschweiger Kunstverein. Zwolle 1994, S. 46-50: S. 47.

[9] Die Tagebücher der Anne Frank. Niederländisches Staatliches Institut für Kriegsdokumentation. Frankfurt/M. 1988.

[10] Gertrud Koch: Bilderverbot als Herkunftmetapher. Zu Charlotte Salomons Buch *Leben oder Theater?*, in: Babylon H. 12 / 1993, S. 58-74: S. 61.

[11] Vgl. auch Daberlohns Theorien über das Kino, die Charlotte in *Leben oder Theater?* wiedergibt (CS/535), ihre seriellen Bilder und die endlosen Wiederholungen von Daberlohns Gesicht.

[12] Annelie Pohlen: Inszenierte Niederschrift eines Lebens, in: Charlotte Salomon. Leben? oder Theater? Life? or Theatre?, S. 162-170: S. 167/168.

[13] Vgl. Alfred Wolfsohns (1896-1962) Aufzeichnungen über Charlotte in seinem Manuskript *Die Brücke*, abgedruckt in: Fischer-Defoy (Hg.): Charlotte Salomon – Leben oder Theater?, S. 77-90.
[14] Pohlen, S. 165.
[15] Vgl. dazu Annegret Friedrich: Charlotte Salomons Erinnerungsarbeit *Leben? oder Theater?*, in: Kirsten Heinsohn / Barbara Vogel / Ulrike Weckel (Hg.): Zwischen Karriere und Verfolgung. Handlungsräume von Frauen im Nationalsozialistischen Deutschland. Frankfurt/M. 1997, S. 129-148: S. 137f.
[16] Hervorhebungen von C. Salomon.
[17] Vgl. Paula Salomon-Lindberg: Mein „C'est la vie"-Leben. Gespräch über ein langes Leben in einer bewegten Zeit. Aufgezeichnet von Christine Fischer-Defoy. Berlin 1992, S. 91/92.
[18] Vgl. Eike Geisel / Henryk M. Broder: Premiere und Pogrom. Der Jüdische Kulturbund 1933-1941. Texte und Bilder. Berlin 1992 (dort auch Erinnerungen von P. Salomon-Lindberg); Christine Fischer-Defoy / Reinhard Meerwein: Zur Geschichte des Kulturbundes Deutscher Juden 1933-1940, in: Christine Fischer-Defoy (Hg.), Charlotte Salomon – Leben oder Theater?, S. 134-156.
[19] Friedrich, S. 138.
[20] Vgl. Andreas Nachama / Gereon Sievernich (Hg.): Jüdische Lebenswelten. Katalog. Frankfurt/M. 1991, S. 700-01 (Kurzbeschreibung von Manfred Schlösser).
[21] Vgl. Christine Fischer-Defoy: Charlotte Salomon, in: Befremdend nah: Dialog über Kunst, Judentum und Verfolgung. Dokumentation. Felix-Nussbaum-Gesellschaft und die Stadt Osnabrück (Hg.): Zum Felix-Nussbaum-Jahr 1994. Osnabrück 1994, S. 48-53: S. 48. Vgl. auch das Rundfunk-Feature von V. Peusch und J. Monika Walther über C. Salomon, das im November 1998 im Deutschlandfunk gesendet wurde. Darin erinnert sich Paula Salomon-Lindberg daran, wie sehr sich ihre Stieftochter für den Sinn der jüdischen Gesetze interessierte.
[22] Beispielsweise Martin Buber: Rede über das Judentum. Gesamtausgabe. Frankfurt/M. 1923; ders.: Die chassidischen Bücher. Gesamtausgabe. Hellerau 1928. G. Koch deutet das Bilderverbot bei C. Salomon als „jüdische Herkunftmetapher", aber läge es nicht viel näher, wenn überhaupt, davon zu sprechen, dass der Tikkun-Gedanke, den C. Salomon künstlerisch umsetzte, als „jüdische Herkunftmetapher" gelten könnte? (Koch: Bilderverbot als Herkunftmetapher) Vgl. auch Astrid Schmetterling: Charlotte Salomons *Leben? oder Theater?* – ein Werk jenseits der Assimilation, in: Christiane E. Müller / Andrea Schatz (Hg.): Der Differenz auf der Spur. Frauen und Gender in Aschkenas. Berlin 2004, S. 286-303.
[23] Hans Kohn: Martin Buber. Sein Werk und seine Zeit. Ein Bei-

trag zur Geistesgeschichte Mitteleuropas 1880-1930. Mit einem Nachwort (1930-1960) von Robert Weltsch. Köln 2. Aufl. 1961, S. 78/79.

[24] Vgl. hierzu Gershom Scholem: Von der mystischen Gestalt der Gottheit. Studien zu Grundbegriffen der Kabbala (1962). Frankfurt/M. 1991.

[25] Vgl. jetzt Clemens Thoma: Geborgen unter den Fittichen der Schekhina, in: Freiburger Rundbrief NF 11/2004, S. 162-170.

[26] Vgl. Friedrich Schiller: An die Freude, in: Schillers Werke. Nationalausgabe. Bd. 1 Gedichte. Hg. v. J. Petersen / F. Beißner. Weimar 1943, S. 169-172; Schillers Werke. Nationalausgabe. Bd. 2.I. Gedichte. Hg. v. Norbert Oellers. Weimar 1983, S. 185-187 (Text); Schillers Werke. Nationalausgabe. Bd. 2.II A. Gedichte. Anmerkungen zu Band 1. Hg. v. Georg Kurscheidt / Norbert Oellers. Weimar 1991, S. 146-152; Schillers Werke. Nationalausgabe. Bd. 2.II B. Gedichte. Anmerkungen zu Band 2.I. Hg. v. Georg Kurscheidt / Norbert Oellers. Weimar 1993, S. 135-136 (Anmerkungen).

[27] Charlotte hat erst nachträglich hinzugefügt, dass sie es als ein „neues Heil" ansieht.

[28] Schmetterling, „... oder etwas ganz verrückt Besonderes.", S. 38; das unveröffentlichte Textblatt hat die Inventarnummer JHM 04931 (Jüdisch-Historisches Museum Amsterdam).

Hartmut Steinecke

Jüdische Schriftstellerinnen heute – Identitätssuche zwischen Shoah und deutscher Gegenwart

Niemand hätte in den 1980er-Jahren gedacht, dass man zu Beginn des 21. Jahrhunderts einen Vortrag über deutsch schreibende jüdische Schriftstellerinnen der Gegenwart würde halten können. Denn die Ansicht war verbreitet, dass die Geschichte der deutsch-jüdischen Literatur zu Ende gehe. So erklärte der bedeutendste deutsche jüdische Literaturkritiker der letzten Jahrzehnte, Marcel Reich-Ranicki, mit der ihm eigenen Bestimmtheit: Die große Zeit der deutsch-jüdischen Literaturgeschichte geht „unwiderruflich" zu Ende: „Täuschen wir uns nicht: Wir haben es mit der letzten, der allerletzten Generation deutschschreibender Juden zu tun."[1]

Einige wenige aus dieser Generation lebten zu dieser Zeit noch, hochbetagt. Ich nenne nur die Frauen: Rose Ausländer, Grete Weil, Hilde Domin und – hier in Paderborn hinzuzufügen – Jenny Aloni. Mittlerweile sind alle aus dieser Generation gestorben.

Dies war die Situation Mitte der 1980er-Jahre und der Hauptgrund des Pessimismus kam von der Demografie. Von den etwa 700 000 Juden, die vor 1933 in Deutschland und Österreich gelebt hatten, waren nach der Shoah noch etwa 35 000 geblieben. Auch durch die Rückkehrer aus dem Exil veränderten sich die Zahlen kaum, die Überalterung war gravierend – wo sollten junge Schriftstellerinnen und Schriftsteller herkommen?

Und dennoch gab es sie. 1986 erschien der erste Erzählungsband von Barbara Honigmann, „Roman von einem Kinde", 1988 von Esther Dischereit „Joëmis Tisch". Zwei Texte von zwei jungen jüdischen Frauen – mit ihnen begann in der zweiten Hälfte der achtziger Jahre, was im Rückblick die „junge jüdische Literatur" oder die „Litera-

tur der zweiten Generation", der Generation nach der Shoah, genannt wurde. Erst das dritte Werk, das zu diesen Gründungstexten der neuen Literatur gezählt wird, stammt von einem männlichen Schreiber: Rafael Seligmann, „Rubinsteins Versteigerung" (1989).[2]
In den beiden genannten Werken wird als Schlüsselerlebnis die Entdeckung des eigenen Judentums und die Rolle der Shoah für diese jüdische Identität thematisiert. In Barbara Honigmanns Band heißt es:

> „Einmal hatte ich einen Traum. Da war ich mit all den andern in Auschwitz. Und in dem Traum dachte ich: Endlich habe ich meinen Platz im Leben gefunden."[3]

Und Esther Dischereits Kurzroman beginnt mit dem Bekenntnis der Ich-Erzählerin:

> „Nach zwanzig Jahren Unjude will ich wieder Jude werden. Ich habe es zehn Jahre mir überlegt […] Das Kainsmal der Geburt, vergessen unter Wassern von Sozialismus, schimmert es durch auf meiner Haut. Sie holten mich ein, die Toten der Geschichte."[4]

Damit stehen wir mitten in unserem Thema. Denn diese Werke wurden geschrieben, weil diese jungen Frauen sich über ihre jüdische Identität in der deutschen Gesellschaft der Bundesrepublik und der DDR, in der sie aufgewachsen waren, klar zu werden versuchten. Das ist das Thema ihrer Werke und es blieb ein Hauptthema in den beiden Jahrzehnten bis heute, bei Autorinnen, die seither zu schreiben begonnen haben, wie etwa außer den beiden genannten Elfriede Jelinek, Irene Dische, Gila Lustiger, Eva Menasse. Auf diese sechs will ich mich in der Folge konzentrieren; um anzudeuten, dass der Kreis noch wesentlich größer ist, nenne ich einige weitere Namen: Ulla Berkéwicz, Lea Fleischmann, Anna Mitgutsch, Ronnith Neumann, Laura Waco.
Im Rückblick auf diese Literatur jüdischer Autorinnen

und Autoren, die nach der Shoah geboren wurden, wissen wir mittlerweile: Es gab bereits vorher jüdische Autoren und Autorinnen dieser Generation, die schrieben und auch veröffentlichten. Aber sie zeigten sich in ihren Werken nicht als Jüdinnen und Juden, das heißt, sie behandelten keine spezifisch jüdischen Probleme, handelnde Personen waren nicht als Juden zu erkennen. Das konnte verschiedene Gründe haben, entweder fühlten sie sich nicht als Juden, weil sie nicht religiös waren oder weil das Jüdische in ihrer Familie, bei ihrer Erziehung und Sozialisation, überhaupt keine Rolle spielte oder schließlich, weil sie den latenten Antisemitismus in Deutschland und Österreich in der Mehrheitsgesellschaft – die man damals oft etwas pathetisch „Land der Täter" nannte –, in der sie lebten, kannten und nicht herausfordern wollten. Als Beispiel werde ich später auf Elfriede Jelinek eingehen.

Das Problem der jüdischen Identität ist das Problem vieler Romanfiguren, aber es ist ebenso ein Problem der Schreiberinnen. Zahlreiche Texte haben daher einen ausgeprägt autobiografischen Charakter und das trifft besonders auf die jeweils ersten Texte zu. Das kann sehr weit gehen, bis zu autobiografischen Texten im engeren Sinn, es kann aber auch in der allgemeinen Form geschehen, dass man verschiedene Romanfiguren mit unterschiedlichen Problemen, die aus der eigenen Erfahrungsumwelt stammen, ausstattet.

Im Allgemeinen spielt in literaturgeschichtlichen Fragen der Generationsbegriff nur eine untergeordnete Rolle. In unserem Fall ist er jedoch sehr bedeutsam. Denn es handelt sich, wie ich bereits sagte, um die Generation der jüdischen Schriftstellerinnen, die nach der Shoah geboren und sozialisiert wurde. Das heißt konkret: Die Angehörigen dieser Generation haben keine eigene Erinnerung an die Shoah, ihren Texten fehlt damit die Authentizität der Augenzeugen oder der Zeitzeugen. Ihre Werke können somit kaum noch direkt zur Kenntnis der Shoah beitragen. Damit rückt eine andere Frage in den Mittelpunkt, die ich schon gestreift habe: Welche Rolle spielt die Erinnerung der Shoah in der deutschen Gegenwartsgesellschaft? Dazu gab es bereits verschiedene soziologische Untersuchungen, bevor diese Generation selbst zu schreiben begann. Die allgemeine Shoah-Forschung beschäftigte sich mit den Kindern der Opfer, zum Beispiel in den Werken: Peter Sichrovsky: *Wir wissen nicht was morgen wird, wir wissen wohl was gestern war. Junge Juden in Deutschland und Österreich* (1985) oder Helen Epstein: *Die Kinder des Holocaust. Gespräche mit Söhnen und Töchtern von Überlebenden* (1987).[5] Die junge Generation war also bereits psychoanalytisch untersucht und soziologischen Kategorien zugeordnet, ehe sie zu schreiben begann. Die zentrale These dieser Untersuchungen behauptet ein Phänomen der doppelten Realität, in der die Kinder leben und aufwachsen: in der Vergangenheit der Eltern und der eigenen Gegenwart. Der französische Literaturwissenschaftler Alain Finkielkraut wendete diesen Befund in seinem Buch *Der eingebildete Jude* 1984 als Anklage und Warnung an die Angehörigen der eigenen Generation: Sie hätten alltägliche antisemitische Erfahrungen in Kindheit und Jugend dramatisierend mit dem Holocaust-Erlebnis der Eltern gleichgesetzt, so seien sie gleichsam zu „eingebildeten Juden" geworden, das heißt „Märtyrer durch Stellvertretung, Überlebende[r] durch Vermittlung der Eltern"[6]. Finkielkraut leitete aus dieser Selbstanalyse und Anklage die politische Forderung ab, der älteren Generation und dem Holocaust anders entgegenzutreten, nämlich den Toten zu dienen, die Umstände, „unter denen sie gelebt haben und unter denen sie gestorben sind", in der Erinnerung zu bewahren.[7] Dieses politische war auch ein literarisches Programm für die Generation, die in den Achtzigerjahren zu schreiben begann. Betrachtet man die bislang vorliegenden Werke, so kann man feststellen: Sehr selten hat sich die jüngere Generation in Deutschland dieses Programm zu Eigen gemacht. Im Gegenteil: Sie haben geradezu dagegen angeschrieben.

Als eine Gemeinsamkeit dieser Generation könnte man

formulieren: Sie wollten sich nicht mehr wie die Generation ihrer Eltern von der Shoah her definieren. Diese Betrachtungsweise lehnen sie als rückwärts gewandt ab. Bei ihnen steht vielmehr im Mittelpunkt der Identitätssuche die eigene Gegenwart, also das Aufwachsen in der deutschen und österreichischen Gesellschaft der Sechziger-, Siebziger- und Achtzigerjahre. Damit findet der für jede persönliche Entwicklung zentrale Prozess der Identitätssuche in dieser Gesellschaft und gegen diese Gesellschaft statt. Er beginnt jedoch stets in der Familie und in der Auseinandersetzung mit den Eltern. Die Hauptvorwürfe gegen sie lauten, dass sie nach der Shoah in Deutschland geblieben oder, schlimmer noch, aus dem Exil nach Deutschland zurückgekehrt sind. Ferner: dass die Eltern den Kindern ihr Judentum vorenthalten, teilweise sogar verschwiegen hätten.

Diese Auseinandersetzung mit den Eltern zeigt das gesamte Werk der wichtigsten Autorin der jüngeren Generation Barbara Honigmann.[8] Zunächst ist es die Auseinandersetzung mit ihrem Vater Georg Honigmann, einem bekannten Journalisten und Literaturfunktionär in der DDR, der in erster Linie Kommunist war und sein wollte und daher alles Jüdische aus seinem Leben als gleichgültig oder hinderlich zu verbannen versuchte, sogar die antiisraelische Politik der Partei in der DDR mittrug und seinen Kindern diesen Teil ihres Erbes – den jüdischen Teil – völlig vorenthielt. Diese Funktionäre profitierten als Juden vom Antifaschistenbonus und waren vielfach privilegiert, und dennoch leugneten sie ihr Judentum. Barbara Honigmann selbst konnte als Funktionärskind von diesem Bonus noch profitieren und durfte 1984 legal aus der DDR ausreisen. Später, in dem Roman *Eine Liebe aus Nichts* (1991), lässt sie ihre Heldin den gleichen Weg gehen, die Auseinandersetzung mit dem gestorbenen Vater zwischen Emanzipation und Liebe prägt dieses eindrucksvolle Buch.

Was ich bisher ausführte, bedeutet zunächst einmal: Der Shoah kommt bei der Identitätsfindung und damit in den Texten dieser Generation keine zentrale Rolle mehr zu.

Diesen Befund muss ich nun präzisieren. Die Shoah steht nicht mehr als historisches Ereignis im Mittelpunkt – aber die junge Generation erfährt bald, dass es unmöglich ist, die Erinnerung daran zu verdrängen. Gerade das Bekenntnis zum eigenen Jüdischsein führt zu einem Einschluss der Tradition und damit auch der Shoah. Ich habe vorhin den Satz aus dem Anfang von Dischereits Erzählung *Joëmis Tisch* zitiert: „Sie holten mich ein, die Toten der Geschichte." Das ist ein Bild dafür, dass man der Erinnerung an die Shoah nicht entgehen kann. Daher bleibt die Shoah auch in der Gegenwart und damit in Texten der zweiten Generation präsent, in vielen Formen und Sichtweisen, mit denen sie auf das Leben, Denken und Fühlen der Menschen, der Juden wie der Nichtjuden einwirken. So begegnet die Shoah zwar nur noch selten als Thema in den Lebensgeschichten der älteren Generation, als Überlebendentrauma oder als Schuld. Aber dafür umso öfter in ihrer Gegenwärtigkeit in der Nachkriegszeit bis heute mit ihrer unverminderten Sprengkraft in der öffentlichen Diskussion, die durch einige Schlagwörter wie Bitburg, Historikerstreit, Goldhagen, Holocaustmahnmal angedeutet werden können, aber ebenso in ihrer Funktionalisierung und Ritualisierung bis hin zum Holocaustkult und zum Holocaustkommerz.

Viele Schriftstellerinnen reflektieren die mit der veränderten Ausgangslage verbundenen ästhetischen Probleme in ihren Werken selbst. Sie verwischen nicht die Tatsache, dass sie als Nachgeborene die Shoah nur vermittelt kennen, sondern machen dieses Faktum bewusst. Sie leben ja wie wir alle in einer Mediengesellschaft, kennen also auch die Shoah durch die Medien aufbereitet aus dem Fernsehen, aus Büchern. Die Autorinnen sind, da sie schreiben, selbst ein Teil der Medialisierung der Shoah und damit auch ihrer Kommerzialisierung. Sie können sich solcher Vereinnahmung nicht entziehen, denn mit jedem Werk, jedem Fernsehinterview tragen sie dazu bei. Sie sind damit, ob sie wollen oder nicht, Teil dessen, was Maxim Biller in einer bösen Satire das „Shoah business" genannt hat und den „Auschwitz-

Bonus", von dem jeder heute in Deutschland schreibende Jude profitiert.[9] Die Schriftsteller können sich zwar diesem Prozess nicht entziehen, aber sie können die eigene Rolle darin im Werk selbst reflektieren, und das heißt ironisch, selbstironisch damit umgehen. Diese Ebene der Reflexion ist bezeichnend für viele Prosawerke der jüngeren Autorinnen.

Barbara Honigmann zeigt in dem Roman *Soharas Reise* (1997), dass das Trauma Shoah nicht nur für die Identitätsfindung der jüngeren „deutschen" Juden-Generation ein schweres Problem ist, sondern auch für nichteuropäische Juden. Sohara, der sephardischen Jüdin aus Algerien, wurde nach der Flucht in Frankreich klargemacht, dass ihr Schicksal „nicht so schlimm" war:

> „Die Aschkenasim (also die europäischen, die deutschen Juden) waren in jedem Fall die Elite des Leidens, die Weltmeister des Martyriums, wir waren dagegen reine Anfänger, in den hintersten Rängen plaziert [...]."

Aus dieser Position wird die quasi religiöse Funktion der Shoah als Ersatzreligion und Identitätsgarantie des deutschen Judentums gesehen – das KZ ist das „erste Heiligtum der Aschkenasim".[10]

Wer die Größe seines Leidens nicht (gewollt oder ungewollt) als Argument und zur Einschüchterung einsetzen will, entzieht sich dem Dilemma häufig durch Schweigen. So Frau Kahn, eine Wohnungsnachbarin von Sohara in Straßburg: Sie spricht seit 50 Jahren kein Deutsch mehr und sie will nicht von ihren KZ-Schicksalen sprechen:

> „Eigentlich will sie davon nicht mehr sprechen, nie mehr, sagt Frau Kahn. ‚Aber manchmal muß ich doch darüber sprechen und kann gar nicht mehr aufhören. Es kommt mir dann sogar so vor, als ob man überhaupt nie mehr von etwas anderem reden könnte, weil es eben das Wichtigste auf der ganzen Welt ist. Aber man würde natürlich für verrückt erklärt werden [...]'".[11]

So erzählt Frau Kahn nur *einmal* und sehr kurz von der Rettung ihres Sohnes und dem Tod ihres Mannes, nichts von ihrem eigenen Schicksal; und vielleicht aus ähnlichen Gründen versucht Barbara Honigmann nicht, uns einen dieser seltenen Ausbrüche von Frau Kahn, also eine Geschichte aus der Innenperspektive eines Konzentrationslagers, mitzuteilen.

Dieselbe Vermeidungsstrategie gilt für Esther Dischereit. In *Joëmis Tisch* spricht die Hauptfigur Hannah nicht selbst über ihre Verfolgungen. Sie erhält „ihre Umrisse durch Andeutungen der Erzählerin, die sie allein als Reflexe der Tochter weitergibt"[12], denn das Geschehene selbst wäre für Dischereit direkt (z. B. als Bericht der Mutter über ihre Verfolgungen) nicht abbildbar. Ein Beispiel, wie die Assoziationen geradezu zwanghaft immer wieder auf die Shoah-Erlebnisse der Mutter zurückführen: Die Lehrerin berichtet, auch sie sei beim BDM gewesen. Die Tochter denkt: „Sie sprang durch das Sonnwendfeuer, meine Mutter aus dem Zug. In eine Flucht durch unbekannte Häuser."[13] Und in wenigen dürren Sätzen werden zwei Stationen der Verfolgung und der Flucht eingeblendet. Dieses fragmentarische Erzählen, das Springen zwischen den Zeitebenen und Stilen verweigert demonstrativ ein geordnetes kausales und temporales Nacheinander: Die traditionellen Erzählmuster hält Esther Dischereit für untauglich zum Schreiben über die Shoah. Damit steht sie allerdings in dieser Radikalität fast allein. Die meisten Übrigen teilen nicht die Ansicht, die am radikalsten Paul Celan formuliert hatte: Das einmalige Geschehen bedürfe einer völlig neuen Sprache und Darstellungsweise.

Ich habe bisher meine Überlegungen zur Identitätssuche der jungen Schriftstellerinnen zwischen Shoah und Gegenwart vor allem mit Beispielen aus den Werken von Barbara Honigmann und Esther Dischereit veranschaulicht. Ich will nun auf zwei Autorinnen der gleichen Generation eingehen, Elfriede Jelinek und Irene Dische, sodann auf zwei Schriftstellerinnen der nächsten, in den Sechziger- und Siebzigerjahren geborenen Generation,

Gila Lustiger und Eva Menasse. Im Schlussteil komme ich dann noch einmal auf die neuesten Werke von Barbara Honigmann zu sprechen.
Elfriede Jelinek ist die weitaus prominenteste der nachgeborenen jüdischen Autorinnen, sie erhielt 2004 den Nobelpreis. Sie könnten sich (oder mich) fragen, warum ich sie nicht dementsprechend in den Mittelpunkt meines Vortrags gestellt habe. Dazu muss eine Frage kurz diskutiert werden, die eigentlich jeder Beschäftigung mit unserem Thema vorausgehen muss, mit der ich aber nicht beginnen wollte, weil sie so alt wie unergiebig ist: Was ist eigentlich eine *jüdische* Autorin? Auf diese Frage gibt es klare Antworten, wenn man einen orthodoxen Rabbiner befragt, der dies bekanntlich nach der Religion der Mutter entscheidet, oder einen nationalsozialistischen Rassetheoretiker, der nach der Rasse der Eltern und Großeltern fragt. Elfriede Jelineks Vater war Jude, daher gilt sie den Orthodoxen nicht als Jüdin; aber die Vernichtungspolitik der Nationalsozialisten hat bekanntlich zur Folge, dass auch die von den Nazis als Mischlinge deklarierten Familien in die Verfolgungen und Vernichtungsmaßnahmen hineingezogen wurden.
In der deutschen Öffentlichkeit hat man sich nach 1945 sehr lange davor gescheut, eine Person als jüdisch zu bezeichnen, das galt auch für die Literaturwissenschaft. Noch in den 1970er- und 80er-Jahren war weithin unbekannt, dass Autorinnen wie Ilse Aichinger oder Hilde Domin, Autoren wie Wolfgang Hildesheimer oder Erich Fried Juden waren. Denn die Autoren selbst wiesen darauf nicht hin, meistens weil sie sich dem alten und neuen Antisemitismus der deutschen und österreichischen Mehrheitsgesellschaften nicht aussetzen wollten. Erst als kritische ausländische Kollegen, vor allem aus den USA, in den achtziger Jahren zu fragen begannen, warum die Deutschen das Jüdische dieser Schriftsteller so versteckten, und nochmals zugespitzt gefragt, warum sie vollendeten, was Hitler noch nicht ganz gelungen war, nämlich die Vertilgung der Juden aus der deutschen Literatur, verloren die Kritiker und Wissenschaftler in Deutschland

nach und nach die Scheu vor dem schwierigen Adjektiv. Das wurde allerdings wesentlich erleichtert dadurch, dass sich jüngere Autorinnen und Autoren selbstbewusst als Juden zu erkennen gaben – und zwar dort, wo es für die Literatur relevant ist: also nicht in der Biografie des Klappentextes, sondern im Text selbst. So handeln Honigmanns erste Geschichten zum Beispiel von Scholems Familiengrab in Berlin, Dischereits Erstling trug demonstrativ den Untertitel „Eine jüdische Geschichte".
Seither hat sich die Ansicht mehr und mehr durchgesetzt, dass man einen Text nicht dann schon als „jüdisch" bezeichnen sollte, wenn die Autorin oder der Autor, nach welchen Kriterien auch immer, jüdisch genannt werden kann, sondern nur dann, wenn er von den Verfassern selbst als jüdisch markiert wird: durch Personen- und Themenwahl, durch die Art der behandelten Themen.
Zurück zu Jelinek: Wie die meisten aus der älteren Generation gehörte auch sie, obwohl nach der Shoah – 1946 geboren, zu denjenigen, die lange Zeit keine erkennbar jüdischen Themen behandelten, sodass den meisten (denen ihre Biografie nicht im Detail bekannt war) sie nicht als jüdisch empfanden. Jelinek begann bereits in den frühen Siebzigerjahren zu schreiben, sie wurde bekannt durch extrem feministische und politisch der Kommunistischen Partei Österreichs nahestehende Positionen. In ihrem Roman *Die Liebhaberinnen* (1975) schildert sie die Ausbeutung von Frauen und Kindern in der kapitalistischen Gesellschaft, in *Die Klavierspielerin* (1983) entwirft sie Horrorszenarien von familiären Verhältnissen, die Unterdrückung einer Tochter durch ihre dominante Mutter, bis zum psychischen Zusammenbruch – eine Geschichte mit stark autobiografischen Zügen. Der Roman *Lust* (1989) treibt die Exzesse weiter, das Werk entfachte einen Skandal wegen Pornografie. Im Hintergrund steht eine österreichische Gesellschaft, die noch und wieder im Geist des Nationalsozialismus, des Faschismus, des Rechtsextremismus mit seinem Erben Jörg Haider, steht; hier sieht die Jelinek auch die Quelle

für das geschilderte frauenfeindliche Verhalten. Erst nach der Waldheim-Affäre 1986 und vor allem nach dem Ende des Ostblocks begann die Jelinek, die Judenvernichtung als Teil der nationalsozialistischen Politik und die Auswirkungen des Antisemitismus in der Gegenwartsgesellschaft zu erkennen und damit auch ihre eigenen jüdischen Wurzeln und Identitätsprobleme zu thematisieren. Das wurde freilich dadurch erschwert, dass ihr jüdischer Vater als Wissenschaftler nicht etwa verfolgt, sondern als kriegswichtig verschont wurde, nach dem Krieg an schweren psychischen Traumata litt und in einer psychiatrischen Anstalt verstarb.

Das erste wichtige Werk, das sich intensiv mit der jüdischen Thematik auseinandersetzt, ist der Roman *Die Kinder der Toten* (1995), den sie selbst als „Gespenstergeschichte zur österreichischen Identität" charakterisierte.[14] Er schildert den makabren Abstieg ins Totenreich vor einem Hintergrund der Verdrängung in grotesker Weise. Nicht die Erfahrungen der Shoah selbst, sondern die katastrophalen Auswirkungen auf die Menschen danach spielen die Hauptrolle. Dies ist eine vehemente Anklage nicht so sehr gegen die Nationalsozialisten und den von ihnen verübten Massenmord, sondern gegen die Verdrängungen insbesondere in der österreichischen Gesellschaft, die durch die Staatsdoktrin vom ersten Opfer des Hitlerfaschismus bis in die Achtzigerjahre genährt wurden. *Die Kinder der Toten* ist die Geschichte „der unverarbeiteten und mitunter vergessenen und verdrängten Verbrechensgeschichte" und ihrer Folgen in der Gegenwart.[15]

Viele Jahrzehnte lang wurde Elfriede Jelinek in Österreich als Nestbeschmutzerin beschimpft, populäre Spottverse, in denen die Jelinek gereimt wird auf „letzter Dreck" gingen sogar in Literaturgeschichten ein. Seit sie den Nobelpreis erhielt, wird sie auch von Konservativen energisch als Aushängeschild österreichischer Literatur angesehen und als „österreichisch-jüdisch" bezeichnet. Dieses Adjektiv erneuert allerdings ein Missverständnis, das bereits früher zu Attacken von Gershom Scholem gegen den Begriff „deutschjüdisch" geführt hat.[16] Scholem hatte diesen Begriff verworfen, weil er für den Traum einer Assimilation stehe, der direkt in die Shoah geführt habe. Dem liegt allerdings das Missverständnis zugrunde, dass in diesem Adjektiv der Bestandteil „deutsch" eine Nationalität bezeichne, er meinte jedoch überwiegend und in der Neuzeit fast ausschließlich die Sprache. Viele jüdische Autorinnen und Autoren, die in der Zeit des Nationalsozialismus ins Exil verjagt wurden, nahmen in anderen Ländern andere Pässe an, schrieben aber weiter deutsch.

Was bis dahin die Ausnahme war, wurde nach der Shoah fast die Regel: Viele deutsch schreibende jüdische Autoren wurden außerhalb Deutschlands geboren, umgekehrt sind nicht wenige aus Deutschland weggezogen, wie Lea Fleischmann nach Israel oder Barbara Honigmann und Gila Lustiger nach Frankreich. Deutsch heißt für einen Schriftsteller deutschsprachig. Barbara Honigmann hat sich in dem Essay *Selbstporträt als Jüdin* eindrucksvoll dazu bekannt:

> „Es klingt paradox, aber ich bin eine deutsche Schriftstellerin, obwohl ich mich nicht als Deutsche fühle und nun auch schon seit Jahren nicht mehr in Deutschland lebe. Ich denke aber, der Schriftsteller ist das, was er schreibt, und er ist vor allem die Sprache, in der er schreibt. Ich schreibe nicht nur auf deutsch, sondern die Literatur, die mich geformt und gebildet hat, ist die deutsche Literatur, und ich beziehe mich auf sie, in allem was ich schreibe [...]. Als Jude bin ich aus Deutschland weggegangen, aber in meiner Arbeit, in einer sehr starken Bindung an die deutsche Sprache, kehre ich immer wieder zurück."[17]

Ebenso unbefangen bekennt sie sich zur Kennzeichnung als „deutsch-jüdische Schriftstellerin":

> „Heute nehme ich die Bezeichnung [...] ohne Komplexe an, und ich verbinde damit sogar einen gewissen Stolz,

und sei es nur, um der Formulierung Scholems von der Illusion eines Deutsch-Judentums entgegenzutreten."[18]

Freilich – im Zeichen der globalen Migration hat die Literaturwissenschaft ihren Literaturbegriff abermals erweitert: Migranten, die in Deutschland leben, schreiben oft in ihrer Muttersprache weiter – der soziale Kontext und die literarische Umgebung sind jedoch deutsch. Daher sollte oder muss sich ein Germanist in Deutschland heute auch um diese Autoren kümmern. Das prominenteste Beispiel für unseren Themenbereich ist Irene Dische: Sie ist 1952 in New York geboren, die Mutter deutscher Abstammung, sie lebt seit Ende der Siebzigerjahre in Berlin, ist dort verheiratet, spricht perfekt Deutsch, aber schreibt nach wie vor Englisch. Ihr erster Erzählungsband *Fromme Lügen* (1989) war ein großer Erfolg, den sie wenig später, 1994, durch den Band *Die intimen Geständnisse des Oliver Weinstock* und seither durch mehrere weitere Werke, vor allem Romane, vermehrte. Viele Geschichten spielen im Deutschland der Gegenwart, erzählen meistens unterhaltsam und pointenreich komische und skurrile Geschichten, oft von amerikanischen Juden, die in das Land ihrer Eltern zurückkehren und dort mit altem Antisemitismus und neuem Philosemitismus zusammentreffen, mit jüdischen und nichtjüdischen Gaunern, mit allen möglichen Shoah-Opfern und Shoah-Gegnern. Ihr letztes Buch, *Großmama packt aus* (2005), hat stark autobiografischen Charakter, es erzählt die Geschichte des deutschen Teils ihrer Familie in der Nazizeit und vor allem im amerikanischen Exil. Und um diese energische und lebenstüchtige katholische Großmutter, die einen jüdischen Arzt heiratete, sind skurrile und merkwürdige Verwandte und Bekannte versammelt, zahlreiche mehr oder weniger liberale Juden, jüdische und nichtjüdische Mitläufer, aber auch stramme Mitglieder der Nazipartei gehören zur Familie – eine Autobiografie, ein Buch, das unterhaltsam und komisch ist, obwohl die dunklen Untertöne und die drohenden Zeitereignisse nicht zu übersehen sind, die diese Familie auseinandersprengen.

Die bisher behandelten Autorinnen wurden zwischen 1946 und 1952 geboren. Ich habe betont, dass diese Daten vor allem deswegen wichtig sind, weil die Sozialisation – Kindheit, Schule, Schritte in die Selbstständigkeit – dieser Autorinnen in den Fünfziger- bis Siebzigerjahren liegt, die etwas jüngere Generation, die entsprechende Erfahrungen etwa 15 Jahre später machte, wuchs in gesellschaftlich deutlich veränderten Verhältnissen auf. Daher weisen ihre Erstlingswerke neben Ähnlichkeiten in der Identitätsfindung auch verschiedene neue Akzente auf.

Das wird besonders deutlich am Beispiel von Gila Lustiger, geboren 1963 in Frankfurt. Ihr Vater Arno Lustiger, Überlebender mehrerer Konzentrationslager und der Todesmärsche, bildete sich in den Achtzigerjahren vom Unternehmer autodidaktisch zum Historiker; er schrieb seither einige Standardwerke über die Geschichte des jüdischen Widerstands im Dritten Reich und hielt am Auschwitztag vor zwei Jahren die Gedenkrede im Deutschen Bundestag. Später erfahren wir aus einem autobiografischen Werk von Gila Lustiger, dass auch noch in dieser Generation in den Siebzigerjahren zu Hause mit keinem Wort über die Shoah gesprochen wurde. Daher ging die Tochter zum Studium nach Israel und später nach Paris.

Bevor Gila Lustiger ihre autobiografische Stimme fand, schrieb sie mit ihrem ersten Roman *Die Bestandsaufnahme* (1995) ein Werk, das im Gegensatz zu allen anderen bisher genannten einen primär historischen Charakter hat. Er zeichnet den Weg einer jungen Frau aus der Provinz nach Berlin Ende der Zwanzigerjahre nach und endet in Auschwitz. Die bekannten historischen Ereignisse sind erkennbar, der Hauptblick gilt jedoch dem Alltag. Erzählt wird zum einen aus der Perspektive der Opfer, der Juden, Kommunisten, Homosexuellen, Zwangssterilisierten. Aber Lustiger versucht auch, sich in die Psyche der Täter zu versetzen, analysiert die Verfolgungsmechanismen. Selbst das Entsetzliche wird eher nüchtern geschildert. Sie zeichnet die Normalität des anormalen Alltags gleichsam als Illustration dessen, was Hannah Arendt die Banalität des Bösen genannt hat. Dieser fast wissenschaftlich distanzierte Blick auf das Entsetzliche ist gelegentlich als fehlende Emotionalität der Nachgeborenen gedeutet worden. Dem ist entgegenzuhalten: Viele scheuen das Nachempfinden, weil es – wie bei der bekannten Hollywood-Serie *Holocaust* von 1978 – leicht, allzu leicht, zu Kitsch führt.

Erst nach diesem Umweg und als deutlich wurde, dass sich ihr Vater nach dem jahrzehntelangen Schweigen nun offen und öffentlich als Zeitzeuge und Historiker mit seiner Shoah-Vergangenheit auseinandersetzt, schrieb sie 2005 ihren dritten Roman *So sind wir*. Ganz ähnlich wie Irene Dische in ihrem letzten Werk erzählt sie nun die Geschichte der eigenen „durch die Deutschen kaputt gemachten" Familie: von den Großeltern und Eltern mit deren zahlreichen Verwandten, von der eigenen Kindheit zwischen Deutschland und Israel, der Auseinandersetzung mit dem Vater, der in Deutschland bleibt, während sie nach Israel geht, von den angedeuteten Tabus in den Familien der Opfer. Allergisch reagiert Gila Lustiger – und damit steht sie sicher nicht allein – bei Wörtern wie „Opfer" oder „Auschwitz-Überlebende". Aber der Großteil der Schilderungen ist nicht aggressiv und verletzend, sondern eher liebevoll, ja teilweise komisch und unterhaltsam. Das liegt vor allem an der Erzählweise, die nicht chronologisch ist, sondern ein Erinnerungsgespräch in der Gegenwart, das immer wieder anhand von Objekten wie Fotos, Zeitungsausschnitten oder einer Puppe Mosaiksteine der Familiengeschichte, von Toten und noch lebenden Verwandten, in die Erinnerung ruft und aus der Gegenwartsperspektive kommentiert. So wird die Erinnerungsarbeit selbst gezeigt.

Von diesem Werk her ergeben sich überraschende Parallelen zu der jüngsten der hier von mir vorgestellten Schriftstellerinnen, Eva Menasse, Jahrgang 1970, und ihrem ersten, bisher einzigen Roman *Vienna* (2005). Eva

Menasse ist die Schwester von Robert Menasse. Dieser gehört zu den bekanntesten jüdischen Schriftstellern der Nachkriegsgeneration, berühmt vor allem durch seinen Roman *Die Vertreibung aus der Hölle* (2001). Die Eltern Menasse emigrierten 1938 nach England, kehrten 1945 nach Österreich zurück. Roberts Antwort auf die Frage nach seinem Judentum zeigt die Probleme seiner Generation mit diesem Begriff: Seine Mutter sei Taufscheinkatholikin, der Vater zahle Mitgliedsbeiträge bei der Kultusgemeinde, habe aber nie Wert auf die religiöse Erziehung der Kinder gelegt:

> „Wir Halbjuden lassen uns von den Juden nicht vorschreiben, ob wir Juden sind oder nicht. Aber von den Christen auch nicht. Wir bewegen uns mit 1, 2, Wechselschritt in diesem Spannungsfeld. Wahrscheinlich muß ein Typ wie ich erst Jude werden, um dann profund sagen zu können, er ist keiner."[19]

Die 15 Jahre jüngere Schwester mit demselben familiären Hintergrund, aber aufgewachsen in den Achtziger- und Neunzigerjahren, hat hingegen keinerlei Probleme mit solchen Zuschreibungen. Ihr Roman *Vienna* ist ebenfalls ein sehr autobiografischer Familienroman, der die teils jüdischen, teils christlichen Vorfahren von der Jahrhundertwende bis in die Gegenwart begleitet, eher anekdotisch, eine Galerie von seltsamen, skurrilen, von Spleens geprägten Erfolgreichen und Versagern, auch der große Bruder wird mit seiner jüdischen Erfolgsmasche, seiner linken Attitüde, seiner Selbststilisierung leicht boshaft porträtiert. In diesem höchst vergnüglichen Zeitpanorama haben auch noch die Jahre des zunehmenden Nationalsozialismus in Österreich vor dem Anschluss 1938, die Zeit der Verfolgung und des Exils im Rückblick der Erzählungen der verschiedenen Familienmitglieder nicht nur Bedrückendes, Entsetzliches, sie erzählen auch von Chuzpe und Überlebensstrategien – und lassen nur gelegentlich erkennen, dass natürlich nur die Überlebenden erzählen können. Eva Menasse sieht es nicht – im Gegensatz zu ihrem Bruder, im Gegensatz zu so vielen jüdischen Schriftstellern der älteren Generation – als eine ihrer Aufgaben als Schriftstellerin an, den Toten eine Stimme zu geben.

Bei aller Anerkennung: Werke wie *Vienna* und *Großmama packt aus* sind zwar schwungvoll, unterhaltsam und gekonnt geschrieben, entgehen aber – wie die Rezeption gezeigt hat – nicht immer der Gefahr, als Privatisierung und Verharmlosung des Zeitgeschehens gelesen zu werden.

Wie man dieser Gefahr entgehen kann, zeigt der letzte Roman von Barbara Honigmann, *Ein Kapitel aus meinem Leben* (2004)[20], mit dem ich schließen will.

Die Autorin, von der die jüdische Literatur der Nach-Shoah-Generation ausging, kehrt hier noch einmal zu ihren Anfängen zurück, nun aber mit der Schreib- und Lebenserfahrung von weiteren 15 Jahren. 1991 hatte sie in *Eine Liebe aus Nichts* den Konflikt mit ihrem Vater thematisiert, der selten über seine Exilzeit gesprochen, der sein Judentum verborgen und sie verlassen hatte. Von der Mutter war hingegen selten die Rede, obwohl die Tochter weitgehend bei ihr wohnte und ihren Vater – den dritten der insgesamt vier Ehemänner ihrer Mutter – nach der Scheidung der Eltern kaum noch sah. 1999 gab Barbara Honigmann in ihrer Erzählung *Der Untergang von Wien* ein Kurzporträt der Mutter, einer ungarischen Wienerin, die 1984, als die Tochter nach Straßburg übersiedelte, in ihre Heimatstadt zurückging und dort 1991 starb. Wie beim Vater setzt erst der Tod die Nachfrage nach dem Leben in Gang. In diesem Mutterbuch geht es zum einen um die autobiografische Nachforschung, die mit den vielen Verwandten und Bekannten am Beispiel des Geflechts der eigenen Familie jüdisches Leben in der Vorkriegszeit in Wien, in der Emigration in London, nach dem Krieg in der DDR zeigt. Was diese Texte zur Literatur macht, ist jenseits des Autobiografischen und Historischen der Erinnerungsprozess selbst und dessen Entwicklung in 20 Jahren. Zu Honigmanns Vorwürfen gegen die schweigenden Eltern kommt zunehmend die Selbstkritik, nie energischer nachgefragt zu haben, nicht einmal bei den drei größten Rätseln im Leben ihrer Mutter: zum einen ihrem Verhältnis zu dem Mann, mit dem sie in London in zweiter Ehe verheiratet war, Kim Philby, dem berühmtesten kommunistischen Doppelagenten im Westen; zum anderen dem Verrat der Mutter an ihrem geliebten England; und schließlich: warum die Mutter ihre Eltern in London zurückgelassen hatte, nie mehr Verbindung mit ihnen suchte – bereits in einer früheren Erzählung *Gräber in London* hatte Honigmann die Suche nach deren anonymen Gräbern beschrieben.

Das Erzählen versucht zu verstehen und scheut doch die intensive historische Nachforschung. Honigmann kommt zu der Einsicht, dass ein Leben und erst recht eine Wahrheit über ein Leben nicht aus biografischen Fakten besteht. Das Verstehen des Verschweigens der Mutter wird so zum Teil der eigenen jüdischen Biografie. Der Titel „Ein Kapitel aus meinem Leben" bezieht sich zunächst auf das Versprechen der Mutter, der Tochter dieses Kapitel einmal zu erzählen; aber allmählich wird dieser Komplex zu einem Kapitel im Leben der Tochter selbst. Honigmann schreibt über die Situation von Kindern ihrer Generation, die im „Land der Täter" aufgewachsen sind und in deren Sprache schreiben:

> „Ich glaube, wir Kinder von Juden aus der Generation meiner Eltern sind, vielleicht überall, aber in Deutschland besonders lange, Kinder unserer Eltern geblieben, länger jedenfalls als andere. Denn es war schwer, der Geschichte und den Geschichten unserer Eltern zu entrinnen."[21]

Damit hat Barbara Honigmann gleichsam auch eine Schlussbilanz ihrer eigenen Generation gezogen. Das autobiografische Projekt der Identitätsfindung, an dem so viele ihrer Generation arbeiteten – teils anklagend und gelegentlich etwas verbissen, immer öfter souverän, ja unterhaltsam und komisch –, ist an einem Wendepunkt angekommen. Dort, wo die Eltern noch leben wie bei Lustiger oder Menasse, werden die Lücken durch Weitergabe von Familiengeschichten, die oft zu ständig wiederholten Anekdoten verkürzt sind, gefüllt. Dort, wo die Eltern tot und die Erinnerungen unvollständig sind wie bei Honigmann, geht es nicht immer so lustig zu, obwohl auch ihr Erzählen viele komische Elemente durch das Aufeinandertreffen des Unterschiedlichsten und Unerwarteten aufweist. Deutlich wird bei allen: Die Emanzipation von den Elternschicksalen öffnet die Möglichkeit, diese Vergangenheit von Shoah, Verfolgung, Exil als Teil der eigenen Geschichte zu nehmen, ohne sich darauf ständig fixieren zu müssen.

Ich habe einige jüdische Schriftstellerinnen und ihre Werke herausgegriffen und skizzierend vorgestellt. Um das Bild zu vertiefen und zu differenzieren, wäre es notwendig, es in verschiedener Hinsicht zu erweitern: Nicht nur durch Einbeziehung weiterer Autorinnen und Werke, sondern auch und vor allem in Richtung auf zwei Kontexte. Zum Ersten den der deutsch schreibenden männlichen jüdischen Schriftsteller dieser Generation, deren Zahl natürlich erheblich größer ist, deren Generations- und Familienerfahrungen, deren Identitätsprobleme und Auseinandersetzungen mit der Mehrheitsgesellschaft in vielem ähnlich, aber doch auch immer wieder etwas unterschiedlich sind. Zum Zweiten den Kontext der jüdischen Gegenwartsliteratur überhaupt, insbesondere der Schriftstellerinnen. Auch hier ist gelegentlich ein gemeinsamer Erfahrungshintergrund gegeben, den zu vergleichen besonders interessant ist. Dabei wäre es vor allem spannend, die Werke zu betrachten, deren Autorinnen in Deutschland geboren sind, aber als Kinder auswanderten und die in den Sprachen ihrer neuen Heimat schreiben. Um nur zwei wichtige Beispiele zu nennen: Lily Brett und Savyon Liebrecht, beide Töchter von Überlebenden, 1946 bzw. 1948 in Deutschland geboren, die eine wanderte mit der Familie nach Australien aus und lebt seit Langem in New York, die andere seit ihrer Kindheit in Israel. Die Werke beider Autorinnen sind ins Deutsche übersetzt und teilweise sehr erfolgreich.

Für den Literaturwissenschaftler wird die Frage der Abgrenzung von Nationalliteraturen erfreulicherweise immer unwichtiger, auch wenn in der Beschreibung meiner Professur das Wort „deutsch" steht und stehen bleiben wird. Aber auch als Germanisten sind wir Leser und für diese – wie für Sie alle – ist es weniger wichtig, ob wir ein Werk im Original in deutscher Sprache oder in einer Übersetzung lesen.

Aber ganz am Schluss breche ich doch eine kleine Lanze für die deutschsprachigen Werke. Zum einen, weil gerade diese Schriftstellerinnen und Schriftsteller großen Wert darauf legen, in deutscher Sprache zu schreiben (ich erinnere an das Zitat von Barbara Honigmann: „Schriftsteller sind, was sie schreiben"); und zum anderen, weil es, wie ich zeigen wollte, seit einigen Jahren eine ungewöhnliche Fülle interessanter, ergreifender, gut geschriebener, unterhaltsamer, kurz: lesenswerter Werke jüdischer Autorinnen in deutscher Sprache gibt. Daher sollte und will mein Vortrag zugleich eine Empfehlung sein, einige – möglichst viele – der genannten Werke, die Sie noch nicht kennen, zu lesen.

Anmerkungen

[1] Reich-Ranicki hat dieses Urteil zuerst in der Rede „Außenseiter und Provokateure" (1969) formuliert, gedruckt in: M. R.: Über Ruhestörer. Juden in der deutschen Literatur. München 1973; er hat es wörtlich beibehalten in der „erweiterten Neuausgabe" (Stuttgart 1989; Zitat dort S. 36).

[2] Die wichtigsten übergreifenden Werke zur Literatur der „zweiten Generation" sind bisher: Thomas Nolden: Junge jüdische Literatur. Konzentrisches Schreiben in der Gegenwart. Würzburg 1995. – Helene Schruff: Wechselwirkungen. Deutsch-Jüdische Identität in erzählender Prosa der ‚Zweiten Generation'. Hildesheim u. a. 2000. – Barbara Oberwalleney: Heterogenes Schreiben: Positionen der deutschsprachigen jüdischen Literatur (1986-1998). München 2001. – Katja Schubert: Notwendige Umwege. Voies de traverse obligées. Gedächtnis und Zeugenschaft in Texten jüdischer Autorinnen in Deutschland und Frankreich nach Auschwitz. Hildesheim u. a. 2001. Die erste umfassende Übersicht gibt der Band: Sander L. Gilman / Hartmut

Steinecke (Hgg.): Deutsch-jüdische Literatur der neunziger Jahre. Die Generation nach der Shoah (Beihefte zur Zeitschrift für deutsche Philologie 11). Berlin 2002; der Band enthält auch umfangreiche Bibliografien der Werke und der Forschungsliteratur. Ferner: Hartmut Steinecke: Literatur als Gedächtnis der Shoah. Deutschsprachige jüdische Schriftstellerinnen und Schriftsteller der „zweiten Generation". Paderborn u. a. 2005; sowie ders.: Die Shoah in der Literatur der „zweiten Generation", in: Norbert Otto Eke / Hartmut Steinecke (Hgg.): Shoah in der deutschsprachigen Literatur. Berlin 2006, S. 135-153.

[3] Barbara Honigmann: Roman von einem Kinde. Sechs Erzählungen. Darmstadt, Neuwied 1986, S. 28.

[4] Esther Dischereit: Joëmis Tisch. Eine jüdische Geschichte. Frankfurt/M. 1988, S. 9.

[5] Martin S. Bergmann / Milton E. Jucovy (Hgg.): Generations of the Holocaust. New York 1982. Dt. (erweitert; mit Judith S. Kestenberg [Hg.]): Kinder der Opfer, Kinder der Täter. Psychoanalyse und Holocaust. Frankfurt/M. 1995. – Helen Epstein: Children of the Holocaust. Conversations with Sons and Daughters of Survivors. New York 1979. Dt.: Die Kinder des Holocaust. Gespräche mit Söhnen und Töchtern von Überlebenden. München 1987. – Aaron Hass: In the Shadow of the Holocaust. The Second Generation. Ithaca 1990; Cambridge 1996. – Peter Sichrovsky: Wir wissen nicht was morgen wird, wir wissen wohl was gestern war. Junge Juden in Deutschland und Österreich. Köln 1985.

[6] Alain Finkielkraut: Le Juif imaginaire. Paris 1980. Dt.: Der eingebildete Jude. Frankfurt/M. 1984, S. 7; an anderer Stelle programmatisch: „Kein Angehöriger unserer Generation darf von sich behaupten: Ich bin ein Kind von Auschwitz." (S. 33)

[7] Ebd., S. 53.

[8] Zu Honigmann siehe Hartmut Steinecke: „Schriftsteller sind, was sie schreiben": Barbara Honigmann, in: Dieter Borchmeyer (Hg.): Signaturen der Gegenwartsliteratur. Festschrift für Walter Hinderer. Würzburg 1999, S. 89-97. – Karen Remmler: Orte des Eingedenkens in den Werken Barbara Honigmanns, in: Gilman/Steinecke, S. 43-58.

[9] Maxim Biller: Harlem Holocaust, in: ders.: Wenn ich einmal reich und tot bin. Erzählungen. München 1993, S. 113 u. 114.

[10] Barbara Honigmann: Soharas Reise. Berlin 1996, S. 24 u. 72.

[11] Ebd., S. 23.

[12] Norbert Oellers: „Sie holten mich ein, die Toten der Geschichte." Ansichten über Esther Dischereits „Joëmis Tisch. Eine jüdische Geschichte", in: Gilman/Steinecke, S. 83.

[13] Dischereit: Joëmis Tisch, S. 44.

[14] Zit. nach Jens Birkmeyer: Elfriede Jelinek. Tobsüchtige Totenwache, in: Eke/Steinecke, S. 307.

[15] Ebd., S. 308.
[16] Über die Probleme dieser Bezeichnung s. meinen Beitrag „Deutsch-jüdische" Literatur heute. Die Generation nach der Shoah. Zur Einführung, in: Gilman/Steinecke, S. 9-16; sowie Andreas B. Kilcher: Was ist „deutsch-jüdische Literatur"? Eine historische Diskursanalyse, in: Weimarer Beiträge 45, 1999, S. 485-517. – Wer „deutsch" in diesem Zusammenhang als nationale Kategorie (miss)versteht, gebraucht auch den Begriff „österreichisch-jüdisch".
[17] Barbara Honigmann: Selbstporträt als Jüdin, in: dies.: Damals, dann und danach. München, Wien 1999, S. 17f.
[18] Zit. nach Steinecke: Zur Einführung, S. 12.
[19] Robert Menasse, in: Ein Gepeinigtsein von Peinlichkeiten. Jüdisch sein in Österreich – ein Dreiergespräch, in: Neue Zürcher Zeitung, 12. 7. 1998, S. 51.
[20] Siehe dazu ausführlich: Maria Kublitz-Kramer: Schreiben aus nichts. Barbara Honigmanns Elternbücher „Eine Liebe aus nichts" und „Ein Kapitel aus meinem Leben", in: Inge Hansen-Schaberg [u. a., Hgg.]: Familiengeschichte(n), Erfahrungen und Verarbeitung von Exil und Verfolgung im Leben der Töchter. Wuppertal 2006, S. 213-229.
[21] Honigmann: Selbstporträt, S. 11.

Frauen im Judentum – eine Auswahlbibliografie

zusammengestellt von Martin Leutzsch

Die folgende Bibliografie beschränkt sich auf Buchveröffentlichungen in deutscher und englischer Sprache. Nicht aufgenommen wurden Veröffentlichungen zu Einzelpersonen (wie Hannah Arendt, Golda Meïr, Cynthia Ozick, Rahel Varnhagen).

Agosín, Marjorie (1999) Uncertain Travelers: Conversations with Jewish Women Immigrants to America. (Brandeis Series on Jewish Women). Hanover/London

Anders, Katrin (1998) Sara, Ester, Thobe und Hanna. Vier jüdische Frauen am Rande der Gesellschaft im 18. Jahrhundert. Eine mikrohistorische Studie unter Verwendung Flensburger Gerichtsakten. (Gesellschaft für Flensburger Stadtgeschichte e. V., Kleine Reihe 30). Flensburg

Archer, Léonie J. (1990) Her Price is Beyond Rubies. The Jewish Woman in Graeco-Roman Palestine. (Journal for the Study of the Old Testament Supplement Series 60). Sheffield

Ashton, Dianne (1997) Rebecca Gratz: Women and Judaism in Antebellum America. Detroit

Baader, Benjamin Maria (2006) Gender, Judaism, and Bourgeois Culture in Germany, 1800-1870. Bloomington/Indianapolis

Bar-Ilan, Meir (1998) Some Jewish Women in Antiquity. (Brown Judaic Studies 317). Atlanta

Baskin, Judith (2002) Midrashic Women: Formations of the Feminine in Rabbinic Literature. (Brandeis Series on Jewish Women). Hanover/London

Baskin, Judith ed. (1991) Jewish Women in Historical Perspective. Detroit

Baumgarten, Elisheva (2004) Mothers and Children: Jewish Family Life in Medieval Europe. Princeton/Oxford

Bengis, Esther (1934) I Am a Rabbi's Wife. Moodus, Conn.

Berkovits, Eliezer (1990) Jewish Women in Time and Torah. Hoboken

Biale, Rachel (1984) Women and Jewish Law: An Exploration of Women's Issues in Halakhic Sources. New York

Bilski, Emily D. / Braun, Emily eds. (2005) Jewish Women

and Their Salons: The Power of Conversation. New York / New Haven / London

Borch-Jacobsen, Mikkel (1997) Anna O. zum Gedächtnis. Eine hundertjährige Irreführung. München

Brayer, Menachem M. (1986) The Jewish Woman in Rabbinic Literature 1: A Psychosocial Perspective. Hoboken

Brayer, Menachem M. (1986a) The Jewish Woman in Rabbinic Literature 2: A Psychohistorical Perspective. Hoboken

Brenner, Hedwig (1998) Jüdische Frauen in der bildenden Kunst. Ein biographisches Verzeichnis. Konstanz

Brentzel, Marianne (2002) Anna O. – Bertha Pappenheim. Biographie. Göttingen

Brewer, Joan Scherer (1986) Sex and the Modern Jewish Woman: An Annotated Bibliography. Fresh Meadows

Bronner, Leila Leah (1994) From Eve to Esther. Rabbinic Reconstructions of Biblical Women. Louisville

Brooten, Bernadette J. (1982) Women Leaders in the Ancient Synagogue. Inscriptional Evidence and Background Issues. (Brown Judaic Studies 36). Atlanta

Cantor, Aviva (1987) The Jewish Woman 1900-1985: A Bibliography. Fresh Meadows

Carlebach, Julius ed. (1993) Zur Geschichte der jüdischen Frau in Deutschland. Berlin

Cohen, Shaye J. D. (2005) Why Aren't Jewish Women Circumcised? Gender and Covenant in Judaism. Berkeley / Los Angeles / London

Cohen, Shaye J. D. (1993) The Jewish Family in Antiquity. (Brown Judaic Studies 289). Atlanta

Crane, Cynthia (2000) Divided Lives: The Untold Stories of Jewish-Christian Women in Nazi Germany. Houndmills/ Basingstoke

Dachs, Gisela ed. (2006) Jüdischer Almanach des Leo Baeck Instituts: Frauen. Frankfurt

Davidman, Lynn / Tennenbaum, Shelly eds. (1994) Feminist Perspectives on Jewish Studies. New Haven / London

Dick, Jutta / Sassenberg, Marian eds. (1993) Jüdische Frauen im 19. und 20. Jahrhundert. Lexikon zu Leben und Werk. (rororo 6344). Reinbek

Eilberg-Schwartz, Howard / Doniger, Wendy eds. (1995) Off with Her Head! The Denial of Women's Identity in Myth, Religion, and Culture. Berkeley / Los Angeles / London

Elwell, Sue Levi (1987) The Jewish Women's Studies Guide. Lanham / New York / London 2. Aufl.

Fassmann, Irmgard Maya (1996) Jüdinnen in der deutschen Frauenbewegung 1865-1919. (Haskala 6). Hildesheim / Zürich / New York

Fine, Lawrence ed. (2001) Judaism in Practice: From the Middle Ages through the Early Modern Period. Princeton

Firestone, Tirzah (2002) The Receiving: Reclaiming Jewish Women's Wisdom. San Francisco

Fonrobert, Charlotte Elisheva (2000) Menstrual Purity: Rabbinic and Christian Reconstructions of Biblical Gender. (Contraversions). Stanford

Fram, Edward (2007) My Dear Daughter: Rabbi Benjamin Slonik and the Education of Jewish Women in Sixteenth-Century Poland. Cincinnati

Freudenreich, Harriet Pass (2002) Female, Jewish, Educated: The Lives of Central European University Women. Bloomington

Galchinsky, Michael (1996) The Origin of the Modern Jewish Woman Writer: Romance and Reform in Victorian England. Detroit

Goldman, Karla (2000) Beyond the Synagogue Gallery: Finding a Place for Women in American Judaism. Cambridge, Mass. / London

Goldman, Shalom (1995) The Wiles of Women / The Wiles of Men: Joseph and Potiphar's Wife in Ancient Near Eastern, Jewish, and Islamic Folklore. Albany

Goodman-Thau, Eveline (2003) Eine Rabbinerin in Wien. Betrachtungen. Wien

Gottlieb, Lynn (1995) She Who Dwells Within: A Feminist Vision of a Renewed Judaism. San Francisco

Greenberg, Blu (1991) On Women and Judaism: A View from Tradition. Philadelphia 9. Aufl. (= 1981)

Greenberg, Simon ed. (1988) The Ordination of Women as Rabbis: Studies and Responsa. New York

Greenspoon, Leonard J. / Simkins, Ronald A. / Cahan, Jean Axelrad eds. (2003) Women and Judaism. Omaha/Lincoln

Grossman, Avraham (2004) Pious and Rebellious: Jewish Women in Medieval Europe. Hanover/London

Grossman, Susan / Haut, Rivka eds. (1992) Daughters of the King. Women and the Synagogue. A Survey of History, Halakhah, and Contemporary Realities. Philadelphia / New York / Jerusalem

Grünwald, Clara (1995) Das Kind ist der Mittelpunkt. (Ulmer Beiträge zur Montessori-Pädagogik 3). Ulm/Münster

Haddad, Yvonne Yazbeck / Esposito, John L. eds. (2001) Daughters of Abraham: Feminist Thought in Judaism, Christianity, and Islam. Gainesville / Tallahassee / Tampa / Boca Raton / Pensacola / Orlando / Miami / Jacksonville / Ft. Myers

Halpern, Micah D. / Safrai, Chana eds. (1998) Jewish Legal Writings by Women. Jerusalem

Hartenstein, Elfi (1999) Jüdische Frauen im New Yorker Exil. 10 Begegnungen. Dortmund

Heinsohn, Kirsten / Schüler-Springorum, Stefanie eds. (2006) Deutsch-jüdische Geschichte als Geschlechtergeschichte. Studien zum 19. und 20. Jahrhundert. Göttingen

Henry, Sondra / Taitz, Emily eds. (1988) Written Out Of History: Our Jewish Foremothers. Sunnyside 3. Aufl.

Herweg, Rachel Monika (1994) Die jüdische Mutter. Das verborgene Matriarchat. Darmstadt

Heschel, Susannah ed. (1983) On Being a Jewish Feminist: A Reader. New York

Hödl, Sabine / Keil, Martha eds. (1999) Die jüdische Familie in Geschichte und Gegenwart. Berlin/Bodenheim

Hoffer, Gerda (1999) Zeit der Heldinnen. Lebensbilder außergewöhnlicher jüdischer Frauen. (dtv 30701). München

Hyman, Paula E. (1995) Gender and Assimilation in Modern Jewish History: The Roles and Representation of Women. Seattle/London

Hyman, Paula / Moore, Deborah Dash eds. (1997) Jewish Women in America: An Historical Encyclopedia. New York

Ilan, Tal (1995) Jewish Women in Greco-Roman Palestine. An Inquiry into Image and Status. (Texts and Studies in Ancient Judaism 44). Tübingen

Ilan, Tal (1997) Mine and Yours are Hers: Retrieving Women's History from Rabbinic Literature. (Arbeiten zur Geschichte des antiken Judentums und des Urchristentums 41). Leiden / New York / Köln

Ilan, Tal (1999) Integrating Women into Second Temple History. (Texts and Studies in Ancient Judaism 76). Tübingen

Jacob, Walter / Zemer, Moshe eds. (2001) Gender Issues in Jewish Law: Essays and Responsa. New York / Oxford

Jacoby, Jessica / Schoppmann, Claudia / Zena-Henry, Wendy eds. (1994) Nach der Shoa geboren. Jüdische Frauen in Deutschland. Berlin

Jansen, Mechtild M. / Nordmann, Ingeborg eds. (1993) Lektüren und Brüche. Jüdische Frauen in Kultur, Politik und Wissenschaft. Dokumentation einer Vortragsreihe. Wiesbaden

Kaplan, Marion A. (1981) Die jüdische Frauenbewegung in Deutschland. Organisation und Ziele des Jüdischen Frauenbundes 1904-1938. (Hamburger Beiträge zur Geschichte der deutschen Juden 7). Hamburg

Kaplan, Marion A. (1998) Between Dignity and Despair: Jewish Life in Nazi Germany. New York / Oxford

Kaufman, Debra Renee (1991) Rachel's Daughters. Newly Orthodox Jewish Women. New Brunswick / London

Kay, Devra (2004) Seyder Tkhines: The Forgotten Book of Common Prayer for Jewish Women. Philadelphia

Kayserling, Meyer (1991) Die jüdischen Frauen in der Geschichte, Literatur und Kunst. (Bibliothek des deutschen Judentums, Abt. 5). Hildesheim / Zürich / New York (= Leipzig 1879)

Kellenbach, Katharina von (1994) Anti-Judaism in Feminist Religious Writings. Atlanta

Klapheck, Elisa (2005) So bin ich Rabbinerin geworden. Jüdische Herausforderungen hier und jetzt. (Herder 5577). Freiburg/Basel/Wien

Klapheck, Elisa ed. (1999) Fräulein Rabbiner Jonas: Kann die Frau das rabbinische Amt bekleiden? Ein Streitschrift von Regina Jonas ediert – kommentiert – eingeleitet. Teetz

Kliner-Fruck, Martina (1995) „Es ging ja ums Überleben". Jüdische Frauen zwischen Nazi-Deutschland, Emigration nach Palästina und ihrer Rückkehr. Frankfurt / New York

Koltun, Elizabeth ed. (1976) The Jewish Woman: New Perspectives. New York

Konz, Britta (2005) Bertha Pappenheim (1859-1936). Ein Leben für jüdische Tradition und weibliche Emanzipation. (Geschichte und Geschlechter 47). Frankfurt / New York

Kratz-Ritter, Bettina (1995) Für „fromme Zionstöchter" und „gebildete Frauenzimmer". Andachtsliteratur für deutsch-jüdische Frauen im 19. und frühen 20. Jahrhundert. (Haskala 13). Hildesheim / Zürich / New York

Kunstenaar, Marion Th. ed. (1989) Der eigene Freiraum. Frauen in Synagoge und Kirche. Offenbach

Lamdan, Ruth (2000) A Separate People: Jewish Women in Palestine, Syria and Egypt in the Sixteenth Century. (Brill's Series in Jewish Studies 26). Leiden/Boston/Köln

Larsen, Egon ed. (1985) „Und doch gefällt mir das Leben".
Die Briefe der Clara Grunwald 1941-1943. Mannheim
Lazarus, Nahida Ruth (1922) Das jüdische Weib. Berlin
4. Aufl.
Levine, Amy-Jill ed. (1991) „Women Like This": New Perspectives on Jewish Women in the Greco-Roman World. Atlanta
Levinson, Pnina Navè (1989) Was wurde aus Saras Töchtern? Frauen im Judentum. (GTB 495). Gütersloh
Levinson, Pnina Navè (1992) Eva und ihre Schwestern. Perspektiven einer jüdisch-feministischen Theologie. (GTB 535). Gütersloh
Levinson, Pnina Navè ed. (1993) Esther erhebt ihre Stimme. Jüdische Frauen beten. Ausgewählt, übersetzt und herausgegeben. (GTB 538). Gütersloh
Lichtenstein, Diane Marilyn (1992) Writing Their Nations: The Tradition of Nineteenth-Century American Jewish Women Writers. Bloomington
Lipman, Beata (1989) Alltag im Unfrieden. Frauen in Israel, Frauen in Palästina. (Sammlung Luchterhand 833). Darmstadt
Lixl-Purcell, Andreas ed. (1992) Erinnerungen deutsch-jüdischer Frauen 1900-1990. (Reclam 1423). Leipzig
Maierhof, Gudrun (2002) Selbstbehauptung im Chaos. Frauen in der Jüdischen Selbsthilfe 1933-1943. Frankfurt / New York
Matthews, Shelly (2001) First Converts: Rich Pagan Women and the Rhetoric of Mission in Early Judaism and Christianity. (Contraversions). Stanford
Mayer, Günter (1987) Die jüdische Frau in der hellenistisch-römischen Antike. Stuttgart/Berlin/Köln/Mainz
Mayer-Schärtel, Bärbel (1995) Das Frauenbild des Josephus. Eine sozialgeschichtliche und kulturanthropologische Unersuchung. Stuttgart/Berlin/Köln
Meiselman, Moshe (1978) Jewish Woman in Jewish Law. New York
Mertens, Silke (1992) Zwischentöne: Jüdische Frauenstimmen aus Israel. Berlin
Morais, Fernando (1992) Olga. (rororo 13030). Reinbek [über Olga Benario]
Morton, Leah (1986) I am a Woman – and a Jew. New York (zuerst 1926)
Müller, Christiane E. / Schatz, Andrea eds. (2004) Der Diffe-

renz auf der Spur. Frauen und Gender in Aschkenas. (minima judaica 4). Berlin
Nadell, Pamela S. (1998) Women Who Would Be Rabbis: A History of Women's Ordination, 1889-1985. Boston
The "New Woman" Collective ed. (1993) The Jewish Women's Awareness Guide. Connections for the 2nd Wave of Jewish Feminism. New York 2. Aufl.
Ottenbacher, Albert (1999) Eugenie Goldstein. Eine Biographie. Wien
Pappenheim, Bertha (1992) Sisyphus: Gegen den Mädchenhandel. Galizien. Freiburg
Pappenheim, Bertha (2003) Gebete/Prayers. Berlin
Parush, Iris (2004) Reading Jewish Women: Marginality and Modernization in Nineteenth-Century Eastern European Jewish Society. Waltham
Peskowitz, Miriam B. (1997) Spinning Fantasies: Rabbis, Gender, and History. (Contraversions 9). Berkeley / Los Angeles / London
Plaskow, Judith (1991) Standing Again at Sinai. Judaism from a Feminist Perspective. San Francisco
Priesand, Sally J. (1975) Judaism and the New Woman. New York
Rheinz, Hanna (1998) Die jüdische Frau. Auf der Suche nach einer modernen Identität. (GTB 717). Gütersloh
Ross, Tamar (2004) Expanding the Palace of Torah: Orthodoxy and Feminism. Waltham/Hanover/London
Sacks, Maurie ed. (1995) Active Voices: Women in Jewish Culture. Urbana/Chicago
Sassenberg, Marina ed. (1998) apropos Selma Stern. Frankfurt
Satlow, Michael L. (2001) Jewish Marriage in Antiquity. Princeton/Oxford
Saurer, Edith / Grandner, Margarete eds. (2005) Geschlecht, Religion und Engagement. Die jüdischen Frauenbewegungen im deutschsprachigen Raum. Wien
Schubert, Katja (2001) Notwendige Umwege. Voies de traverse obligées. Gedächtnis und Zeugenschaft in Texten jüdischer Autorinnen in Deutschland und Frankreich nach Auschwitz. Hildesheim / Zürich / New York
Sered, Susan Starr (1992) Women as Ritual Experts. The Religious Lives of Elderly Jewish Women in Jerusalem. New York / Oxford

Sly, Dorothy (1990) Philo's Perception of Women. (Brown Judaic Studies 209). Atlanta

Stephan, Inge / Schilling, Sabine / Weigel, Sigrid eds. (1993) Jüdische Kultur und Weiblichkeit in der Moderne. Wien/Köln

Sheridan, Sybil ed. (1994) Hear Our Voice. Women Rabbis Tell Their Stories. London

Siegele-Wenschkewitz, Leonore ed. (1988) Verdrängte Vergangenheit, die uns bedrängt. Feministische Theologie in der Verantwortung für die Geschichte. (KT 29). München

Steinecke, Hartmut (2005) Literatur als Gedächtnis der Shoah. Deutschsprachige jüdische Schriftstellerinnen und Schriftsteller der „zweiten Generation". Paderborn/München/Wien/Zürich

Suhl, Yuri (1990) Ernestine L. Rose: Women's Rights Pioneer. New York 2. Aufl.

Susman, Margarete (1960) Deutung biblischer Gestalten. Konstanz/Stuttgart

Susman, Margarete (1992) Das Nah- und Fernsein des Fremden. Essays und Briefe. Frankfurt

Susman, Margarete (1995) Vom Geheimnis der Freiheit. Gesammelte Aufsätze 1914-1964. Berlin

Taitz, Emily / Henry, Sondra (1996) Remarkable Jewish Women: Rebels, Rabbis, and Other Women from Biblical Times to the Present. Philadelphia/Jerusalem

Taylor, Joan E. (2003) Jewish Women Philosophers of First-Century Alexandria: Philo's ‚Therapeutae' Reconsidered. Oxford

Timm, Erika (1999) Matronymika im aschkenasischen Kulturbereich. Ein Beitrag zur Mentalitäts- und Sozialgeschichte der europäischen Juden. Tübingen

Tsoffar, Ruth (2006) The Stains of Culture: An Ethno-Reading of Karaite Jewish Women. Detroit

Umansky, Ellen M. / Ashton, Diane eds. (1992) Four Centuries of Jewish Women's Spirituality: A Sourcebook. Boston

Wagner, Leonie / Mehrwald, Silke / Maierhof, Gudrun / Jansen, Mechtild M. eds. (1994) Aus dem Leben jüdischer Frauen. „Welche Welt ist meine Welt?" (Schriftenreihe des Archivs der deutschen Frauenbewegung 9). Kassel

Wallach-Faller, Marianne (2000) Die Frau im Tallit. Judentum feministisch gelesen. Zürich

Wegner, Judith Romney (1988) Chattel or Person? The Status of Women in the Mishnah. New York / Oxford

Weissler, Chava (1998) Voices of the Matriarchs: Listening to the Prayers of Early Modern Jewish Women. Boston

Zlotnik, Helena (2002) Dinah's Daughters: Gender and Judaism from the Hebrew Bible to Late Antiquity. Philadelphia

Zola, Gary ed. (1996) Women Rabbis: Exploration and Celebration. Cincinnati

Zolty, Shoshana Pantel (1993) „And all your children shall be learned". Women and the Study of Torah in Jewish Law and History. Northvale/London

Zudrell, Petra ed. (1999) Der abgerissene Dialog. Die intellektuelle Beziehung Gertrud Kantorowicz – Margarete Susman oder Die Schweizer Grenze bei Hohenems als Endpunkt eines Fluchtversuchs. (Schriften des Instituts für Zeitgeschichte der Universität Innsbruck und des Jüdischen Museums Hohenems 4). Innsbruck/Wien

Die Autorinnen und Autoren

Diethard **Aschoff**, Prof. Dr. phil., Lehrbeauftragter für Geschichte des Judentums am Institutum Judaicum Delitzschianum der Universität Münster, Mitglied der Historischen Kommission zu Westfalen, „Assistant for Westphalia" der Hebrew University of Jerusalem, Mitarbeiter am Handbuch der jüdischen Gemeinschaften in Westfalen und anderer Großprojekte, Herausgeber der Reihen WESTFALIA JUDAICA (bisher 3 Bände) und GESCHICHTE UND LEBEN DER JUDEN IN WESTFALEN (bisher 9 Bände).

Angelika **Brimmer-Brebeck**, Historikerin, war wiss. Mitarbeiterin an der TU Berlin und der ALTEN SYNAGOGE in Essen, arbeitet jetzt im Akademischen Auslandsamt der Universität Paderborn.

Luise **Hirsch,** Dr. phil., ist Judaistin und lebt in Heidelberg. Ihr Buch „Vom Schtetl in den Hörsaal: Wie jüdische Frauen die Akademikerin erfanden" wird 2009 im Metropol Verlag erscheinen.

Gabriele **Jancke,** Historikerin, Dr. phil.; Mitglied der DFG-Forschergruppe „Selbstzeugnisse in transkultureller Perspektive" an der FU Berlin; spezialisiert in Geschichte der frühen Neuzeit, Geschlechtergeschichte und Historischer Anthropologie; Forschungsschwerpunkte: Selbstzeugnisse in transkultureller Perspektive, Gelehrtenkultur, Patronage, jüdische Geschichte, Frauenklöster; aktuelles Arbeitsgebiet: Gastfreundschaft in der frühen Neuzeit.

Lydia **Koelle,** Prof. Dr., Studium der Kath. Theologie und Germanistik, Promotion über Paul Celan; ist Juniorprofessorin für Systematische Theologie an der Universität Paderborn. Von ihr liegen bereits vor: *als ob man die* *ganze Welt wieder zusammensetzen müßte.* Charlotte Salomons Wiederherstellung der Welt. In: Arcadia 36 (2001) 58-88; Das ganze Leben: eine Erinnerung an die Berliner Malerin Charlotte Salomon, die vor sechzig Jahren in Auschwitz ermordet wurde. In: Derekh. Judaica Urbinatensia (Urbino/Italien). Hg. v. Michael Dallapiazza, Nr. 1 (2003) 7-15; sowie: *Schöner Götterfunken.* Mit Schiller gegen die Vernichtung. Charlotte Salomon (1917 Berlin – 1943 Auschwitz). In: Freiburger Rundbrief N. F. 12 (2005) 265-274.

Martin **Leutzsch**, Dr. theol., Prof. für Biblische Theologie und Exegese, Institut für Evangelische Theologie der Universität Paderborn.

Margit **Naarmann**, Dr. phil., Studium der Geschichte, Theologie und Philosophie. Promotion 1985 mit einer Arbeit über die Paderborner Juden 1802-1945. Forschungen und Veröffentlichungen vorwiegend zur jüdischen Lokal- und Regionalgeschichte. Mitarbeit am Handbuch der jüdischen Gemeinschaften und Gemeinden im Regierungsbezirk Detmold.

Monika **Richarz,** Prof. Dr., Promotion 1970 über den „Eintritt der Juden in die akademischen Berufe"; Edition der dreibändigen Dokumentation „Jüdisches Leben in Deutschland – Selbstzeugnisse zur Sozialgeschichte 1780-1945" nach einem siebenjährigen Forschungsaufenthalt am Leo Baeck Institute in New York. Von 1984 bis 1993 Leiterin der Germania Judaica, der Kölner Bibliothek zur Geschichte des deutschen Judentums. Von 1993 bis 2001 Leitung des Instituts für die Geschichte der deutschen Juden in Hamburg und Professorin in Hamburg. Zahlreiche Veröffentlichungen zur Sozialgeschichte der deutschen Juden, u. a. zu Landjuden und Frauengeschichte.

Hartmut **Steinecke**, Prof. Dr. Dr. h. c. mult., 1966 Promotion, 1973 Habilitation in Neuerer deutscher Literaturwissenschaft, Universität Bonn, seit 1974 Professor an der Universität Paderborn; zahlreiche Gastprofessuren in den USA, Ungarn, Österreich, 2002 Akademie der Wissenschaften, 2002 und 2005 Dr. h. c. Timisoara und Graz. – Über 40 Bücher, Editionen, Sammelwerke, zuletzt: Die Kunst der Fantasie. E. T. A. Hoffmann (2004), Literatur als Gedächtnis der Shoah (2005), Jenny Aloni: Tagebücher (Hg., 2006), Shoah in der deutschsprachigen Literatur (Mhg., 2006), Heine und die Nachwelt (2006), Westfälische Lebensläufe (Mhg., 2007).

Claudia **Ulbrich**, Dr. phil., Prof. für Geschichte der frühen Neuzeit und Geschlechtergeschichte am Friedrich-Meinecke-Institut der FU Berlin; Arbeitsschwerpunkte: Geschichte der frühen Neuzeit; insbes. Frauen- und Geschlechtergeschichte, Publikationen: u. a. Shulamit und Margarete. Macht, Geschlecht und Religion in einer ländlichen Gesellschaft, Wien 1999 (engl. 2004).

Juden im Gespräch mit Christen – Sammelband zur Vortragsreihe „Dabru Emet" der Gesellschaft für christlich-jüdische Zusammenarbeit Paderborn

Hubert Frankemölle (Hg.)
Juden und Christen im Gespräch über „Dabru Emet – Redet Wahrheit"
251 Seiten. Kartoniert
ISBN 978-3-89710-323-8
In Koproduktion mit dem
Verlag Lembeck, Frankfurt/M.

Am 10. September 2000 erschien in der „New York Times" und in der „Baltimore Sun" die Erklärung „Dabru emet – Redet Wahrheit" mit den Unterschriften von mehr als 200 Frauen und Männern der jüdischen Wissenschaft und des synagogalen Lebens in den USA. Mit dem Titel fordern die Verfasser in acht Thesen dazu auf, die Wahrheit zu sagen und die tiefgehenden positiven Entwicklungen im Christentum und den „dramatischen und unvorhersehbaren Wandel in den christlich-jüdischen Beziehungen" wahrzunehmen und anzuerkennen. Sie fordern die jüdische Glaubensgemeinschaft dazu auf, die Jahrhunderte lange Furcht und das Jahrhunderte lange Misstrauen gegenüber dem Christentum aufzugeben und positiv auf die veränderten Überzeugungen der Christinnen und Christen einzugehen. Diese Thesen entfachten in den USA eine anhaltend intensive und kontroverse Debatte, während die Diskussion im deutschen Sprachraum gerade erst anfängt. Namhafte Referenten, alle seit Jahren im christlich-jüdischen Gespräch engagiert, versuchen, einen Beitrag zu den einzelnen Thesen zu leisten und Impulse für den zukünftigen jüdisch-christlichen Dialog sowie zum christlichen Glauben zu liefern.

Im Buchhandel erhältlich